CSR 환경책임

KB039358

카츠타 사토루 저
박덕영·이현정 공역

박영사

이 번역서는 2016년 대한민국 교육부와 한국연구재단의 지원을 받아 수행된 연구임
(NRF—2016S1A3A2925230)

역자서문

현대사회를 위험사회로 규정하는 이들이 많다. 그만큼 사회는 복잡해졌고, 또 상호 간 깊이 연결되어 가고 있다. 그럼에도 불구하고 이들의 상호작용에 대해 이해하는 것은 갈수록 어려워지고, 세계화라는 흐름은 이러한 어려움을 더욱 심화시키고 있다. 기업은 이러한 환경 속에서 경제적 이익과 자신의 지속가능성을 위해 활동하는 실체들이다. 이들은 세분화된 기업 활동의 단계와 영역에 걸쳐 문제되는 리스크(위험)가 무엇인지, 또 해당 리스크를 어떻게 극복할 것인지 결정해야 한다. 기업의 리스크 관리와 대응은 해당 기업이 속한 공동체에 있어서도 대단히 중요한 의미를 가진다. 우리는 2011년 후쿠시마 제1원자력발전소 사고를 접하면서 안전시설의 설치와 관리가 제대로 되었다면, 그토록 비극적인 일은 벌어지지 않았을 것이라는 교훈을 얻게 되었다. 이는 기업이 리스크에 대한 적절한 조치를 취하지 못한 데서 오는 결과이며, 이러한 대응은 권고사항이 아닌 기업의 책임 영역에 속하는 문제로 당연히 해야 할 바에 속하는 문제이다.

우리말로 기업의 사회적 책임이라고도 번역되는 CSR(Corporate Social Responsibility)은 이처럼 기업이 사회와의 관계에서 또는 사회 속에서 부담해야 하는 여러 가지 책임들을 망라하는 개념이다. 이들 중에서도 환경책임은 CSR의 핵심적인 부분인데, 기업 활동에서 나오는 각종 폐기물과 화학물질, 개발에 따른 자연파괴, 온실가스의 배출에 따른 오존층 파괴와 지구온난화, 생물자원의 활용에 따른 문제 등 기업 활동으로 인해 발생할 수 있는 환경영향에 대해 알고 이에 대처하는 것은 기업 활동에 있어 불가결한 요소가 된다.

이 책은 일본 동해대학의 카츠타 사토루(勝田 悟) 교수가 집필하여 中央출판사에서 출간된 「環境責任－CSRの取り組みと視点－」을 우리말로 옮긴 것이다. 이 책은 이처럼 날로 심각해지는 환경문제에 대해 기업이 어떻게 대응해야 하는지에 대해 다루고 있다. 특히 일본의 기업에 적용되는 법령과 제도에 대해 소개하면서 이를 국제적인 기준들과 비교하고, 바람직한 방향과 구체적인 실천은 어떠해야 하는지 저자의 견해를 제시하고 있다. 또 기업에서 실제로 어떠한 절차와 내용을 가지고 환경책임을 실천해야 하는지에 대해 구체적인 예들을 들어 소개함으로써 막연한 제도와 당위가 현실적으로 와 닿을 수 있도록 돕는다.

이 책은 깊이 있는 학술서가 아니며, 그렇다고 실무에서 바로 사용할 수 있을 정도의 매뉴얼로 의도된 것 역시 아니다. 이는 기업에게 요구되는 정기적 CSR 보고서의 발간과 공표에 대응하도록 하기 위해 기업가와 그곳의 종사자들이 마땅히 가져야 할 자세와 책임에 대해 강조한다. 그러면서도 CSR에 참고가 될 수 있는 현존의 기준들을 제시함으로써 현실의 기준과 그것의 한계에 대해서도 명확하게 짚었다. 따라서 이 책은 CSR을 이해하고자 하는 기업들에게 유용할 것이고, 더 나아가 CSR의 제도적 틀을 설계하거나 이해하고자 하는 이들에게도 무척 도움이 될 것이다. 무엇보다 우리말로 된 이와 유사한 책이 없다는 점에서 이 번역서가 기업과 환경에 대해 연구하는 국내연구자들에게 좋은 길잡이가 되어 주었으면 하는 바람이다.

이 책이 나오기까지 많은 분들의 노고가 있었다. 이 책의 번역을 허락해준 일본 中央출판사에 감사드린다. 또 이 번역서의 출간을 허락해주신 박영사 안종만 회장님과 우리 연구센터의 출판 사업을 위해 늘 애써 주시는 조성호 이사님께도 감사를 드리고자 한다. 책의 초교를 처음부터 끝까지 읽어 주시고, 중요한 코멘트를 주신 충북대학교 이경재

교수님께 각별한 감사의 마음을 전하고 싶다. 또한 이 책이 출간되기까지 고생해준 기후변화와 국제법 연구센터 연구교수인 김승민 박사와 이일호 박사에게도 고마움을 표하고 싶다. 끝으로 이 책의 원고를 꼼꼼하게 봐주시고, 보다 보기 좋게 되도록 힘써 주신 편집부 조보나 대리님과 라이선스 업무를 비롯한 여러 제반업무를 담당해주신 송병민 과장님께도 감사드린다.

공동번역 집필진을 대표하여
2018년 4월 22일 지구의 날을 맞이하여 지구를 생각하며
박덕영 씀

역자 일러두기

본문 중 특정 용어나 개념에 *과 함께 표시되어 있는 숫자는 각 절의 마지막 부분인 〈심화학습〉에 제시된 개별 항목의 번호와 일치하며, 이곳에서 이 개념과 용어에 대한 더욱 자세한 설명이 이어진다.

시작하며

　　2015년 9월 UN에서 SDGs(Sustainable Development Goals: 지속가능한 개발을 위한 목표)가 채택되어 2030년까지의 환경책임에 대한 새로운 국제적인 대응이 만들어졌다. 2015년까지의 목표인 MDGs(Millennium Development Goals: 밀레니엄 목표)를 이어받아 그 다음 단계의 활동이 시작되고 있는 것이다. 또한 "기후변화협약"에 관해서도 2015년 12월에 「교토의정서」를 대신하는 새로운 목표로 '파리협정'이 채택되었다. 이 협정에서 주목할 점은 미국과 중국이 참여한 것이다. 이처럼 세계의 환경보호에 관한 동향은 전환기를 맞이했다고 할 수 있다.

　　기업의 환경 활동은 과거에 공해(지역환경)가 발생한 이후, 초국경오염이나 지구환경으로 그 대상의 폭이 넓어지고, 국제적으로 달성해야 할 환경목표가 바뀐 것으로 새로운 국면을 맞이하게 되었다. 오염자부담의 원칙에 따라 환경오염은 환경비용 그 자체이기에, 이전에는 경영면에서의 부담으로 파악되어 왔지만 앞으로 환경성능은 상품이 가지는 기능의 일부로서 연구개발을 하고, 경영전략 중 하나가 되지 않으면 안 된다.

　　국제적인 금융 측면에서의 변화는 가상세계에서 즉각적인 변화에 반응하지만, 제품개발(환경상품개발)을 포함한 환경 활동은 중장기적인 기간에 걸쳐 점진적으로 진전해 나간다. 이러한 특징 때문에 모르는 사이에 격차가 생겨버리는 성질을 가진다. 이른바 충실한 활동의 축적이 중요하고 이들 문제에 대한 깊이 있는 이해를 바탕으로 이루어지지 않으면 정상궤도에서 크게 벗어날 우려가 있다.

CSR(Corporate Social Responsibility: 기업의 사회적 책임)로서의 환경활동은 기업경영에 있어 보호와 공격이라는 양면을 가지고 있고 균형 있게 실행하지 않으면, 지속가능한 개발은 기대할 수 없다. 그러나 재무 정보에 속하지 않는 CSR 보고서에서는 기업 간의 명확한 차이를 드러내기 어렵고, 재무 정보와 같이 숫자로 평가하기도 어렵다. 이 괴리가 정확한 평가에 걸림돌이 되고 있다. 예를 들어, 자원은 금액으로 표시할 수 있고 채굴가능량이 감소하면 가치가 상승하지만, 이것이 증가하거나 공급과잉이 되면 가치는 떨어진다. 환경오염은 자원소비가 증가하면 악화되기 때문에, 자원이 부족해지면 환경문제에 대한 관심이 떨어질 것이지만, 다시 자원이 저렴해지면 환경문제를 간과했다는 평가를 피할 수 없을 것이다. 또한 신재생 에너지의 보급은 곧 환경보전이라고 간주되는 경우가 많지만, 에너지 자원으로 파악하면 위와 비슷한 문제가 발생한다. 메가 솔라(태양 농장), 윈드 팜, 댐에 의한 발전 등은 자연을 광대하게 파괴한 결과로 만들어지고 있다. 도시 등의 안정된 에너지 공급을 중심으로 작동한다면, 이는 환경보전과 상반된 결과라고 할 수밖에 없다. 자연은 생물에게 가장 귀중한 생태계를 유지하기 위한 곳이기 때문에 바이오매스를 지속적으로 공급해주고 있는 것이다. 따라서 생물다양성의 파괴, 탄소를 고정화시키지 않으면, 지구온난화의 문제가 발생하게 된다. 이런 상황을 고려해 본다면, 신재생 에너지의 안이한 보급을 환경보호나 환경 CSR로 보기는 어렵다. 이로 인해 기업 이미지 향상은 쉽게 무너져버릴 우려가 있다.

환경 CSR의 평가는 매우 복잡한 것이며, 거시적인 관점에서 환경보호에 관하여 객관적으로 생각해야 한다. 폭스바겐의 디젤 자동차의 배기량 조작사건처럼 환경보호를 강조하면서 판매전략을 행한 것이 역효과가 되는 경우가 그 예이다. 그러나 자동차 운전자가 배기를 고려해 자동차를 구입하고 있지 않다고 주장하는 사람도 있다. 또한 연비향상은 환경보호를 위한다기보다 소비자 측면에서 연료비 절감이라고 여기고, 이를 중심으로 생각하는 사람도 적지 않다. 연료비가 저렴하게 되면 부담 없이 연료를 소비하게 되는 사람이 많아지는 것이 현실이다. '지속가능성'이라는 말은 아직 사회적으로 충분히 이해되고 있지 않다고 여겨진다.

종래부터 트리플 보텀라인이 되는 환경, 사회, 경제에는 원래 모순이 있다. 경제와 사회는 독립적으로 존재하고 있지만, 환경은 단기적으로 그들에게 영향을 준다고 하는 일방의 측면이 매우 강하다. 중장기적인 관점에서 보면, 환경은 경제, 사회에 큰 영향을 미친다. 따라서 CSR 활동을 함에 있어 이해하기 어려운 환경보호를 계획적으로 수행하지 않으면, 이는 쉽게 평가될 수 없다. 리스크 커뮤니케이션을 바탕으로 제대로 된 비즈니스 모델을 만들어야 한다.

그러나 환경파괴에 의한 생활에의 영향은 꾸준히 증가하고 있으며, 앞으로 환경보호에 관한 세계적인 이해가 조금씩 향상되어 나가고 있음은 틀림없다. 본서에서는 이러한 변화에 대응하기 위한 기본적인 동향과 견해를 보여주고자 한다. 환경보호에 대한 새로운 진전에 일조할 수 있다면 다행이라고 생각한다.

마지막으로 이 책의 출판에 즈음해 중앙경제사 杉原茂樹 편집장에게 큰 신세를 졌고 여기에서 다시 한 번 감사를 드리고 싶다.

2016년 7월
카츠타 사토루

목 차

PART 01

환경경영의 시작

1-1
환경 활동에 관한 기본적 견해

    환경문제는 인류가 탄생했을 때부터 끊이지 않고 발생해 왔고, 자연 자본(natural capital) 소비의 확대에 따라 그 규모는 막대해져 소비에 의한 환경변화가 환경부하를 발생시키게 되었다. 자연 자본을 소비하는 자(재화와 서비스로부터 이익을 얻는 자)와 환경변화에 따른 피해를 받는 자(환경오염과 환경파괴로 불이익을 받는 자) 등이 생기고, 이들은 끊임없이 대립하게 된다.

    자연 자본이란 광물자원, 에너지자원(자연 에너지, 우라늄 등 원자력 에너지, 수소 융합[태양에서 나오는 에너지, 인공적으로도 생성 가능]) 등 자연 그 자체, 생태계에서 얻어지는 식료(농업, 어업)와 바이오매스(산림에서 얻을 수 있는 재료와 연료, 수천만 년에서 수억 년의 변화 가운데 생성된 석유와 천연가스)등 생물권 모두를 포함하고 있다. 따라서 인간의 생활 자체가 자연 자본의 소비이고, 광의로는 인간의 몸도 바이오매스 그 자체이다. 자연자원이 감소하면 기업 활동에 장애가 발생하고, 이것이 지역적으로 소멸하면 지역의 인간 활동이 성립될 수 없으며 이것이 지구 규모로 소멸하면 인류가 소멸한다.

기업 활동인 '재화'와 '서비스'의 공급은 인류의 생활 대부분을 지탱하고 있기 때문에 인간사회를 형성하는 가장 중요한 존재이다. 기업 활동의 동향에 따라 인류가 자연환경에 주는 영향이 변화한다고 해도 과언은 아니다. 그러나 자연 자본의 생활에 의한 소비와 자연변화의 관계를 체감적으로 이해하고 있는 소비자는 적다. 그래서 기업이 가지는 환경보전에 대한 자세가 자연 자본의 유지와 인류의 지속가능성 유지에 필요불가결한 것이 된다. 그러나 이와는 다른 방향의 관점에서 모든 환경경영이 사회적으로 강력한 요구사항, 이른바 중요한 사회적 책임이 되어 기업의 존속을 좌우하게 된다고 볼 수도 있다.

이런 상황에 비추어 보면, 기업경영 시 환경 활동이 가지는 기본적인 입장으로 다음을 들 수 있다.

① 기업 활동에 의한 환경오염과 환경파괴는 비용이다.
② 환경성능은 상품성능의 일부이다.
③ 환경배려상품·사업의 경쟁력은 자연변화와 같은 속도로 격차를 발생시킨다.
  = 환경 활동의 계획은 중장기적으로 검토하지 않으면 성과가 명확하게 드러나지 않는다.
④ 연구개발의 평가항목에서 환경배려는 불가결의 요소이다.
⑤ CSR로서의 환경 활동은 기업경영에 있어서 수비와 공격(수세와 공세)의 양면을 가지고 있다.
⑥ 기업 이미지만을 위해서 환경 활동을 하면, 경영전략상의 실수를 가져온다.
⑦ 교육훈련 부족은 중대한 사고로 이어진다.
⑧ 환경오염·파괴 또는 관련 사항이 발생한 때에는 사실과 그 대처방안을 공개한다. = 리스크 커뮤니케이션을 충실하게 해야 한다.

(1) 기업 활동에 의한 환경오염과 환경파괴는 비용이다.

연구개발과 생산 활동에 따라 발생하는 배출물, 부산물, 폐기물 및 사용완료 제품(확대생산자책임의 대상)은 처리처분이 필요하고, 여기에는 직접비용이 발생하게 된다. 장기간 방치하게 되면 환경비용은 급격히 확대된다. 만성적인 영향(만성독성물질에 의한 오염, 산성비와 같이 광역적으로 천천히 오염되는 경우)은 특히 주의를 요한다. 오염피해가 발생했다고 판명되고, 인과관계가 명확해진 때에는 거액의 배상이 필요하게 된다. 1960년대의 공해와 같이 피해자와 가해자가 다투는 사태는 기업의 사활에 영향을 미친다. 한 번 잃어버린 신용은 간단히 되돌릴 수 없고, 변제가 어려울 정도로 큰 채무를 떠안게 된다.

이에 대해 부산물, 폐기물 등을 연소하는 등의 방법으로 연료로써 사용하는 열재활용(thermal recycling)을 행하거나 폐기되어 있던 것에서 새로운 상품을 만들어 내고 비용을 수익으로 대체하기 위한 개발도 진행되고 있다. 바이오매스 폐기물을 연료(폐자재, 폐기농작물 등)와 건강식품(식품·음료수 제조 찌꺼기 등) 등으로 쓰거나 폐플라스틱을 재생재료, 연료(유화, 직접연소)로서 판매 또는 회사 자체적으로 이용하고 수익 또는 자원 절약·에너지 절약을 시행하고 있는 예가 있다.

정부와 지방공공단체에 의한 환경정책의 방법으로 환경세와 과징금 등 경제적인 유도가 행해지는데, 그 사이에 환경부하가 있는 생산 등에 관해서 비용이 증가한다. 또한 환경보전 또는 개선을 목적으로 한 사업과 연구개발 등에 조성금과 보조금 등이 지정된 경우에는 비용 삭감이 이루어진다.

(2) 환경성능은 상품성능의 일부이다.

환경변화에 관한 과학적인 연구는 진보하고 있고 환경오염과 파괴의 원인과 결과의 인과관계는 점차 해명되는 중이다. 유해물질로 인한 오염, 산성비 등 지역오염의 원인규명은 과학 기술의 발전에 의해 급격한 정도로 향상되고 있다. 분석 기술의 향상에 따라 법령도 엄격하게 변하고 있다.

그림 1-1 프랑스 파리(자동차 배기에 의한 많은 오염피해가 발생)

파리에서는 NOx 등에 의한 대기오염이 심각하게 되어 폭스바겐 자동차에서의 NOx 배출 부정발각에 있어 그 원관계가 큰 문제가 되었다.

2015년에 발각된 폭스바겐의 자동차 배기가스의 스캔들(NOx의 배출)은 유해물질에 대한 모니터링 기술향상의 결과 미국정부에 의해 적발되었다. 이 사건은 자연 자본의 손상을 안이하게 생각한 결과이고 환경성능이라는 결과를 알기 어려워서 대량의 자동차가 판매될 때까지 판명되지 않았다고 할 수 있다. 또한, 허위의 내용에 근거한 환경전략이 폭로된 것이지만 미국, 프랑스, 중국 등 자동차를 판매하고 있던 지역에서 그 부당에 대한 처벌대응이 각각 다르다. 이러한 대응의 차이는 환경공학(또는 환경기술정책)과 환경보호에 관한 사회 시스템(또는 환경법정책)이 서로 협조하여 진행되고 있지 않다는 것에서 원인을 찾을 수 있다.

향후, 경제적인 영향을 배경으로 각국은 환경보호에 관한 기술정책, 법정책, 경제적인 유도의 완화를 도모할 것이다. 그러나 국가 간의 대립, 다국적 기업의 전략, 선진국, 신흥국, 개발도상국 등이 갖는 입장, 경제환경의 격차 등 국제관계도 크게 영향을 끼친다는 점에서 기업이 국제적으로 환경 활동(환경전략)을 추진해 갈 경우는 각국의 상황을 잘 살펴 추진해야 한다.

(3) 환경배려상품 · 사업의 경쟁력은 자연의 변화속도로 인해 격차를 일으킨다.

금융상의 변화는 현실에서 거액의 자금이 순간적으로 이동하고 가공의 채권이 생기거나 하루에 천문학적 금액의 채권이 소멸하는 리스크를 수반한다. 따라서 경제의 움직임에 사회는 민감하게 반응한다.[1] 이에 비해 환경오염과 환경파괴는 자연의 변화 안에서 발생하기 때문에 사람이 알지 못하는 사이에 천천히 변화를 일으킨다.

먹이사슬에서 일어나는 변화는 유해물질의 이동경로, 농축 레벨 등 피해가 생길 때까지 주목받지 못한다. 지금도 곳곳에 존재하는 유해물질은 특정한 지역환경을 넘어 이동하고 있지만 모든 것을 모니터링하기란 현재의 기술로는 불가능하다. 법령(또는 소프트로, soft law)에 의한 사회 시스템을 구축할 경우에도 명확한 과학적인 데이터에 근거한 증명이 필요하고 견실한 측정 등에 시간을 투여해야 한다.

또한 대규모 개발은 지역의 발전을 목적으로 이제까지 세계 각국에서 실시되어 왔으나 자연 · 생태계를 크게 변화시켜 전염병의 만연, 토사붕괴 · 홍수 등을 일으키고 있다. 그에 대한 대처로서 국제금융공사(International Finance Corporation: IFC)는 국제적인 대규모 프로젝트를 위한 융자에서 환경 · 사회적 책임에 관한 배려기준으로서 2003년 6월에 적도원칙(Equator Principle: EP[2])을 책정했다. 당초는 2002년 10월에 런던에서 시티은행(미국), ABN 아무로 은행(2010년에 포르티스계의 포르티스 은행 네덜란드와 합병), 바클레이즈 은행(영국), 웨스트엘비 은행(독일)이라는 네 개의 은행과 연계해 해외 프로젝트 파이낸스(Project Finance: PF) 업무에 관한 환경 및 사회적 리스크(위험)를 관리하는 것에 대해 검토하면서 시작된 것이다. 현재는 세계 각국의 금융기관(적도원칙 채택 금융기관/Equator Principles Financial Institution: EPFI)이 참가하고 있다(일본의 도시 은행 등도 포함해 세계 35개국 79개 은행의 금융기관이

채택: 2013년 12월 기준).

　　지구온난화대책과 같이 거의 확실한 과학적 사실에 근거하여 국제 조약, 법령을 발효·시행하면 많은 자연과학자로부터 사회의 시스템 자체에 대한 클레임이 걸리기도 한다. 경우에 따라서는 다윈(Charles Robert Darwin)이 진화론을 제창했을 때, 그가 비난·야유를 받았던 것처럼 고정관념 하에서 새로운 사실이 부정되는 경우도 있다. 이와 같이 기업이 올바른 환경 활동·기술개발을 행해도 많은 사람이 이해할 수 없는 경우도 있고 소위 딜레마에 놓일 때도 있다. 환경배려상품의 개발은 다른 기술개발에 상응하는 시간이 걸리기 때문에 중장기적인 계획은 반드시 필요하다. 수면 아래에서 많은 연구개발·개발사업이 행해지고 있으나 단기간의 검토와 개발로 환경상품으로서의 성과를 거두는 경우는 없다.

　　결국, 환경 활동의 계획은 중장기적으로 검토되지 않으면 성과가 명확하게 나타나지 않고, 단기간에 실행하는 경우에 현실적인 환경대응은 발휘될 수 없다.

(4) 연구개발의 평가항목에서 환경배려는 불가결하다.

　　환경상품의 개발은 이제까지의 상품개발과 비교한다면 그 기술개발 자체에 특히 변화가 있었던 것이 아니다. 다른 점이라면 이제껏 지하 깊은 곳에서 채굴한 자원을 지상으로 확산시키면 자연환경에 이변이 일어난다는 점을 고려해야만 한다는 것이다. 이에 대한 대처로서 환경보전이라는 새로운 요소를 고려해서 아이디어를 구상해야 한다.

　　기초연구는 사회에서 구체적으로 이용할 수 있는 방안까지 고려하지는 않기 때문에 환경에의 영향은 예측하기 어렵지만 신규화학물질과 생물이 자연에 누출되는 것은 방지할 필요가 있다. 응용연구단계, 시범 프로젝트단계, 보급단계에서는 지역환경, 지구환경 등 구체적인 환경영향에 대해 다방면에서 검토가 필요하다. 자동차 연료 공급 등 사회간접 자본시설의 정비가 반드시 필요한 상품의 경우, 보급에 필요한 새로운 기술개발도 필요하기에 공공투자의 동향을 고려하지 않으면 안 된다.

그림 1-2 전기자동차 충전설비(infrastructure)의 보급

전기자동차의 연료공급은 주택에서의 전원에 의해 가능하지만, 원거리 주행 시에는 휘발유 또는 경유차와 같은 주행거리의 확보가 필요하기 때문에 충전설비의 정비를 진행하고 있다.

예를 들면 전기자동차의 보급에는 전원공급의 가능성, 주행가능거리를 연장하기 위한 전지 등의 개발이 필요하다. 개발해야 할 사항이 증가함에 따라 환경에 배려해야 하는 요소들도 증가하고 전지의 매터리얼 사이클에 대한 고려, 적절한 폐기방법 등도 검토해야만 한다. 게다가 공급되는 전기 자체가 어떻게 생산되고 있는지에 따라 환경에 가해지는 부하가 상당히 달라지고 전력공급원(석유, 원자력, 재생가능 에너지 등)에 관해서도 조사·연구할 필요가 생긴다. 따라서 LCA(Life Cycle Assessment: 원료~이동·생산·폐기 등 제품이 일생으로 환경에 주는 부하총량)의 데이터 수집·평가가 중요하다.

(5) CSR로서의 환경 활동은 기업경영에 있어서 수비와 공격의 양면을 가지고 있다.

비재무 정보인 CSR 보고서는 기업 간의 명확한 차이를 드러내기 어렵고 재무 정보와 같이 수치에 의한 평가가 어렵다. 오염물질의 방출량과 에너지의 소비량은 정량치로 나타낼 수 있으므로, 환경에 방출되는 양·이동량(폐기물과 하수)을 알 수 있다면 오염에 의한 환경 리스크의 확인도 가능하게 될 것이다. 유해물질의 환경방출에 관해서는 1996년 2월에 OECD가 가맹국에 권고한 PRTR(Pollutant Release and Transfer Register: 유해화학물질 방출이동등록) 제도[3]에 의해 많은 국가에서 기업이 PRTR 데이터를 자발적으로 공개하고 있다. 이 정보로 지역 및 국가 수준의 유해물질 삭감정책을 검토할 수 있다.

기업은 한 제품 당 원 단위로 환경오염물질 방출량을 감소시킨 것을 환경 활동의 성과로 할 수 있다. 이것이 소위 환경효율(제품의 서비스·물건 / 환경부하)의 향상이라는 것이다. 환경효율을 향상시킨 제품은 자원생산성(자원을 효율성 있게 소비)이 높고, 에너지 절약·자원 절약에 기여하며, 유해물질을 포함하지 않는(환경 리스크가 낮은) 환경상품으로서 다른 제품과의 차별점을 드러낸다. 이는 환경보전에 관한 기업의 사회적 책임을 다하는 것으로 경영전략의 일환이 된다. 구입자(기업)의 입장에서 보면 자사가 사용하는 상품의 환경오염과 환경파괴는 환경비용이 되기 때문에 경비삭감 측면(경우에 따라서는 이미지 향상)을 위해 환경상품을 선택하도록 할 높은 인센티브를 제공한다.

예를 들면 연비가 좋은 자동차, 산성비 등의 원인이 되는 대기오염물질(NOx)와 알레르기 등의 우려가 있는 PM(Particulate Matter: 극소립자상물질) 등의 배출이 적은 자동차는 법령준수 및 사회적 책임 측면에서 경쟁력을 가진다.

※ 일본에서는 "대기오염에 관한 환경기준에 대해"[昭和48년, 環告25]에서 SPM(Suspended Particulate Matter: 극소립자상물질)이 고시되어 있다. 단, PM에 대해서는 "극소립자상물질에 의한 대기의 오염에 관한 환경기준에 대해서"[平成21년, 環告33]에도 고시되어 있다(환경기준법 제16조).

또한 CSR 보고서의 국제적인 가이드라인인 GRI(Global Reporting Initiative)의 "Sustainability Reporting Guideline"[*4]이 국제적인 기준이다. 이 가이드라인 규정은 보고조직이 활동내용과 제품·서비스의 경제·환경·사회적 측면에 대해 보고하기 위해 자발적으로 활용한다는 원칙을 정하고 유연성이 높은 내용으로 구성되어 있다. 개별 기업의 환경 활동을 정량적으로 비교하는 것은 곤란한 일이다. 또한, GRI는 NGO(Non-Governmental Organization) 단체로 국제환경계획(United Nations Environment Programme: UNEP)을 공인하고 있다.

그 후, 국제표준화기구(International Organization for Standardization: ISO)에 의해 SR(Social Responsibility: 사회적 책임)에 관한 규격(ISO 26000)도 작성되어 있는데, 그 내용이 비교적 구체적이라서 CSR 항목구성을 편성할 때 참고로 하는 기업이 많다. 일본기업은 별도로 환경성이 공표하고 있는 "환경보고 가이드라인"과 "환경회계 가이드라인"을 참고로 하고 있는 경우가 많다. 이런 가이드라인은 적절히 재검토가 이루어지고 있기 때문에 최신 버전의 내용을 검토할 필요가 있다.

다른 한편으로 1972년 6월에 스웨덴 스톡홀름에서 세계 최초로 개최된 환경보호에 관한 국제회의인 「UN 인간환경회의(United Nations Conference on the Human Environment: UNCHE)」 이후, 대립해왔던 개발도상국과 선진국 사이의 문제가 시대적 배경에도 불구하고 새로운 국면을 맞이한다. 예전에 개발도상국이었던 나라가 경제대국으로 도약하는 것이나 큰 경제성장을 이루는 것은 이후 선진국에서는 기대할 수 없다는 점에서 '지속가능성'의 부가가치를 가진 제품을 어떻게 개발·보급해야 하는지에 대한 해법이 극히 복잡한 상황으로 전개되는 중이다. 광물과 에너지 가격이 낮은 경우, 대량생산이 주류가 되고, 광물과 에

너지 가격이 고가가 되면, 자원 절약과 에너지 절약 기술이 주목을
받는다고 생각한다. 게다가 안전보장 측면에서 각국의 정책이 가미되
면 결국 복잡한 사회적·정치적 배경을 가지고 원자력 에너지를 포함
하여 기업의 CSR을 어떻게 드러낼 것인지 국제적인 관점에서 검토해
야 한다.

(6) 기업 이미지만으로 환경 활동을 하면 경영전략상의 실수를 가져온다.

환경문제는 극히 복잡하기 때문에 일반 대중은 자연과학적인 이해,
대책으로서의 법령 등 사회 시스템의 내용을 한 번에 파악하기가 쉽지
않다. "환경에 좋다", "환경 친화적이다"라는 추상적인 말은 쉽게 반박
가능하다.

그러므로 사전에 사업내용의 합리성에 대해서 제대로 조사·검토할
필요가 있다. 의도적으로 '환경'의 이미지만을 안이하게 경영전략으로서
이용하면 큰 실패를 볼 가능성이 발생한다.

2013년에 환경성은 적절한 환경표시의 조건으로서 다음에 나타난
항목을 표시했다(인용: 환경성 『환경표시 가이드라인』【平成25년 3월판】
[2013년] 8면에서).

- 근거에 기초한 정확한 정보일 것
- 소비자에게 오해를 주지 않는 것일 것
- 환경표시의 내용에 대해 검증할 수 있을 것
- 애매하거나 추상적이지 않을 것

공정거래위원회도 2001년에 이미 광고표시에 대한 유의점[*5]을 공표
했다. 제지회사가 폐지 배합률을 실제보다 높은 수치를 표시해 "환경
친화적"으로 허위의 광고를 행하고 있던 부정사건에 대해, 이 유의사항

에 따라 당해 위원회로부터 우량오인에 근거한 배제명령이 내려진 바
있다.

※ 「부당경품류 및 부당표시방지법」(약칭: 경품표시법) 제4조 제1항 제1호
에서는 사업자 자신이 공급하는 상품·서비스 거래에서 그 품질, 규격
및 그 외의 내용에 대해 일반 소비자에 대해 ① 실제의 것보다 현저히
우수하다고 표시하는 것, ② 사실과 상이하게 경쟁관계에 있는 사업자에
관한 것보다 현저히 우수하다고 표시하는 것으로 부당하게 고객을 유인
하고 일반 소비자에 의한 자발적이고 합리적인 선택을 저해할 우려가 있
다고 인정되는 표시를 금지하고 있는 『우량오인표시의 금지(인용: 소비
자청 HP표시대책』 주소: http://www.caa.go.jp/representation/kei－
hyo/yuryo.html[2016년 3월 열람])

1997년 12월에 일본 교토에서 실시된 「기후변화에 관한 UN 조약」
제3회 체약국회의에서 「교토의정서」가 채택된 이래 일본에서는 '환경
붐'이 일었다. 그러나 이미지에만 집중했다가 부정이 발각되면 신용할
수 없는 기업이라는 평가를 받아 오히려 기업에 큰 손실이 된다. 또한
국제표준화기구의 환경인증(ISO14001)을 취득해도 인증이라는 본질보
다 이미지 전략에 맞추었던 대부분의 기관은 인증을 계속하고 있지
않다.

'자연 속에서', '휴양으로' 등 '환경'의 이미지를 전면에 내세우는 경
우가 있지만 실제로는 생태계에 미치는 손실 등 환경파괴를 일으키고
있는 경우도 있다. 또한 풍력발전과 태양광발전 등 재생가능 에너지시
설을 자연 에너지와 혼동해 사용하고 있기도 하다. 도시에 공급하는 막
대한 에너지를 생산하기 위해 광대한 자연을 파괴하고 설비를 세우면
자연파괴를 발생시키는 대규모 개발이나 다름없다. 이것은 건어물, 염
전, 세탁건조 등 천연건조와 같은 자연 에너지(태양광: 적외선 이용)와는
다르다.

또한 앞의 (5)에서 제시된 「UN 인간환경회의」가 개최된 6월 5일은

UN에 의해 '세계환경의 날(World Environment Day)'로 정해졌고, 일본의 「환경기본법」 제10조에서도 '환경의 날'로 규정되었다. 기업, 정부 등도 6월을 환경의 달로 정해 회사와 부처 전체적으로 환경보전 활동을 하거나 CSR의 일환으로 지역청소 등 이벤트나 전시회 등을 개최하고 있다. 이 시기는 기업의 환경보호의 자세를 사회에 드러낼 수 있고 또한 환경상품·사업의 우월성을 공표하는 좋은 기회로 생각되고 있다.

단, CSR 활동을 보고서로 이해관계자(사원, 투자자, 대출자, 소비자, 사업장 주변의 주민 등) 및 일반 공중에 공개할 경우, 제3자에 의해 객관적인 평가를 받지 않으면 신뢰를 얻을 수 없다. 또한 보고서 내용에 대해 독자와 상호 커뮤니케이션을 실시할 필요가 있다. 공개방법에는 책자의 배포, 인터넷에 의한 공개 등이 있고 일반 공중 등에 이미 행해지고 있는 커뮤니케이션의 방법에는 이메일과 우편이 있다. 그러나 현실적으로 보고서를 읽고 커뮤니케이션을 하려는 일반 공중은 비교적 적다. 공개 내용이 자연과학·사회과학·인문과학 등으로 여러 방면에 걸쳐져 있으며, 환경을 이미지가 아닌 본질적인 측면에서 보면서 관련된 보전 활동을 설명하기 위해서는 사회적으로 충분한 이해가 형성되어야 하는데, 현실은 그렇지 못하다는 점에 원인이 있다고 생각한다.

그러나 중장기적 관점에서 보면 SRI(Socially Responsible Investment: 사회적 책임투자)의 중요한 평가항목으로서 CSR 활동이 주목되고 있다. SRI의 국제적인 콘센서스로서 2006년에 UN 사무총장(당시 코피 아난[Kofi Atta Annan])이 제창한 UNPRI(The United Nations-backed Principles for Responsible Investment Initiative: UN 책임투자원칙)[6]을 들 수 있다. 이 원칙은 Environment(환경), Social(사회), Governance(통치) 분야(ESG)를 배려한 책임투자를 실시할 것을 선언했기 때문에 기관투자자(법인의 형태를 가진 투자자: 투자신탁, 보험회사, 연금운용기관 등)를 대상으로 한다. SRI는 연금투자 등 장기적인 관점에서 수익을 올리는 경우에 신뢰성을 높인다. 일본의 후생연금보험 및 국민연금의 적립금을 관리하고 운영하고 있는 연금적립금관리운용독립법인(Government Pension Investment

Fund: GPIF, 약 130조 엔의 공적자금을 운용[2016년 3월 기준])도 2015년 9월에 UNPRI에 서명한 바 있다.

환경 활동의 착실한 실시는 중장기로 평가되는 사업투자의 평가항목으로 되고 있다.

[7] 교육과 훈련의 부족은 중대한 사고로 이어진다.

환경문제는 자연과학적 연구성과에 근거해 사회과학(환경법, 환경정책, 환경경영 등), 인문과학(환경교육 등)의 방법 개선을 도모하고 있다. 즉, 개별 학술 분야만으로는 환경문제에 대처하는 것이 불가능하다. 개별 분야의 학자가 눈앞의 사실만을 연구하는 것만으로는 환경문제의 해결은 불가능하며, 개개의 성과를 종합적으로 검토해 나가야 한다. 예를 들면, 「기후변화에 관한 UN 협약」을 검토한 기초자료를 제공하고 있는 IPCC(Intergovernmental Panel on Climate Change: 기후변화에서의 정부 간 패널)[*7]은 자연과학과 사회과학 분야로 나누어 작업부를 만들고, 전 세계 개별 연구의 내용을 조사하고 분석하여 조감할 수 있도록 검토를 행하고 있다.

기업에서도 환경문제에 관해 사원에게 기초적인 지식을 습득시킬 필요가 있다. 유해물질 등을 직접 취급할 때에는 그 물리화학적 지식, 관련 법령, 조례를 파악해 두어야 한다. 상품·판매기획과 영업전략을 책정할 시에도 마찬가지이다. 폐기물의 불법투기사건에서 특별 형사법(「폐기물의 처리 및 청소에 관한 법률」) 위반으로 체포된 사원은 '경비의 절감'을 위해(또는 회사를 위해) 그렇게 했다고 자백하는 경우가 많다. 이는 완전한 지식부족으로 환경비용을 지출하지 않은 것에서 오는 경영 리스크를 전혀 이해하지 못한 것의 결과라고 할 수 있다.

또한 경영이 악화되면 일반적으로 비용을 삭감하지만, 교육훈련을 삭감하는 것은 인위적 실수에 의한 비용 발생이라는 리스크를 높인다. 환경오염을 일으키게 되면 생태계 등 자연(자연 자본), 사람의 건강, 물적 재산 등의 피해로 거대한 환경적 비용이 발생한다. 특히 공장의 사고로 유해물질이 공기 중에 방출되면 예상 밖의 손실이 발생하게 되는 경우가 있다. 1984년에 인도 보팔에서 유니언 카바이트 인디아사가 일으킨 농약공장 사고에서는 약 3,400명이 사망하고 20만 명 이상이 신체장애를 입게 되었다. 그 결과 이 회사의 모회사에도 책임(미국의 제조물책임법에 근거한 책임)을 물어, 당시 세계 3위의 매출을 올리던 미국의 유니언 카바이트사가 도산에 빠지는 사태로 이어졌다. 이 사고의 원인은 물과 반응하는 화학물질이 존재하는 설비를 작업원이 잘못해 물로 세척한 결과, 발열반응이 일어났고 이로 의해 휘발된 극히 유해한 물질(농약상품명: 세빈[성분: 메칠이소시아네이트: MIC])이 공기 중에 방출되었기 때문이었다. 이 외 세계 각국의 공장 등에서 작업원에 대한 교육훈련 부족에 의한 잘못된 조작으로 사고가 다수 일어나고 있다.

다른 한편, 설계단계에서 환경부하를 발생시키는 것을 검토하지 않은 채 상품화하여 문제가 생기는 경우도 있다. 아스베스트, 유기용제 등 유해물질을 포함한 건축자재, 소각하면 유해성이 높은 물질인 다이옥신류를 발생시키는 염화비닐(Poly Vinyl Chloride: PVC) 제품, 수은을 포함하고 있는 체온계와 형광등 등, 방대한 종류의 제품에 환경오염의 우려가 있다. 제조물책임까지 범위를 넓히면 불완전연소를 하는 스토브와 급탕기, 컴퓨터에서 비행기에 이르기까지 사용되고 있는 리튬전지(2차 전지)의 발화 등 그 수를 헤아릴 수 없다. 따라서 연구자, 기술자가 환경보전에 대해 이해하고 LCA 정보를 정비하는 것이 중요하다. 또한 상품기획단계에서 환경부하에 관한 체크 리스트를 만들고 리스크를 회피할 필요가 있다. 따라서 기업 내에서 예측 가능한 리스크에 관한 분석과 그 사정의 대처방법·체제를 정비하고 사원이 그 내용을 숙지해 두는 것이 환경 활동의 기초적인 사항이라 할 수 있다. 적어도 한 번 일어난 사고와 문제에 대해서는 리스크 분석을 충분히 행하는 재발방지계획을 반드시 수립해야 한다. 하나하나의 대책의 누적되면 큰 사고가 예방되는 결과로 이어진다.

　　그러나 리스크의 예측이 극히 어려운 사고에 대한 대책은 검토가 어려운 것도 사실이다. 특히 예방에 대해서는 컨센서스(consensus)를 얻은 자연과학적인 견지가 명확히 드러나지 않는 경우도 있고 사회 시스템 정비가 실시되기 어려운 현실의 문제도 있다. 예를 들면 원자력발전소의 사고는 위험이 극히 크고, 환경에 대한 오염은 상상을 초월할 가능성이 있다. 원래 예상했던 오염의 기술적인 근거도 복수의 정보에 기반을 둔 분석 때문에 불확실한 부분이 많아진다. 미국의 TMI(스리마일 섬) 원자력발전소 사고(1979년), 구소련의 체르노빌 원자력발전소 사고(1986년), 일본의 후쿠시마 원자력발전소 사고(2011년)는 원자력발전소에서 설계기준을 대폭 상회한 막대한 사고(원자로의 노심에 중대한 손상이 일어난 사태 등)이며, "Severe Accident: SA"라고 불리고 있다. 1986년 4월에 우크라이나의 수도 근교의 체르노빌 원자력발전소에서 발생한 폭발 사고는 히로시마형 원폭의 500배의 방사성물질로 오염이 일어났고, 우크라이나, 벨로루시, 러시아에서 사람들에게 막대한 피폭이 확인되고 있다. 이 사고의 원인은 작업자의 훈련부족으로, 실험운전 중의 원자로를 이상하게 발열시킨 것(용광로의 온도를 올리려고 제어봉을 한 번에 모두 빼버렸다)이다. 핵반응의 폭주로 제어불능이 된 원자로에서는 방사성물질에 의한 붕괴열 때문에 수소가 발생해 폭발했다는 과학적인 조사결과가 발표되어 있다. 수소가 발생해 폭발한 과학적인 메커니즘은 후쿠시마 제1원자력발전소와 동일하다.

　　※ 이 원자력발전소 사고는 원자로에서 핵반응 제어 자체가 불가능하게 되어 원자로의 노심에 중대한 손상이 일어난 결과이다. 원자력발전소의 위험회피는 '1. 원자로를 중지한다', '2. 원자로를 식힌다', '3. 방사성물질을 봉쇄한다(환경 방출 방지)'를 기본으로 하고 있지만, 후쿠시마 제1원자력발전소 사고는 원자로를 정지한 후의 대처에서 실패했다.

　　후쿠시마 제1원자력발전소 사고는 손해배상액이 막대한 것으로 예상되어 향후 장기간의 대처가 필요하게 되었다. 「원자력 손해의 배상에

관한 법률」 제7조에서는 "…원자력 손해배상책임보험계약 및 원자력손
해배상보상계약의 체결 또는 공탁으로서 그 조치에 따라 한 공장 또는
한 사업장당 또는 한 원자력선 당 1,200억 엔을 원자력손해의 배상에
충당할 수 있을 것…"으로 되어 있으나 해당 법률의 예상을 훨씬 상회
하는 손해가 발생하고 있다.

원자로 내의 대처(내부상황에 대한 대책)는 매우 상세하게 시행되어
교육훈련도 충분히 행해지고 있었지만, 자연으로부터의 영향(외부상황)
에 대한 대처는 불충분했고, 외부의 소방, 경찰, 정부·공공단체, 관련
성청 등 간의 연계도 불충분했다고 할 수 있다. 주변 주민, 국민에게는
정부 등으로부터 안전성에 대한 홍보가 필요 이상으로 행해지고 있었
다. 그러나 위험의 성질·크기, 피난대책 및 훈련은 부족하고, 사고 후
의 풍문피해, 방사성 폐기물의 처리·처분 등 매우 큰 문제가 발생하고
있다. 일본은 정부가 에너지정책의 주도권을 가지고 있으며, 정부 주도
로 원자력 발전 보급을 하고 있었다는 점에서 전력회사가 도산하지 않
고 경영파탄은 아니지만, 원자력 발전의 연구개발·생산·사고대책을
민간 기업이 독자적으로 행하고 있는 많은 해외의 전력회사들이었다면
도산했을지도 모른다.

이처럼 직원에 대한 교육훈련부족은 기업에게 있어 엄청나게 큰 손
실로 이어질 것이다.

(8) 환경오염·파괴 또는 관련 사건을 발생시킨 경우에는 사실과 그 대처를 공개한다.

기업이 공개하는 정보에는 본사의 상황이 좋지 않다는 부정적 정보
와 좋은 회사라는 것을 선보일 수 있는 긍정적인 정보가 있다.

※ 금융 측면에서 개인 정보 중 부정적인 정보는 신용카드 및 대출 등으로 체
불, 지급 연체, 자기파산 기록 등으로 표시되고, 이는 블랙 정보(블랙리스

트)라고도 하는 중요한 개인신용 정보로서 엄밀히 조사된다. 긍정적 정보
는 신용도가 있는 개인의 정보로서 화이트 정보라고도 한다.

부정적 정보에는 광의로는 개인에 의한 비방, 풍문피해, 기업에 대
한 나쁜 평판, 행정처분, 형벌, 손해배상 등을 포함한다. 환경에 관한
것에는 대기, 수질, 토양에 대한 오염피해의 발생, 폐기물의 불법투기
및 지구온난화 원인물질의 배출 등 많은 종류가 있다. 이러한 정보를
단순히 회사에게 손해가 되는 요인이라고 생각해 사실을 은폐하고 계
속해서 숨기면 위험의 본질을 보기 어렵게 된다. 그리고 오랜 시간이
경과한 후에 그것이 밝혀졌을 때는 회사의 신용실추, 수익감소 등 큰
손실로 이어진다. 정부 사이트에서도 '국토교통성 부정적인 정보 등 검
색 시스템'이 운영되는 등 국가, 지자체에서의 행정지도 등에 의한 공
개가 이루어지고 있다. 이는 형법에 대한 특별법이 되는 벌칙규정이라
고는 할 수 없고, 부정을 행한 기관, 개인에 대한 정보를 공개함으로써
실수를 방지하도록 하는 행정기관의 역할이다. 그러나 기업에서 불미스
러운 일을 객관적으로 파악하여 원인분석을 수행하고 재발방지를 도모
하는 대처를 행하는 것은 큰 손실의 방지가 가능하도록 한다. 여기서
초기의 대응이 중요하다. 대책이 시행되어 개선이 인정되는 기업은 객
관적으로도 신뢰를 얻을 수 있다. CSR의 정보공개에 있어 부정적인 정
보와 그 대처의 공개는 불가결하다. CSR에 관한 긍정적인 정보란 남녀
평등 등 인권의 보장, 노동안전·위생, 갑질행위(power harassment), 성
희롱(sexual harassment) 예방, 사회공헌(교육 활동, 조림, 지역청소 등), 지
역 커뮤니케이션, 공정거래*8 등 다방면에 걸쳐 있다. 환경에 관해서는
환경상품의 개발, 생산, 이동, 판매에 의한 환경부하의 감소를 들 수 있
다. 상품에 관해서는 에너지 절약 또는 자원 절약을 도모하는 것이 해
당하며, 에너지 절약형 차량·저공해 자동차(정의가 명확하지 않지만, 친환
경 자동차라고도 불림), 에너지 절약 가전 제품(연간 소비전력 또는 연간 전
기요금이 낮은 제품), 물 소비가 적은 세탁기 등 환경침해(Ecological

Footprint)*[9]가 적은 것, 환경효율이 좋은 서비스가 이에 해당된다.

또한 생산 활동 등 사내에서 발생하는 환경부하를 감소시키는 기업 활동과 관련하여 1960년대 경부터 공해가 사회적으로 크게 문제되었는데, 이는 현재에 이르러 불가결한 것이다. 과거에 피해를 발생시킨 공해에 관해서는 법령에 따라 엄격히 규제되어 있으며 이를 준수하는 것은 당연하다. 농도규제(사업소에서 배출할 수 있는 유해화학물질[배수·배기]의 상한농도)와 총량규제(일정지역에서의 사업소에서 배출할 수 있는 유해화학물질[배수·배기]의 최대량) 및 폐기물의 처리·처분은 명확하게 정해져 있다. CSR 보고서에는 환경오염대책의 현상, 대기·물의 배출에 관한 법령 및 PRTR 제도에 근거한 배출량의 결과를 명시하는 경우가 많다. 이러한 유해물질은 전술한 제조물에 대한 환경책임으로서도 중요한 항목이다. 지구온난화 원인물질인 이산화탄소와 같이 상세한 배출량 측정이 어려운 화학물질에 대해서도 에너지 절약 제품, 사내의 전기·연소 등 에너지 절감 등에 대해 표시한다. 이러한 정보에는 화학물질명이 다수 포함되어, 많은 일반 대중은 이해하기 어렵다. 이해하기 어려운 것을 많이 표시하는 것은 위험을 알리는 것이라 인정할 수 없다. 일반 공중용 및 전문가용으로 나누거나, 공개자에게 설명회 등 직접적인 소통을 도모해 적절히 개선해 나가는 것이 중요하다.

나아가 CSR 보고서에서 긍정적인 정보만을 중심으로 기재하고 있거나, 자사 판매용 제품의 팸플릿과 같이 자사 상품의 소개만 기재하면 기업의 사회적 책임의 수행에 대해 정확하게 전달했다고 할 수 없다. 무엇보다 기업은 사회에 필요한 제품을 안정적으로 제공할 수 있는지가 가장 큰 사회적 책임이라고도 할 수 있기 때문에 단순히 판매하고 싶은 상품의 소개가 아닌 국제적인 관점에서 넓은 사회에 대한 시야를 가지고 자사 제품의 안정적인 공급에 대해 기재할 필요가 있다.

```
┌──────┐
│ 심화 │
│ 학습 │
└──────┘
```

▌1 금융 측면의 중장기적인 전략

금융 측면에서도 중장기적인 전략의 필요성이 제창되고 있다. 2012년 12월에 내각에 설치된 '일본경제재생본부'에는 2013년 1월 「산업경쟁력회의」가 창설되어 경제재생을 위한 성장전략을 논의하고 있다. 이 회의의 심의결과에서는 "내각부특명담당대신(금융)은 관계 대신과 연계하여 기업의 지속적인 성장을 촉진하는 관점에서 광범위한 기관투자자가 적절히 수탁자책임을 완수하기 위한 원칙의 바람직한 모습에 대해 검토할 것"(내각 총리대신지시)이 제시되었다. 따라서 기업의 지속가능한 성장에는 '기관투자자'의 존재가 중요하다는 점이 재인식되었다고 할 수 있다. 일본판 스튜어드십 코드에 관한 유식자검토회에 의해 2014년 2월 발표된 『'책임 있는 기관투자자'의 제 원칙 《일본판 스튜어드십 코드》 - 투자와 대화를 통해 기업의 지속적인 성장을 촉진하기 위해-』에서는 "투자기업의 지속적인 성장을 촉진하고 고객·수익자의 중장기적인 투자수익의 확대를 도모하는" 것을 목적으로 다음과 같은 구체적인 원칙이 제시되었다.

표 1.1 '책임 있는 기관투자자'의 제 원칙 〈일본판 스튜어드십 코드의 원칙〉

1. 기관투자자는 스튜어드십 코드 책임을 달성하기 위한 명확한 방침을 책정하고 공표해야 한다.
2. 기관투자자는 스튜어드십 코드 책임을 달성한 다음 관리해야 할 이해상충에 대해 명확한 방침을 책정하고 이를 공표해야 한다.
3. 기관투자자는 투자기업의 지속적인 성장을 향한 스튜어드십 코드 책임을 적절히 달성하기 위해 당해 기업의 상황을 정확히 파악해야 한다.
4. 기관투자자는 투자기업과의 건설적인 '목적을 가진 대화'를 통해 투자기업과 인식 공유를 도모함과 동시에, 문제의 개선을 위해 노력해야 한다.

5. 기관투자자는 의결권의 행사와 행사결과의 공표에 대해 명확한 방침을 가짐과 동시에 의결권 행사에 있어서는 단순히 형식적인 판단기준에 그치는 것이 아니라 투자기업의 지속적인 성장에 이바지하도록 그 방침을 고안해야 한다.
6. 기관투자자는 의결권의 행사까지를 포함하여 스튜어드십 코드 책임을 어떻게 다하고 있는지에 대해 원칙적으로 고객·수익자에 대해 정기적으로 보고를 행해야 한다.
7. 기관투자자는 투자기업의 지속적인 성장을 돕기 위한 투자기업과 그 사업환경 등에 관한 깊은 이해에 근거하여 해당 기업과의 대화나 스튜어드십 코드 활동에 수반하는 판단을 적절히 행하기 위한 실력을 갖추어야 한다.

출전: 日本版スチュワードシップ・コードに関する有識者検討会『「責任ある機関投資家」の諸原則く日本版スチュワードシップ・コード〉～投資と対話を通じて企業の持続的成長を促すために～2014年2月26日』(2014年) 6면.

　이 제 원칙들로 구성된 '스튜어드십 코드'란 기관투자자가 투자기업과 그 사업환경 등에 관한 깊은 이해를 기반으로 건설적인 '목적을 가진 대화'(참여) 등을 통해 해당 기업의 기업가치 향상과 지속적인 성장을 촉진하는 것을 통해 '고객·수익자'(최종 수익자를 포함한다)의 중장기적인 투자수익 확대를 도모하는 것에 대한 책임을 의미한다고 되어 있다. 즉, 기업의 정보공개와 중장기적인 전략이 여태까지 그랬던 것 이상으로 중요도가 높아졌다고 할 수 있다. 이미 많은 금융기관 등 기관투자자는 스튜어트십에 따라 '지속가능한 성장'을 향한 상황·방침을 인터넷으로 보고하고 있다. 하지만 해당 견해가 이해관계자에게 충분히 이해(또는 보급)되어 있다고는 말할 수 없으며 구체적인 성과가 공표될 것이 기대된다.

　한편, 경제산업성이 2013년 7월부터 추진한 '지속가능한 성장으로의 경쟁력과 인센티브－기업과 투자자의 바람직한 관계구축－' 프로젝트의 최종보고서(이토 보고서)가 2014년 8월에 공표된 바 있다. 이 보고서에서는 기업이 투자자와 대화를 통해 지속적인 성장을 위한 자금을 확보하고 기업 가치를 높여 나기기 위한 과제를 분석하고, 이를 위한 제언을 내놓았다.

　일본기업은 자본에 대한 수익률이 낮다는 점이 국제적으로도 지적되고 있으

며, 본 보고서에서도 ROE(Return on Equity: 자기자본이익률)를 현장의 경영지
표를 구현하는 것으로 높은 동기를 가지고 중장기적으로 ROE 개선을 목적으로
'일본형 ROE경영'을 해야 할 필요가 있다고 평가한다. "자본비용"을 상회하는
기업이 가치창조기업이며, 그 수준은 각각 다르지만, 글로벌 투자자들과의 대화
에서는 8%를 상회하는 ROE를 하한선으로 보다 높은 수준을 목표로 해야 한다
고 기술되어 있다. 환경 측면에서 에너지자원이 거의 없는 일본은 지금까지 그
다지 관심을 기울이지 않았던 건축물의 에너지 절약과 장기적인 관점에서의 소
비를 고려한 에너지정책 및 기업전략이 필요하다. 주가는 매일 변화함에도 불구
하고, 기관 투자자에 의한 장기 전략은 불가결한 것이다. 이 대응에는 환경보전
에 대한 자연과학 및 사회과학적 측면에서의 협력적 검토가 요망된다.

2 적도원칙

국제금융공사에서는 경제적으로 합리적인 비용으로 환경·위생·안전관리를
실시하는 '환경·위생·안전지침(Environment·Hygiene·Safety guideline: EHS)'
을 만들고 또한 환경오염·환경파괴방지, 자연환경의 보호뿐만 아니라 프로젝트
에 의해 피해를 받는 지역주민과 노동자의 인권보호를 위한 기준인 '국제금융공
사 퍼포먼스 표준(IFC performance standard)'도 발표하고 있다. 이 기준에는
다음의 8가지가 제시되었다.

① 환경·사회적 위험과 영향의 평가 및 관리
② 노동자와 노동조건
③ 자원의 효율(환경효율 또는 자원 생산성)과 오염방지
④ 지역사회의 위생·안전·보안
⑤ 토지취득과 비자발적 이주
⑥ 생물다양성의 보전 및 지속가능한 자연생물자원(자연 자본)의 관리
⑦ 원주민
⑧ 문화유산

이 2개의 IFC 기준에 따라 적도원칙에서는 환경 및 사회에 영향평가의 실제 과정, 환경오염·환경파괴의 방지, 지역사회에 대한 배려, 생물다양성을 시작으로 하는 자연환경에 대한 배려 등 다양한 규정을 두고 있다.

또한, 프로젝트 파이낸스는 일본 국내에 많은 융자기업의 신용력과 담보가치에 의거하여 융자를 행하는 기업금융과 달리 프로젝트의 현금흐름(수입), 사업성을 평가해 자금을 제공하는 금융기법을 말한다. 막대한 비용이 필요한 광물자원, 석유·천연가스 등의 개발에 관한 자금조달수단으로 행해지고, 석유정제, 석유화학 관련 플랜트, 천연가스액화시설까지 저변이 넓어지고 있으며, 또 발전소, 도로, 철도, 통신 등 사회간접 자본시설로 확대되었다. 세계 각지에서 다양한 프로젝트를 진행하고 있다.

3 PRTR 제도

PRTR(Pollutant Release and Transfer Register: 유해화학물질배출이동등록) 제도는 기업에서 배출 또는 폐기되는 오염의 가능성이 있는 물질의 종류와 양을 기록하고 행정이 그 데이터를 관리하고 규제하는 것이다. 또한, 배출(Release)은 배기와 배수를 나타내며, 이동(Transfer)은 폐기물과 하수도로의 이동을 의미한다. 이 제도는 1992년에 개최된 「환경과 개발에 관한 UN 회의(United Nations Conference on Environment and Development: UNCED)」에서 채택된 아젠다 21의 제안에 따라 국제적으로 진행된 것이다.

OECD가 1996년 2월에 도입을 권고함에 따라 각국은 구체적인 검토에 들어갔다. UN 공업개발기구(United Nations Industrial Development Organization: UNIDO)에서는 환경법제의 도입을 미루고 있는 개발도상국을 상대로 도입을 권장하고 있다. 미국(Toxic Release Inventory: TRI), 캐나다(National Pollution Release Inventory: NPRI), 네덜란드(Individual Emission Inventory System: IEI), 영국(Chemical Release Inventory: CRI)에서는 선진적으로 도입되고 있다. 이러한 국가들마다 오염물질 방출·이동에 관한 정보의 수집방법과 행정

에 의한 정보의 사용은 서로 다르다. 미국, 캐나다 및 영국은 개별 기업당 배출 데이터를 공개하고 있는 반면, 네덜란드는 국가, 지역 및 화학물질별 통계 데이터에 대해 다른 환경규제 정보와 합산하여 정부가 공개하고 있다. 일본은 1999년 7월에 「특정화학물질의 환경으로의 배출량 파악 등 및 관리 개선의 촉진에 관한 법률」이 공포되어 2001년 1월부터 시행되고 있다. 일본의 해당 법률에서도 정부에 의해 통계 데이터를 공개하도록 되어있어 합리적인 이유를 제시하면 개인이 소관 관청에 개별 사업소의 배출·이동 정보를 청구할 수 있다. 그러나, PRTR 제도에서 제공되는 정보에 대해서는 행정이나 국가 자격자에 의한 계량증명 등 법령에 의한 규제가 없으며, 기업이 자발적으로 수집·관리하기 때문에 데이터의 신뢰성을 확보하는 것이 중요하다.

4 GRI 가이드라인

GRI(Global Reporting Initiative)는 1997년에 UN 환경계획(United Nations Environment Programme: UMEP) 및 CERES(Coalition for Environmentally Responsible Economies)의 요청에 의해 지속가능한 개발을 위한 세계경제인회의(The World Business Council for Sustainable Development: WBCSD), 영국 공인회계사협회(Association of Chartered Certified Accountants: ACCA), 캐나다공인회계사협회(Canadian Institute of Chartered Accountants: CICA) 등이 참여하여 설립된 조직이다.

GRI 계획은 1997년 9월부터 시작하여 2000년 6월에는 GRI 가이드라인 제1판을 발행하였다. 2002년에 독립기관이 되어 2002년 4월에 UN 본부에서 정식으로 영구기관으로 발족했다. 같은 해 6월에 열린 브라질 리우데자네이루에서 개최된 「UN 환경과 개발에 관한 회의(United Nations Conference on Environment and Development: UNCED)」의 10년 후 점검을 겸해 실시된 지구환경정상회의 「요하네스버그회의」(남아프리카)에서 제2판이 발효되었다. 적정 가이드라인의 내용은 갱신되고 있으며 2013년에 '지속가능성 보고 가이드라인 제4판'이 공표된 바 있다(지속가능성 일본 포럼 HP 「GRI와의 제휴, GRI 가이드라인의 이해와 보급」[http ://www.sustainability − fj.org/gri/, 제4 판 http://www.sustainability − fj.org/gri/g4/]).

5 공정거래위원회가 제시한 환경보전을 배려한 상품에 대한 광고표시상의 유의점

공정거래위원회에서는 '환경보전을 배려하고 있는 상품의 광고표시에 있어 유의사항'을 '환경보전을 배려한 상품의 광고표시에 관한 실태조사에 대하여(2001년 3월 21일)' 제5항에서 제시하고 있다.

표 1.2 공정거래위원회가 제시한 환경상품에 대한 유의점

① 표시가 나타내는 범위가 명확할 것

환경보전효과에 관한 광고표시의 내용이 포장 등의 상품의 일부에 관한 것인지 또는 상품 전체에 관한 것인지 일반 소비자가 오인하지 않도록 명확하게 알 수 있게 표시하는 것이 필요하다.

② 강조하는 원재료 등의 사용비율을 명확하게 표시할 것

환경보전에 배려한 원료·소재를 사용하고 있음을 강조하여 표시하는 경우에는 '재생지 60% 사용' 등 그 사용 비율에 대해 명시하는 것이 필요하다.

③ 실제 데이터 등에 의한 표시근거의 필요성

제품의 성분이 환경보전을 위한 어떤 효과를 가지고 있음을 강조하고 광고표시를 행할 경우에는 일반적으로 해당 제품을 사용함으로써 이러한 효과가 있음을 표시하는 실증 데이터 등의 근거를 마련할 필요가 있다.

④ 모호하거나 추상적인 표시는 단독으로 행하지 말 것

"친환경" 등의 모호한 또는 추상적인 표시를 할 경우에는 환경보전의 근거로 되는 사항에 대해 설명을 병기해야 한다.

⑤ 환경마크 표시에 있어서의 유의점

환경보전을 배려한 상품임을 나타내는 마크나 표시에 관해 제3의 기관이 마크의 표시를 인정하는 경우에는 공인된 이유를 명확하게 알 수 있도록 표시를 해야 한다. 또한 사업자에 있어서도 마크의 단위에 인접하여 인증이유를 명확하게 알 수 있도록 설명을 병기할 필요가 있다.

6 UN 책임투자원칙(UNPRI)

UNPRI(The United Nations-backed Principles for Responsible Investment Initiative: UN 책임투자원칙)의 사무국은 UNEP와 UN 글로벌 콤팩트(UN Global Compact)가 행하고 있다. 2006년에 UN 사무총장 코피 아난이 제창한 원칙은 이하의 여섯 항목이다.

표 1.3 UN 책임투자원칙 항목

① 우리는 투자분석 및 의사결정과정에 ESG의 과제를 추진한다.
② 우리는 활동적인 (주식) 소유자가 되고 (주식의) 소유방침과 (주식의) 소유
  관행에 ESG 문제를 편입시킨다.
③ 우리는 투자대상의 주체에 대해 ESG 과제에 대해 적절한 공개를 요구한다.
④ 우리는 자산운용업계에서 본 원칙을 받아들여 실행에 옮겨지도록 작용한다.
⑤ 우리는 이 원칙을 실행할 때의 효과를 높이기 위해 협력한다.
⑥ 우리는 본 원칙의 실행에 대한 활동상황과 진척상황에 대해 보고한다.

출전: https://www.env.go.jp/council/02pohcyV0211-04/ref01.pdf, 1.

또한 이 견해에 기초하여 2000년에 UN이 제창한 다음과 같은 Global Compact의 10원칙이 중요한 개념이 된다.

세계협약 10대 원칙은 1999년에 개최된 다보스 포럼(Davos Meeting, 정식명칭은 세계경제포럼: 매년 2월 상순에 스위스·다보스에서 개최)에서 UN 사무총장(당시: 코피 아난)이 제창한 것으로, 당초는 원칙 1~9까지였지만 2004년 6월에 개최된 글로벌 콤팩트·리더스 서밋에서 "부패 방지" 원칙이 추가되었다. 본 원칙에는 세계의 기업, NGO, 노동조합, 공공사업체 등이 서명하고 있다. 활동은 UN이 운영하는 조직과 각국의 네트워크가 있다. 1948년 UN에서 채택된 세계인권선언(모든 국민과 모든 국가가 달성해야할 공통의 기준)을 더욱 발전시킨 국제적인 인식이다.

표 1.4　UN 글로벌 콤팩트의 10대 원칙

인권 원칙 1: 인권수호의 지지와 존중 원칙 2: 인권침해에 연루되지 않음
노동 원칙 3: 조합결성과 단체교섭권의 실효화 원칙 4: 강제노동의 배제 원칙 5: 아동노동의 효율적인 배제 원칙 6: 고용과 업무의 차별 철폐
환경 원칙 7: 환경문제에 대한 예방적 접근 원칙 8: 환경책임에 관한 이니셔티브 원칙 9: 환경 친화적 기술의 개발과 보급
부패 방지 원칙 10: 부당취득·뇌물 등의 부패 방지를 위한 노력

7　IPCC의 개요

IPCC(Intergovernmental Panel on Climate Change: 기후변화에 관한 정부 간 패널)은 1988년 캐나다·토론토에서 개최된 '변화하고 있는 대기권에 관한 회의'에 이어, 세계기상기구(World Meteorological Organization: WMO)와 UNEP의 지도하에 설치되어 있다.

1990년 10월 스위스 제네바에서 개최된 세계기상회의에서 IPCC의 제1차 보고가 나와서 지구온난화로 인한 기후변화의 잠재적 영향예측이 제시되었다. 그 후 순차적으로 검토가 이루어지고 있으며, 2013~2014년 제5차 보고서가 공표된 바 있다. 보고내용은 3분야로 분류되고 3개의 작업분과에서 세계의 과학자들에 의해 검토가 이루어지고 있다.

제1작업분과(Working Group I)에서는 '기후 시스템과 기후변화에 관한 과학적 견지', 제2작업분과(Working Group II)는 '기후변화에 대한 사회경제 시스템과 생태계의 취약성 그리고 기후변화의 영향과 적응', 제3작업분과 (Working Group III)는 '온실가스배출 억제 및 기후변화 완화방안'을 다루고 있다.

8 페어 트레이드

Fair는 공정을 의미하지만, 무엇을 가지고 공정하다고 하는지에 대해서는 파악하기 어려운 면이 많다. '공정'이라는 단어는 사람마다 가치관이 다르기 때문에 간단히 사용할 수 없다. 상황에 따라서는 이기주의가 노골적으로 나타나기도 한다.

환경문제에 관한 국제회의에서는 개도국은 지역의 위생문제를 거론하고 선진국은 지구환경파괴에 주목하고 있기 때문에 쌍방의 의견이 엇갈리는 경우가 많다. 또한 개도국은 선진국의 지원을 강조하고 선진국은 세계 공통의 오염대책과 그 이행을 요구하고 있다. 이러한 배경에는 1950년대 이후 선진국이 거액의 융자를 해서 개도국에 사회간접 자본시설을 수출함으로써 개도국들이 막대한 채무를 떠안게 되어 항상 빈곤에 시달린다는 점이 있다. 수출된 사회간접 자본시설(도로, 항구, 공항)은 선진국에 대한 농작물, 광물자원, 에너지자원의 수출에 이용되고 많은 환경오염을 발생시키는 자원의 1차적 가공공장도 선진국에서 개도국으로 이전하고 있다(공해수출이라고도 불린다).

이러한 상황에서 거대한 채무를 안고 경제적으로 취약한 입장이 된 개발도상국에서는 농작물과 공산품이 적정하다고 할 수 없는 저렴한 가격에 거래되는 경우가 있다. 또한, 선진국의 농장이나 공장, 또는 주문자 상표 부착생산이나 위탁생산(Original Equipment Manufacturer: OEM)에서는 노동자들이 열악한 작업 조건에서 일하고 있기도 하다. 여성이 심야까지 노동하거나 아이들이 학교에 가지 못하고 일하게 되는 등 인권 측면에서 사회적인 불공평한 상황까지 존재하고 있다. 이러한 상태를 현안으로 인식하면서 적정한 노동이 확보되고 농작물, 산업 제품, 광물·에너지자원이 국제적으로 적정한 가격을 유지하고 공정한 거래를 행하는 것을 공정무역(fair trade)이라고 한다. 개발도상국과 선진국의 격차를 시정하기 위해 행하는 국제거래(기존의 지배적인 것에 대한 또 하나의 대안적 거래)로서, alternative trade라는 용어로도 표현되고 있다.

FLO(Fairtrade Labelling Organizations International: 국제공정무역라벨기구), WFTO(World Fair Trade Organization: 세계공정무역기구), EFTA (European Fair Trade Association: 유럽 페어트레이드 연합)이라는 세 개의 단체는 공동으로 '공정무역(fair trade)'을 "대화, 투명성, 존중을 기반으로 하고, 보다 공정한 조건에서 국제무역을 행하는 것을 목표로 하는 무역 파트너이다(Fair Trade is a trading partnership, based on dialogue, transparency and respect, that seeks greater equity in international trade)."라고 표현하고 있다. FLO가 행하는 국제공정무역인증은 '경제적 기준', '사회적 기준', '환경기준'의 측면에서 이루어지고 있으며, 바나나, 카카오, 커피, 면화, 사탕수수, 차 등 16개 품목(2013년 1월 기준)을 대상으로 하고 있다. 이와는 별개로 FSC(Forest Stewardship Council)는 공정거래인증기관으로서 2010년부터 나무를 대상 품목으로 하게 되었다.

9 생태 발자국

사람이 음식에 사용하는 식재가 얼마의 경지면적을 사용하여 생산되는지 검토할 때 자연 자본 소비의 지표로 고려된 것이 그 시초로, 소와 같이 잔디가 아닌 옥수수를 원료로 하는 사료를 소비할 경우, 생태 발자국은 커지게된다. 일반적으로 사람의 발자국 그림을 사용하여 나타내는 이 개념은 식재의 종류마다 크기를 변화시켜 소비(생산효율)의 양을 나타내고 있다. 여기서는 다양한 자연 자본이 대상으로서 검토되고 있으며, 경작지 외에도 숲, 목초지, 어업자원 및 광합성으로 이산화탄소를 흡수하는 양(삼림 싱크량)까지

동 개념에 포함되는 경우가 있다.

한편, 같은 땅에서 1년에 몇 번이나 수확할 수 있는 경우에는 생태 발자국이 감소하게 될 것으로 보이지만, 농작물을 만들 때의 비료와 물이 대량으로 사용되면 소비자원은 증가한다. 별도로 물 발자국(농작물과 축산물을 수확·생산하는 데 소비되는 물)는 많아지므로 간단히 환경하중의 크기를 나타낼 수 없다. 또한 물 소비에 관해서는 수출입시에 외관상 보이지 않는 것으로 가상수(virtual water)라는 것이 런던대학의 앤소니 알란(Anthony Allan)에 의해 제창되고 있다. 중동 등 건조지역의 석유산출국 사람은 큰 이익을 올리고 그 이익으로 대량의 농작물·축산물을 직접 수입함으로써 실제로는 물을 많이 소비하고 있다는 결론을 확인할 수 있다. 물이 풍부한 일본에서도 과일 등 농작물이나 육류가 대량으로 수입되고 있는 점에서 가상수도 높다고 할 수 있다. 이들은 산업생산에서도 마찬가지이다.

담수는 지구에 존재하는 물 중 약 2.5%이며, 이 중 사람이 마실 수 있는 물은 0.1%로 극히 적어 앞으로 세계적인 물 부족이 우려되고 있다. 환경대책으로서 물관리는 향후 중요성이 높아질 것으로 예상되며, 기업에는 사업활동과 환경상품의 관점에서 물 발자국 또는 가상수에 대한 정보정비와 대응이 필요할 것이다.

주의해야 할 점

(1) 환경대책의 지연에 따른 환경비용이 증대

환경보전에 대한 투자는 기업실적의 악화와 경기악화의 영향을 받아 사라지게 될 경향이 강하다. 그 이유는 이 투자를 통해 명확한 이윤 창출을 할 수 없는 데 따른 것이다. 환경대책은 환경보호에 관련되는 행정 및 환경 전문가의 대다수가 지적하고 있듯이, 중장기적으로 보면 기업 활동에 위험을 창출하는 것을 예상할 수 있는 것이지만 단기간에 이익을 창출하고자 하는 기업에게는 이해하기 어려운 것이다.

환경보호에 대한 대처·투자가 늦게 되면 환경오염이 확대되어 환경피해 발생의 가능성이 높아지고, 일단 환경손해가 발생하면 환경비용이 급격히 확대된다는 시나리오가 예상되고 있다. 사전대책을 통해 조기에 조치를 취하면 환경비용을 절감하게 된다. 또한 사전대책으로서 환경 리스크가 불명확한 부분과, 파악할 수 있는 부분을 확인하고 불명확한 부분에 관해서는 가장 엄중한 대처가 필요하다.

유해성이 주목되는 화학물질에 대한 대책은 당연하지만, 생산에 사용되는 모든 화학물질의 화학적·물리적 성질과 사용량, 환경방출량, 이동량(폐기물량, 하수함유량)을 확인할 수 있도록 충분한 정보를 정비할 필요가 있다. 특히 성질을 잘 모르는 화학물질은 밀봉하는 것이 타당한 대책일 것이다. 완벽하게 위험을 회피하는 환경대책을 수립하는 것은 매우 어렵다. 환경피해를 방지하기 위해서는 가급적 사용하는 화학물질의 종류를 줄이고 관리하는 범위를 축소하는 것이 합리적이다.

위험분석을 가능한 한 빨리 실시한다면 피해 역시 적게 발생하도록 억제하는 것이 가능하다. 이 대책에 있어 공급자는 제품생산 시 뿐만 아니라 사용 시는 물론, 폐기되어 처리·처분될 때 환경영향까지 포함하여 관련된 많은 정보를 누적하는 대책을 고려해야 한다.

그림 1-3 새로운 기업 활동·새로운 상품·사업의 리스크 대처의 유무

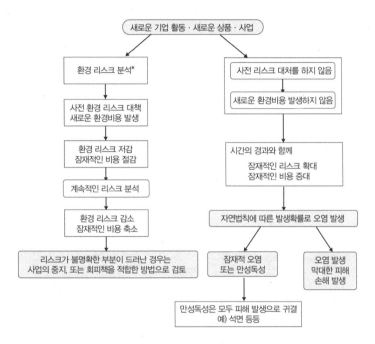

*위험분석을 실시하지 않았거나 대처하지 못한 부분으로 환경비용은 급격히 증가
 예) 후쿠시마 제1원자력발전소의 외부요인(자연현상: 쓰나미)에 의한 피해

[2] 정부, 지자체가 실시하는 경제적 유도책에 대한 대응

지구온난화대책, 산성비대책, 입자형태의 물질오염(PM, SPM) 등 원인자를 특정할 수 없는 경우 또는 일반 공중 등 불특정 다수의 사람이 오염원인자가 되는 경우는 기업 차원의 대책이 효과를 내지 않는다. 2000년 이전에는 기업들이 이러한 대책을 취해도 비용이 막대하기 때

문에 경영자 또는 단기적인 이익을 얻고자 하는 투자자에게는 그다지
바람직하지 않았다. 그러나 환경세, 탄소세, 연소를 제어시키기 위한
기술개발에 대한 조성금, 보조금 제도에 의한 환경정책수단의 도입이
국제적으로 진행되고 있으며, 교토의정서가 주목한 바 있는 온실가스,
꽃가루 질병, 대기오염물질 역시 사회적으로 주목되고 있기 때문에 기
업의 태도, 개발에 관한 기획에서 환경대책은 중요한 관점으로 취급되
고 있다. 비재무회계로 기업의 태도를 표현하는 것은 어렵고, CSR 보
고서에 문자·화상 또는 영상 등을 사용하는 경우도 있다. 또한 환경
제품은 새로운 컨셉으로 개발·보급하는 것부터 고비용이 될 가능성이
높기 때문에 공공기관에 의한 경제적인 유도책(지원 등)의 동향을 분
석하는 것도 중요하다.

그림 1-4 보조금을 받아 추진되는 재생가능 에너지(태양광발전) 비즈니스

태양광발전과 풍력발전 등 재생가능 에너지에 대해서는 에너지정책 측면에서도 경제적인
유도를 도모하고 있다. 미국에서는 낮은 에너지 밀도로 많은 관리가 필요하다는 측면에서
고용촉진책으로서도 실시된 바 있다.[10]

한편, 종래부터 세 가지 기본사항(triple bottom line)으로 되어 있
는 환경, 사회, 경제에는 모순이 있다. 경제와 사회는 독립적으로 존재
하고 있지만 단기적인 환경은 그들에게 영향을 받는 측면이 매우 강하
므로 현재는 독립적인 분야로 존재하는 것이 아니다. 이와 관련하여 여
러 학문 분야의 지식을 근거로 검토가 이루어지고 있다. 자연과학의 견
지에서 사회와 경제는 크게 변화하고 있으며, 그 변화가 환경 분야에

복잡하게 영향을 준다. 이 상황을 감안하면 환경보전을 목적으로 한 경제적 유도책은 경제와 사회의 변화에 있어 그 유효성이 크게 변화하는 점에 대해서도 사업계획에서 고려되어야 한다. CSR 활동은 지속적으로 이루어지는 것이 중요하기 때문에 사회에 호소하는 것만으로 대강 시작해서는 성과를 달성할 수 없고, 중장기적이고 계획적인 추진이 필요하다. 또한 단기적으로 CSR 활동을 행하는 것과 환경 제품을 개발·판매하는 것은 매우 어렵고, 오히려 경영위험을 발생시킬 가능성도 있다.

(3) 소비자의 경제성 관점과 환경성능과의 괴리

소비자가 연비향상 등 에너지 절약에 주목하고 있더라도 에너지가 저렴해지면 환경성능에 대한 평가는 낮아진다. 또 소비자는 저렴한 연료 이용을 우선하는 경향이 있다. 그러나 중장기적으로 자연 자본인 에너지 및 원료산업시설에 사용되는 재료(광물자원)는 고갈되어 가고 모든 공급은 감소한다. 또한 화석 연료는 이산화탄소, 유황, 수은 등을 포함한 입자상 물질을 일상적 환경에 방출하여 지구환경을 파괴하고 지역 환경오염을 악화시킨다.

일반 대중은 실시간으로 환경파괴와 오염현황을 파악할 수 없으므로, 이들이 직접 영향이 나타나는 경제성에 주목하는 것은 당연하다. 이러한 경향에 대응한 대량생산과 대량소비의 경영전략을 세우면 단기적인 이익은 개선할 수 있다. 에너지 공급과 오염물질의 방출을 확대시키면, 과거와 같은 경제성장이 재현되고, 한계를 향해 치닫는 것이 되는데 '물건', '서비스'가 풍부하게 있는 것에 가치를 두는 관습에서 벗어나기란 좀처럼 쉽지 않다. 현 상황에서는 '지속가능성'이라는 단어는 일반 대중에게 충분히 이해되고 있지 않은 셈이다. 단, 기업은 지속적인 성장이 필요하기 때문에 생산전략에 있어 폐기물 처분, 자원소비 등 다방면에서의 검토를 하고 로드맵을 만들고 장래를 응시할 필요가 있다.

로드맵을 작성하면 환경경영과 환경전략을 사업에 도입할 수 있고,

이를 통해 중장기적 관점에서 성과를 기대할 수 있다. 공해나 원전 사고는 단기적인 이익만 보았기 때문에 많은 손해가 발생한 예이다. 잃어버린 이익은 기업과 투자자를 시작으로 하여 모든 이해관계자, 결국에는 국민 전체의 손실이 되고, 그 복구를 위한 비용은 세금 및 공공요금에서 현재도 계속해서 지불되고 있다. 생활을 지탱하는 대량의 에너지와 물건은 장기적으로 생각하면 추후에 환경에 대한 큰 부하를 일으키고, 그 결과 거액의 경제적 부담을 시간이 지나서 지불하는 것이 된다. 장래 예측되는 지구온난화에 따른 기후변화로 인해 발생하는 막대한 경제적 부담은 인류가 개선할 수 있는 범위를 초과할 가능성도 있다.

한편, 상품기획이라는 측면에서는 로하스(Lifestyles Of Health And Sustainability: LOHAS)[*11] 제품과 윤리적 패션, 윤리적 보석류 등도 경영면에서의 중요 전략이다. 이러한 환경평가는 물건을 만들 때부터 처분될 때까지의 LCA라는 상세한 환경부하 데이터를 정비하고 평가하는 것이다. 이 환경부하는 결국 모두의 비용이 되고 이 비용이 낮아지지 않으면 환경상품이라고 할 수 없다.

소비자가 환경성능에 대해 정확히 이해하는 것은 어렵기 때문에 환경부하를 감소시킴으로써 경제성이 향상되는 것을 보여주는 것이 중요하다. 이미 에너지 절약형의 설비가 연간 소비전력량과 동시에 전기요금의 감소를 가져온다는 영업전략적 표시가 되는 것 등을 그 예로 들 수 있다. 그러나 더욱 긴 수명을 가진 새로운 상품은 소비의 간격을 연장하고 이는 지출삭감으로 이어지는 사실을 소비자가 이해하는 데까지는 아직 도달하지 못했다고 할 수 있다. 기업의 설비관리 측면에서는 부식을 방지(더욱 긴 수명)하는 도료를 뿌리는 등 유지와 보수를 정기적으로 실시하고 있지만, 일반 공중에게는 계획적인 부식 방지(긴 수명을 갖게 하는 것)가 경제적이라고 생각하기는 어렵다.

한편, CSR 활동이나 판매 제품의 환경성능을 통해 부각시키고 이와 관련하여 기업의 이미지를 높이면서 브랜드 이미지를 창조하는 시도도 있다. 이른바 브랜딩(branding)[*12] 방식의 하나로서 환경 활동을 하는

것이다. 재생가능 에너지의 이용이나 재료의 재활용 등 소비자에게 알
기 쉽게 "환경"의 이미지를 강조하는 경우가 그 예다. 그러나 환경보전
은 매우 복잡한 양상을 가지고 있으며, 환경의 이미지를 가지고 있어도
환경파괴를 발생시키고 있는 경우도 있어 사전의 창조적 집단사고 또
는 브레인스토밍(brainstorming)[13] 등 넓은 관점에서 검토하는 것이 필
수적이다. 예를 들면, 풍력발전시설은 소음(주변 주민에 피해가 발생)과
버드 스트라이크(풍력발전시설의 날개(블레이드)에 철새와 야생조류가 충돌해
사망), 경관악화(덴마크 등 윈드 팜이라 불리는 대규모 시설에서 종래부터 문
제가 되고 있음) 등 환경문제를 여러 건 일으키고 있으며, 일본에서는 환
경영향평가법에 따라 건설 전에 환경영향평가 및 주변 주민 등과 리스
크 커뮤니케이션이 의무화되어 있다. 앞의 절에서 말한 "기업 이미지만
으로 환경 활동을 행하면 경영전략의 실수를 초래한다."는 점도 고려하
여야 한다.

10 미국 재생재투자법과 스마트 그리드

미국 오바마(Barack Hussein Obama II) 대통령이 미국의 경기부양책으로 제정한 「미국 재생재투자법(American Recovery and Reinvestment Act: ARRA)」 가운데 2009년 2월에 재생가능 에너지 도입확대와 스마트 그리드 정비에 110억 달러를 기부를 표명한 일은 당시 세계적으로 주목을 받았다. 고용창출을 목적으로 에너지 밀도는 낮지만 재생 가능한 태양광발전, 풍력발전 등을 확대하여 에너지 절약사업의 활성화를 도모하는 것이다. 스마트 그리드란 전력공급에 대해 정전 등을 최대한으로 방지하는 신뢰성이 높고 효율적인 송전을 위한 스마트한 총배전망(grid)을 말하며, 구체적으로는 IT(Information Technology) 및 네트워크 기술을 이용하여 각 가정의 전력사용량을 스마트 미터로 관리하고 관련이 있는 인프라 정비 등을 실시하는 것이다. 일본에서도 콤팩트 시티 계획, 재생가능 에너지의 대량발전관리 등을 검토 및 시행하고 있다. 그러나 일본에서는 2016년 4월 이전에는 전력자유화가 그다지 진행되지 않았고, 일본 국내 10개 전력회사에서 관할지역의 전력공급을 거의 독점하고 있었기 때문에 계획적인 송전시설 및 IT를 이용하여 이미 효율적인 전력 송전망은 만들어져 있었다. 스마트 미터 등 전력낭비가 더욱 없는 전력공급이 진전될 것으로 생각되지만, 개인정보보호 등 문제도 많다.

11 로하스상품

로하스란 "건강과 지속가능성에 대해 명확한 의지를 가진 라이프 스타일"이라는 개념을 말하며, 1998년에 미국의 사회학자 폴 레이(Paul Ray)와

심리학자 셸리 앤더슨(Sherry Anderson)이 제창한 것이다. 당초에는 생태학(ecology)과 유기농(organic: 화학비료·살충제를 사용하지 않는) 생활을 목적으로 한 것으로, 이탈리아의 카를로 뻬토리니(Carlo Petrini)가 1986년에 주장했던 슬로우 푸드(slow food)와 새롭게 창조된 슬로우 라이프(slow life 또는 slow living)와 유사한 개념이다. 그러나 그 후, 로하스의 개념은 환경보전 전반에 확산되어 자연소재의 제품 등 생활용품(비누, 샴푸, 손수건, 식기, 의류, 유아용품 등)에서 자연 에너지, 재활용, 봉제인형까지를 포함하는 경우도 있다. "로하스"를 환경에 관한 이미지에서 브랜드화하고 출판사와 회사가 상표등록을 했지만, 상표사용료는 취하지 않고 있다. 한편 상표(trade mark)는 자사의 상품이나 서비스의 출처를 식별하도록 하는 데 사용되는 표지를 의미한다.

12 환경 브랜딩

상품과 서비스를 고객의 관점에서 다른 상품과 분류(나누기)하기 위해 환경의 이미지를 사용하는 브랜드를 붙여 부가가치를 얻는 것을 환경 브랜딩이라 한다. 브랜딩의 개념이 확산되기 전에는 브랜드 아이덴티티(brand identity)라고 불렸으며 1930년대에 미국에서 확산된 개념으로 상표, 디자인 등으로 다른 상품과 차별화할 때에도 Corporate Identity가 사용된 바 있고, 최근에는 CSR에도 이것이 평가의 중요한 항목이 되고 있다. 브랜딩은 이러한 정체성을 포괄적으로 포함하는 개념이라고 할 수 있다. 양질의 상품이라는 관점에서 '환경'은 중요한 가치가 되고 있으며, 윤리적(ethical) 상품도 윤리적인 개념에 CSR이 포함되어 환경보호의 주요개념을 형성하고 있다.

13 브레인스토밍

아이디어를 내기 위한 집단기법으로, 여러 사람이 유연한 환경 하에서 논의하는 방식이다. 대표적인 방법으로 KJ(Kawada Jiro)법이 있다. KJ법이란 막대한 데이터를 구조화하고(단순화) 과제해결에 이용하는 방법으로 그 절차는 ① 정보수집에서 얻어진 데이터를 라벨에 기록한다, ② 여러 가지 라벨을 분류한다, ③ 분류된 각 그룹에 이름(표찰)을 붙인다. ④ 이 검토에 따라 수 개의 그룹이 생긴다. ⑤ 라벨을 모조지에 붙이는 등으로 그림으로 나타내고 분류된 각 그룹 간의 관계 정립에 대해 생각하는 작업으로 정보를 정리하는 것이다.

1-3
목표의 설정

(1) 경제목표 및 환경목표의 차이

금융시장은 금융공학의 발전으로 국제적인 채권의 운용이 복잡해졌다. 미국에서는 2001년부터 치솟는 주택가격을 배경으로 하여 주택구입에 의한 자산가치의 상승이 주택담보대출을 촉진시켰다. 또한 주택대출을 받기에는 개인심사에 적합할 정도로 신용이 없는 대량의 저소득자에게 대출이 이루어졌다. 하지만 이들은 신용도가 낮기 때문에 금리를 높게 정하고 있었다. 이 대출을 서브프라임 론(subprime lending)이라고 하며, 이 대출에 대한 채권은 증권화 되어 전 세계의 복수의 금융상품에 포함되어 판매되었다. 그러나 2007년부터 주택가격이 하락하고 상환의 연체율이 확대됨으로써 부실채권이 증가해 주택 버블 붕괴로 이어졌다. 이 영향으로 막대한 채권이 소멸하고, 2008년 9월에는 미국에서 유수의 투자은행인 리만 브라더스(Lehman Brothers Holdings Inc)가 도산한 것(리먼 쇼크)에서부터 글로벌 금융위기가 시작되었다. 2009년 말부터는 그리스의 경제위기가 발단이 되어 유럽 금융위기(PHGS: 포르투갈, 이탈리아, 아일랜드, 그리스, 스페인)도 발생했다.

금융시장에서는 거액의 가상 자금이 만들어지고 즉시 전 세계로 이동하지만 경제 버블에 따른 돈으로 만들어진 주택 등의 '사물'은 과도하게 많이 만들어지게 된다. '사물'과 '서비스'는 사람의 생활에 있어 필요하지만 (개인의 재력을 넘어) 적절한 양을 초과하면 자원을 낭비하고 무제한으로 사용해 환경 부담에 대한 영향을 키워버린다. 잘못된 금융은 사람의 욕망에 맡겨진 가상의 자금을 만들기 위해 환경효율을 악화시킬 위험이 있다. 이것은 화석 에너지*[14]의 공급에도 큰 영향을 주며, 장래의 자원고갈, 지구온난화에 의한 기후변화에 따른 위험 및 환경비용은 리먼 쇼크를 상회하는 경제적 손해를 발생시킬 우려가 있다. 경제정책과 금융정책을 시행할 때는 향후의 환경부하라는 측면도 고려할 필요가 있다. 예를 들면, 중앙은행의 금리인하에 따라 설비투자 등의 '물건', '서비스'의 생산을 향상시키고 경제성장을 계획할 때에도 지구 및 지역 환경에의 영향과 자원의 고갈에 관한 중장기적인 관점이 필요하다. 국가의 시책만 아니라, 금융기관에서도 CSR로서 환경보호의 목표를 경영전략에 도입해야 한다.

(2) 사업장 내의 환경보전 활동

① 환경관리목표

기업에서는 환경관리목표를 세워 경제적 동기에서 그 실적을 공개하고 있는 곳이 많다. 2000년경까지는 비제조업은 환경파괴와 오염에 그다지 관련이 없다고 여겨 왔지만, 현재는 업종을 불문하고 환경보전 활동이 필요하다는 인식이다. 특히 일본은 선진국들 중에서는 이 경향이 느리게 나타나고 있고 그 후 대여 책임으로서의 은행, 보험회사 등 금융업도 대상이 되었지만 이들은 아직 많은 배기가스를 내보내는 운수업 등 업계에 대해 파악하고 있지 않다. 또한 소비자의 안전과 위생을 배려하기 위한 책임으로 국제적으로 확산된 제조물책임·환경책임이 추가되어 왔다. 이는 우리 주변에 당연하게 존재하는 환경이 실제로는 쉽게 파괴 가능한 존재이며, 인위적인 행위에 의해 가까이 존재하는 자연부터 지구 전반까지 변화가 일어날 우려가 확대되고 있는 점을 조금씩 이해해 온 결과이다. 또한, 기후변화 등 환경변화에 따른 물적 피해는 맹렬한 태풍에 의한 바람, 홍수에 의한 피해를 일으키고 산성비는 건물·농작물 등의 열화를 야기한다. 이러한 실질적인 사건도 증가하고 있으며 시각적으로 이해할 수 있는 기회도 그만큼 늘어나고 있다.

제조업에서는 복수의 화학물질이 소비되기 때문에, 공해방지대책을 시작으로 PRTR 제도와 같이 많은 화학물질을 대상으로 하는 포괄적 환경위험 저하 활동으로 대처하려는 노력이 급격히 확산되고 있다. 또 한 지구온난화의 원인물질인 이산화탄소(연소 등 공업의 기본적인 조작), 메탄(천연가스의 주성분), 육플루오르화이온(발전소에서 사용되는 절연체: 대 체가 진행되고 있다), 바플루오르 카본(전자기기 공장의 에칭 등에 사용) 등 은 인체에 대한 직접적인 유해성이 적다는 점에서 문제가 된다. 또 가 장 많이 방출되는 이산화탄소는 곳곳에서 배출되는 점에서 공급망관리 가 매우 곤란하다.

화학물질 이외에는 자원순환, 녹화 및 공장 내·사유지 자연보호(산 림보호와 생태계보호), 에너지 절약의 촉진, 자원 절약, 그린 조달(공급망 에서 부품 등의 공급뿐만 아니라, 사무소에서 사용하는 재료재활용 문구·용품 의 조달) 등 다양한 활동이 있다.

② 백캐스팅 목표

환경대책의 목표는 지구온난화대책처럼 국제조약·의정서·협정 등 에서 기간을 정하여 환경파괴물의 질량삭감을 요구한다. 또한 각종 재 활용법의 대상이 되고 있는 것들 중에서 재생률 목표치가 정해져 있는 것은 목표의 달성을 해야 하는 기한(장래)에 맞추어서 지금부터 정률적 으로 목표치를 정하고 이를 추진해 나가야 한다. 이 경우 상황을 정확 하게 파악하고 기술수준(또는 기술의 진전)에 따른 대책·목표를 계획적 으로 정해야 한다. 이러한 목표설정을 위한 방법을 백캐스팅 (backcasting)에 의한 검토라고 한다.

"기후변화에 관한 UN 기본협약"의 당사국총회는 전술한 IPCC에 의한 세계의 과학적 식견을 정리한 결과를 바탕으로 논의가 진행되고 있다. IPCC가 보고한 바에는 정책자를 위한(정책입안용) 보고서도 포함 된다. 기업에서는 이 보고서를 참조해 당사국총회의 결과로 나타난 목 표치를 향하고 IPCC의 보고서를 참고하여 현재의 상황을 분석하고 이 를 토대로 백캐스팅 총량을 만들어야 한다. IPCC 보고서에서는 과학적

지견으로서 2100년의 평균기온의 상승, 이상기상의 발생빈도증가 등이 있어 별도로 사회경제 시스템 등의 영향 및 적응책, 온실가스의 배출억제 및 기후변화의 완화책도 제시되어 있다.

> ※ 기상청에서는 '평균기온', '이상기상'을 다음과 같이 정의하고 있다(인용: 기상청, HP 「예보용어」 주소: http://www.jma.go.jp/jma.kishou/know/you-go_hp/mokuji.html 2016년 3월 열람). (또한, 이상기상에 대해서는 WMO[World Meteorological Organization: 세계기상기구]에는 하선부가 25년에 1회로 되어 있다.)
>
> • 일(월·년) 평균기온: 일 평균기온은 1시부터 24시까지 매 정시 24회 관측값 평균. 월(연) 평균기온은 매일(월)의 평균기온의 월(년)동안의 평균.
> • 이상기상: 일반적으로 과거에 경험한 현상을 크게 벗어나는 현상 또는 상태의 것. 기상청에서는 기온과 강수량 등의 이상에 대해 판단하는 경우, 원칙적으로 "어떤 장소(지역)와 어떤 시기(주, 월, 계절 등)에서 30년간 1회 이하의 출현률로 발생하는 현상"을 이상기상이라고 하고 있다.

기업에서는 조약, 법령의 규제에 근거해 환경 활동의 계획을 작성하고 시간의 흐름에 따른 목표를 세워갈 필요가 있다. 또한 PRTR과 같이 자주적인 화학물질관리를 행하는 것에 관해서는 정부에 의한 가이드라인(목표치의 명시)이나 업계에서 소멸목표치를 책정하는 경우가 있기 때문에 소프트 로(soft law)*[15]의 관점에서도 환경 활동을 계획할 필요가 있다.

표 1.1 기업의 사업장 내 환경 활동(자주적 활동)의 목표(또는 행동계획)의 표시 예

활동항목	활동내용	도달목표
지구온난화방지	• 사업소(사무소, 공장 등)의 에너지 절약, 재생가능 에너지에 의한 전력조달 • passive active형 에너지 이용 사무소건설 · 에너지 절약 자동차 이용	…년까지, 원 단위*에 이르고, 00%(또는 00 이상)의 절감
자원순환	폐기물의 축소 －물질재활용(또는 summary cycle)의 이용 －설비 등 포장 등에 의한 장기수명성의 추진	…년까지, 원 단위에 이르고, 00%(또는 00 이상)의 절감
화학물질관리	작업 활동 · 일반 환경에의 유해화학성질의 배출 억제	• …년까지, 원 단위에 이르고, (Volatile Organic Compounds)의 00%(또는 00 이상)의 절감 • …년까지, 물질에 대해 원 단위에 이르고, 0%(또는 0 이상)의 절감

※ 일정량의 제품 · 서비스를 생산하는 데 필요한 원재료와 연료·동력·노동력 등의 양.

일본에서 원자력발전소를 폐지하기로 결정할 경우 다시 백캐스팅으로 검토하고 장래의 모습을 명확하게 고려하여 현재를 위한 단계적 계획을 세워야 한다. 원자력발전소의 위험을 정확하게 분석하여 큰 위험이 있는 곳부터 순차적으로 폐쇄하고 사회적인 영향을 종합적으로 검토해야 한다. 과학적인 위험(알 수 없는 위험도 포함)을 근거로 하지 않고 경제적인 측면만을 고려하면 오히려 큰 피해를 발생시킬 가능성이 있다. 단, 원자력 발전의 경우는 지금까지 환경위험을 충분히 고려하지

않고 급격하게 보급시켜 왔기 때문에 백캐스팅으로 고려할 때의 목표 시기의 설정 자체가 극히 어렵다.

③ 포캐스팅 목표

생물다양성의 보전 등 자연생태계를 보호하는 활동이나 조림, 환경교육 활동(사원 등 이해관계자 및 일반 대중), 환경 커뮤니케이션 등 미래를 위해 환경보전목표를 세우는 경우는 지금까지의 실적·평가를 고려하여 계획하는 것이 필요하다. 현재와 미래의 사회경제적인 영향을 고려하여 미래를 예측하고 목표를 설정하는 것이다. 이러한 **목표설정의 방법**을 포캐스팅(forecasting)에 의한 검토라고 한다.

현재는 공업 제품의 품질관리 등 기업에서 실시되고 있는 슈와트 사이클(Shewhart Cycle: PDCA[Plan−Do−Check−Act] cycle)로 활동을 확인하고 향상시키는 방법이 다양한 업종·직장에서 이루어지고 있다. 이것은 공업 제품과 같은 '물건'의 관리뿐만 아니라 인사관리에도 적용된다.

그러나 인사관리처럼 매우 유연하고 복잡한 평가·관리에 관해서는, 잘 관찰한 후의 운영이 요구된다. 이 기술은 원래는 공업 제품의 품질을 유지하기 위한 것이기 때문에, 환경과 인간처럼 성능의 측정을 균일하게 할 수 없는 경우에는 최악의 경우 유명무실한 분석평가가 실시됨으로써 본래의 목적을 수행할 수 없게 되어버릴 가능성이 있다. 이른바 불필요한 활동을 유발할 우려가 있다는 것이다. 예를 들어, 질보다 양을 중요시해, 별로 효과가 없는 활동에 대해 횟수만을 증가시켜 평가를 마무리함으로써 외관상으로만 높이는 경우가 있다. PDCA 사이클을 이용하여 목표 및 성과를 점검하는 경우 그 방법·기능을 잘 파악한 후 도입해야 할 것이다.

포캐스팅에 의해 환경 활동의 목표를 설정하는 경우, 단순히 정량적인 목표를 세우는 것보다 질적 효과를 고려한 성과를 제시하는 것이 타당하다. 안이하게 양과 횟수의 증가를 성과로 평가하면 불필요한 대응작업이 증가하고 오히려 조직 내 사람들의 사기가 저하되어 버리기 때문에, 넓은 관점에서 검토가 필요하다.

표 1.2 기업의 사업장 내 환경 활동(자주적 활동)의 목표(또는 행동계획)의 표시 예
(포캐스팅으로 계획을 작성)

활동항목	활동내용	도달목표
생물다양성의 보전	• 사업소(사무소, 공장 등) 내 산림 등의 관리 • 사유재 등 사유지의 자연관리 • 공장 주변, 사업소건물벽면·옥상의 녹화	• 관리보전(현상유지) • biotope의 설치 • 녹화의 추진 • 경관보전
환경교육	• 사원교육(신입사원교육·정기적 연수) • 환경 활동의 공개 －이해관계자, 일반 대중에 대한 견학회 등 －아동, 생도, 학생에 대한 환경교육, 학교에 대한 환경강사 파견 －비디오, 문헌의 대출·배포	• 환경검정취득, 그 외 환경보전 관련 자격자 양성 • 주지도의 확대 • 활동결과의 CSR 보고서 등에의 보고 • 홈페이지 등에서 연락처 명시
리스크 커뮤니케이션	• 사고 시 등 긴급 시에 관한 주변 주민에 대한 정보공개, 피난 등 훈련 －사업소 내에서의 배출, 이동 *및 저장되는 화학물질의 종류와 양(정성과 정량정보) • 소방 등 공공기관과의 연결체제 확보	• 활동결과의 CSR 보고서 등에의 보고 • 공장견학회 등의 실시 (연락처 명시) • 인터랙티브한 정보교환 실시

※이동에는 고형·액상 폐기물, 하수가 포함된다. 또한 연소로 배출되는 이산화탄소와 유황산화물 등 유해물질도 기체상태로 폐기되는 것이지만, 일반적으로는 배출물로서 취급된다. 또한 저장물의 정보공개에 관해서는 일본의 PRTR법인 「특정화학물질의 환경에의 배출량의 파악 등 및 관리의 개선 촉진에 관한 법률」에서는 규정되고 있지 않다.

환경문제는 미래의 환경파괴 정도를 고려하여 피해발생을 방지하기

위한 목표를 설정해야 한다. 예를 들면, 지구상의 생태계에 대한 파괴가 이미 진행되고 있기 때문에 현상유지만으로도 충분한 환경 활동이라고 할 수 있다. 종래부터 공장에 의한 경관파괴를 개선하기 위해 조례(도도부현과 시정촌에 의한 규제)에서 녹화가 정해져 있는 경우가 많다. 또한 경관법 및 경관조례의 규제에 대해서도 배려해야 한다.

일본의 PRTR법인 「특정화학물질의 환경으로의 배출량의 파악 등 및 관리개선의 촉진에 관한 법률」에서는 규정하고 있지 않지만, 저장화학물질(종류와 양)을 명확하게 하고 환경오염 등 비상사태의 대비를 해 둘 필요가 있다. 기업의 사업장 지역의 모든 면에서 환경 리스크를 파악하여 지역주민에 대한 리스크 정보를 제공하고 정확한 피난 등 명확한 대책을 제시함으로써 이에 대비할 수 있다고 생각한다. 그러나 기업의 사업소 내에 저장되어 있는 화학물질의 보유 정보는 기업비밀에 관한 것도 있고, 공개하기 어려운 면도 많다. 향후 사회적인 합의 (consensus) 하에서 위험 정보에 대한 이해가 깊어지는 것이 바람직하다.

(3) 환경상품의 성능

기업들 중에서 경제적 측면에서 생각하고 기초연구까지 투자할 수 있는 곳은 한정되어 있으며, 대부분 시장성이 있는 것을 중심으로 개발과 보급을 도모하고 있는 것이 현실이다. 최근의 상품개발은 소비자가 추구하는 상품·서비스를 조사(marketing)하고 제공하는 마켓 인(market in)으로 이루어지고 있다. 그러나 환경보호를 중심으로 생각하는 상품은 기존 상품보다 환경성능(환경보호를 배려하는 성과)에 관해서는 높지만 그 외의 다른 성능은 같거나 낮고 가격은 더 높다. 환경보호에 큰 관심이 있는 사람에 대한 수요에 의지하여 홍보 활동을 도모해도 효과는 기대할 수 없다.

따라서 일반 소비자에게 환경 제품을 구매하도록 하는 욕구를 만들기 위한 정책이 시행되는 경우가 있다. 예를 들어, 「국가 등에 의한 환경물품 등의 조달 추진 등에 관한 법률」(약칭: 녹색구입법)에 따라 정부 및 정부의 재정지원을 받는 기관이 환경상품을 솔선해서 구입하고 정책적으로 시장을 만들어 나가는 것이다. 이 환경정책은 지자체에 의해 선행된 것으로, 가깝게는 문구류 등에서 시작되고 있다. 대상이 되는 문방구는 폐플라스틱, 폐지 등 재료재활용에 의해 만들어진 것으로, 새로운 제품에 비해 생산량이 적기 때문에 가격이 높다. 따라서 환경상품인 재료 재활용 제품은 고가격이기 때문에 일반적으로 세금을 지출해 구매하지는 않지만, 해당 환경상품 시장을 확대하는 것을 목표로 정책적으로 실시되었다. 시장이 확대되면 대량생산이 가능해 비용을 절감할 수 있다. 또한 사용되는 폐플라스틱은 공장에서 발생하는 단재(재료를 성형할 때에 발생하는 자투리)이기 때문에 재료로서의 성질이 거의 저하되지 않는다. 폐지의 경우 본래 품질(종이 재료의 셀룰로오스 섬유는 짧아진다)은 저하되지만, 종이의 기능은 있다.

「용기포장에 관한 분별수집 및 재상품화의 촉진 등에 관한 법률」(약칭: 용기포장리사이클법 또는 용법) 및 「특정가정용기기재상품화법」(약칭: 리사이클법) 등 리사이클과 관련된 법에서는 기업 및 이용업자에게 회수 및 재생을 의무화함으로써 재활용 시스템의 적합성 및 제품의 재활용성을 높이는 개발이 진행되고 있다. 제조업체들은 지금까지의 생산과 다른 인버스 매뉴팩쳐링(역공정)에 대한 경험이 적지만, 재생품에 관해 새로운 상품개발이 필요하다. 무엇보다 화학업체들은 화학물질들이 취급 분자 또는 원자 수준에서의 반응을 행하고 있기 때문에 재료 리사이클에 관해서는 응용범위가 넓다.

폐기물을 줄이는 것은 자체가 환경비용 절감으로 이어진다는 점에서 이미 경영전략의 중요한 항목이 되고 있다. 재생품의 품질향상이 도모되면 상품으로서의 가치가 확대되어 환경상품의 성능향상으로도 이어지게 된다. 장래에는 소립자에 관한 이론적 해명이 진행되어 더욱 극소 수준의 재활용(재료재활용, 화학재활용, 서멀 리사이클)의 가능성이 높아질 것이다. 향후 에너지 절약 기술의 향상과 핵융합 에너지·자연 에너지의 이용확대 및 나노 기술개발이 진전되어감에 따라 자원의 효율성이 높아져 낭비가 감소되고, 폐기물 등 환경부하가 줄어들 것으로 예상된다. 이러한 것에는 기술개발의 동향이 중요한 요소가 되고 있으며, 기업의 환경 활동을 추진한 다음 단계로서 주목할 필요가 있다.

일본에서는 구 과학기술청(현 과학 기술·학술정책연구소) 시절부터 국가에 의해 5년에 한 번씩 미래 기술의 실현 정도를 조사하고 있다. 조사방법은 델파이법(설문 조사를 실시하여 그 결과를 다시 조사자에게 보내어 결과를 수렴시키는 조사방법)이 사용되며, 이는 기술에 대한 예측조사라고 알려져 있다. 이 조사의 결과 및 분석은 공개되어 있으며, '미래사회 비전에 대한 검토', '분야별 과학기술예측', '국제적 관점에서의 시나리오 플래닝'으로 분류되어, 미래의 기술동향을 검토하는 데 참고자료로 활용될 것으로 보인다.

또한, 소비자가 급변하는 환경 제품의 기능을 이해하는 것은 곤란하기 때문에, 위의 환경표시는 상품의 환경성능을 알 수 있는 중요한 정보가 된다. 환경성의 가이드라인(『환경표시 가이드라인』【平成25년 3월판】[2013] 8면)에서는 이미지 표시가 아니라 확실한 신뢰성을 가진 적절한 환경성능 정보를 제공함으로써 다음의 효과를 들고 있다.

- 허위나 과장 등 부당한 환경 표시를 방지할 수 있는 점
- 환경표시의 신뢰성과 투명성 확보를 할 수 있는 점
- 환경표시가 소비자에게 적극적으로 활용되는 점
- 친환경 제품의 개발을 촉진하는 점
- 적극적인 녹색 구매를 촉진하는 점

도시개발 등 자연 자체를 수정하는 것과 같은 사업은 환경영향심사법에 따라서 환경에 미치는 영향을 사전평가를 행하고 있다. 여기서 새로운 기술이 실현된 것을 상정하여 환경에 미치는 영향을 예상하는 것도 중요한 평가요소이다. 향후에는 상품의 환경영향평가 정보인 LCA

정보의 정비가 필요하다. 기업, 국내외 업계, 정부 및 국제기관의 LCA 에 필요한 데이터를 공유하기 위한 규제 및 체제가 구축될 것이다. 기업에 있어서는 먼저 PRTR 정보와 SDS(Safety Data Sheet: 물질의 화 학적·물리적 유해성 데이터 등을 일람표로 한 것)를 정비하는 것이 필 요하다. 이 정보의 정비에 있어 공급망에서의 협력은 불가결하며, 자동 차 제조사나 전기 제조사는 이미 국제적으로 시스템 구축을 진행하고 있다.

14 화석 에너지와 환경

석유, 천연가스, 석탄 등의 화석 연료는 높은 채굴비용이 들기 않기 때문에 가격이 상승하면 채굴 가능량이 증대된다. 반대로 샌드오일·오일셰일과 해저 깊이에 있는 것 등 채굴이 어려운 것, 희박한 농도로 존재하는 것, 분리·정제가 어려운 것 등 큰 비용이 드는 연료는 가격이 저렴해지면 채산이 맞지 않아 채굴할 수 없게 되어 채굴 가능량이 감소한다. 또한 기술개발로 채굴비용이 감소한 경우에는 화석 연료 가격이 낮아질 수 있다. 또는 가격을 낮추어야 채굴 가능량이 증가한다.

석유생산국의 석유가격 전략에 의해 경제적 영향력이 에너지 자원공급에 매우 큰 변화를 가져온다. 향후에는 셰일가스, 메탄 하이드레이트 등에서도 채굴이 기대되는 천연가스와 석탄의 액화·미분화, 원자력 발전의 보급 등에 따라 석유에 대한 것뿐 아니라 에너지 전반과 관련된 문제가 더욱 복잡하고 세계 에너지 상황이 변화할 것으로 예상된다.

이러한 변화와 국제적인 경제동향은 상호 관련성 속에서 변화한다고 생각할 수 있지만, 기후변화 등 지구환경의 파괴, 산성비에 의한 대기오염 등은 지역환경오염에 큰 손해를 미칠 수 있는 것으로 고려해 나가야 한다. 기업의 환경 활동에 있어서는 이러한 국제적 상황도 감안하여 계획을 수립하는 것이 필요하다.

15 soft law

soft law는 실제 사회에서 시민, 기업 및 국가가 어떤 구속력을 가지면서 따르는 규범을 말한다. 이것은 법률이나 조례(또는 관습법)와 같이 강제적인 집행을 보증하는 것은 아니다. 그러나 이는 광범위한 자연환경을 보호하기 위해서는 필수적이다. 최근에는 기업이나 산업계가 사회적인 책임이라는 관점에서 솔선하여 환경보호를 위한 자발적인 규제를 만들고 있다. 또한 일반 대중 사이에서는 오염이 없는 건강한 생활을 유지하기 위한 라이프 스타일이 확산되고 있다. 따라서 국제조약, 국내 법령, 조례와 같이 명확한 수치목표가 정해져 있지 않지만 일정한 합의가 얻어진 환경 활동을 기대할 수 있으며, 개별 사회환경에 따라 각 산업계 등에서 개별적인 검토 역시 이루어지고 있다.

PART 02

국내외의 동향

2-1
지속가능한 개발을 위한 목표

(1) 지속가능한 개발 개념의 탄생

1972년 로마클럽(Club of Rome)*[1]이 발표한 『성장의 한계(The Limits to Growth)』(일본어판; 도네라 H. 메도우즈, 大来佐武郎 감역 『성장의 제한 - 로마클럽, 인류의 위기 보고서 - 』[다이아몬드 사, 1972년])에서는 "세계 환경의 양적 한계와 지나친 성장에 따른 비극적인 결말을 인식하는 것이 필요하다."고 주장한다. 이 책에서는 인류가 자원을 소비하기만 한다면 언젠가는 자원이 고갈되고 환경오염도 확대되며, 인류의 미래는 절망적인 상태가 된다는 시뮬레이션을 제시하고 있다. 분석결과, 식량생산과 산업생산의 감소로 인해 2030년에는 세계인구가 반감될 것으로 전망한다. 같은 해에 스웨덴 스톡홀름에서 세계 최초의 환경보호에 관한 국제회의인 UN 인간환경회의(United Nations Conference on the Human Environment: UNCHE)*[2]가 개최되어 국제적인 환경오염 발생을 문제로 다루었다. 오염의 주요한 원인이 기업 활동이라는 것은 분명히 인식되었고, 이때부터 기업의 환경 활동 필요성이 주목되기 시작했다.

『성장의 한계』의 출간 이후, 위탁연구를 실시했던 MIT(Massachusetts Institute of Technology: 매사추세츠 공과대학)에서는 1992년 『성장의 한계를 넘어(Beyond the Limits)』(일본어판: 드네라 H. 메도우즈, 데니스 L. 메도우즈, 욜겐런다스, 松橋隆治, 村井昌子 역, 茅陽 감역 『성장의 한계를 넘어서 - 살기 위한 선택 - 』[다이아몬드사, 1992년]), 2005년에 『성장의 한계 30주년 개정(The Limits to Growth The 30 - Year Update)』(드네라 H. 메도우즈, 데니스 L. 메도우즈, 욜겐런다스, 訳枝廣淳子 역, 『성장의 한계 인류의 선택』[다이아몬드사, 2005년])을 발표하였다. 1980년에는 IUCN(International Union for Conservation of Nature and Natural Resources: 세계자연보호연합)[*3], UNEP, WWF(World Wildlife Fund: 세계자연보호기금[세계적인 환경 NGO])가 공동으로 이후의 환경보호에 대해 검토를 수행하고 「세계환경전략(World Conservation Strategy)」을 발표하였다. 이 가운데 지속가능한 개발(Sustainable Development: 지속가능한 발전으로 번역되기도 한다)이 제창되어 국제적으로 주목받았다. 그 후 UN 총회의 요청에 의해 "지속적인 개발을 달성하고 유지하기 위한 장기전략을 제시할 것"을 목적으로 설치된 「UN의 개발과 환경에 관한 세계위원회협회(World Commission on Environment and Development: WCED)」에서 검토하여 1987년에 정리한 보고서는 "환경은 우리가 사는 곳이며, 개발이란 그 안에서 우리의 생활이 잘 이루어지도록 노력하는 것"이라고 정의하고, "환경과 개발은 불가분"이라는 입장에서 '지속가능한 개발'이라는 주제를 국제적으로 확산시켰다. 이 위원회의 보고는 의장인 글로 하렘 브룬틀란(Gro Harlem Brundtland: 당시 노르웨이 총리)의 이름을 따 "브룬틀란 보고"라고 부르고 있다. 이 견해는 그 후의 기업의 환경 활동의 기본적인 방침으로 자리매김했다.

　공공대책을 행하기 위해 일본에서는 「대기오염방지법」, 「수질오염방지법」 등의 법령에 근거해 공장, 이동체 등의 배출구에 대해 유해물질을 측정하고(end of pipe 방식) 모니터링 하는 규제가 엄격하게 시행되었다. 이러한 방식(직접적 규제)으로 환경보전을 도모하기 위하여 화학측정(유해물질의 정량정성 분석), 물리측정(소음, 진동 등) 체제가 정비되고, 정부와 기업 내 조직 및 민간 환경계량사무소에 의해 환경 리스크를 감소시키는 활동을 하였다. 이와 별개로 노동현장에서의 작업환경에 대한 측정 역시 진행하고, 노동안전위생법 및 그 특별법에서 안전관리도 추진하고 있다. 즉, 일본의 일반환경에서와 작업환경에서의 유해물질오염관리에 관해서는 경험 및 인력이 풍부해졌다. 그러나 지속가능한 개발에 있어 공해대책은 불가결하지만, CSR 보고서에서 이해관계자와

일반 공중에 현 상황을 드러내는 과정에서 자연과학적인 요소는 이해
시키기에 많은 어려움이 있다. 이 안전관리가 기업의 환경 활동 성과로
이해되기 위해서는 연구가 필요할 것이다. 또한 여기에 법률이나 경제
등 사회과학적인 요소가 가해지면 환경과 개발의 관계는 더욱 복잡해
진다. "지속가능한 개발"이라는 말을 단순히 여러 곳에서 사용하는 것
은 불가능한 일이다.

(2) "지속가능한 개발"에 관한 국제회의

「인간환경회의」(1972년)가 있은 다음 10년 후에는 UNEP 본부가 있
는 케냐 나이로비에서 「나이로비회의(Nairobi Conference)」(1982년)가
있었고, 새로이 생긴 문제의 대처방침으로 환경·개발·인구·자원의
상호관계를 중시, 국가 또는 국가집단 간의 합리적인 에너지 계획의 수
립, 환경에 대한 피해예방의 추진 등이 제시되었다. 그리고 20년이 경
과한 후 "지속가능한 개발"을 주제로 지구환경파괴 등 다양한 환경문
제의 대처가 브라질 리우데자네이루에서 논의되었다. 이 회의는 "UN
환경과 개발에 관한 회의(United Nations Conference on Environment and
Development: UNCED「리우회의」라고도 한다)"(1992년)로 불리고 이와 함께
27개 원칙이 정해진 "환경과 개발에 관한 리우선언(Rio Declaration on
Environment and Development)"과 21세기를 향한 인류의 환경보전에 관
한 행동계획이 정해진 「아젠다 21」(Agenda 21)이 채택되었다. 또한 중요
한 지구환경 문제해결의 지침이 되는 「UN 기후변화협약(United Nations
Framework Convention on Climate Change)」과 「생물다양성협약
(Convention on Biological Diversity)」에 많은 국가가 서명했다. 이 두 협
약은 그 후 기업의 CSR 및 환경경영에 있어서 환경 활동에 큰 영향을
주게 된다.

한편, 환경 NGO(Non-Governmental Organization)가 회의에서 정
식으로 발언권을 가지고 중요한 제안을 할 수 있게 되었다. 이를 통해

NGO는 학술적인 검토에의 참여, 기업과의 협동 프로젝트 확대, 싱크탱크로서의 역할 등 다방면에 걸쳐 중요한 존재가 되었다.

"지속가능한 개발"은 주로 관광 분야, 교육 분야, 자원채굴 등 분야에서 주요 전략이 되었고, 기업의 환경 활동 시 불가결한 개념이 되었다. 그러나 다수의 소비자에게 생활의 유지와 향상이 가장 우선되는 판단기준이고 지속가능성과 관련지어 생각하기란 어렵다. 따라서 정부, 기업 및 학계와 소비자 및 일반 대중 사이의 의식은 아직도 괴리되어 있는 것이 현실이다. 아이들과 그 후손들 등 차세대에 대한 악영향을 뒷전으로 한다는 (뒷전으로 미루다)식 설명이 잘 행해지지만 사람에 따라서 이해도에 차이가 있다.

"UN 환경과 개발에 관한 회의"가 개최된 지 10년 후 남아공 요하네스버그에서 리오+10이라고 하는 「지속가능한 개발에 관한 세계정상회의(World Summit on Sustainable Development: WSSD): 통칭 「요하네스버그 회의」라고 불린다)」(2002년 8월 26일부터 9월 4일[정상회의는 9월])가 열려 「아젠다 21」을 보다 구체화하기 위한 200개 이상의 프로젝트가 등록되었다. 일본은 '지속가능한 개발을 위한 교육 10년'이 제안되어 각국 정부 및 국제기관의 동의를 얻었고, 이는 「지속가능한 개발에 관한 세계정상회의 실시계획」으로 인정받아 2002년 12월 제57차 UN 총회에서 2005년부터 2014년까지를 「UN ESD(Education for Sustainable Development: 지속가능한 개발을 위한 교육)」의 10년이라고 하는 결의가 채택되었다. 일본에서는 UN대학, 환경성, 환경 NGO가 중심이 되어 진행하여 유네스코 스쿨 등으로 이어지고 있다. 이 교육은 환경교육 가운데 도입되어 기업의 CSR 활동에 있어서도 중요한 관점이 되었다. 환경교육에 의한 지식의 보급은 환경 활동을 행할 때 가장 기초적인 인센티브가 될 수 있다.

(3) 리오+20

① 경제적 피해

「UN 환경과 개발에 관한 회의」가 있은 후 20년째의 해인 2012년 6월 20일부터 22일까지 다시 브라질 리우데자네이루에서 「UN 지속가능한 개발회의(United Nations Conference on Sustainable Development: UNCSD, 「리오＋20」이라고 부르고 있다)」가 개최되었다. 2008년 미국의 리먼 쇼크 이후 계속 국제적인 불황과 EU의 금융불안이 국제적 배경이 된 당시는 경제적으로 불안정한 시기였다. 일본에서는 2011년 3월 동일본대지진이 발생했고, 후쿠시마 제1원자력발전소 사고가 발생했으며, 자연재해의 무서움에 대한 대책과 환경평가가 부족한 거대 기술에 의한 광대한 환경오염(방사성 물질오염)에 대한 대책에 있어 혼란을 겪은 시기였다.

이러한 상황에서 이 회의에서는 3일간 약 170개국의 정상, 각료, 정부관계자 등 세계 각국에서 약 5만 명이 참가했다. 회의는 줄곧 환경보호가 경제발전에 대한 제약이 되는 것을 경계한 개발도상국의 자세가 강하게 드러나는 계기가 되었다.

'UN 지속가능한 개발회의'에서는 경제적으로 큰 힘을 가진 중국을 비롯한 공업진흥국이 발언권을 갖고, 이런 국가와 관계가 깊은 개발도상국과 다양한 의도를 가진 선진국, 더욱 많은 지원을 가장 필요로 하는 후발도상국이 같은 회의장에서 논의를 하였다. 극히 복잡한 국제관계가 요동하는 가운데, 인류와 생태계의 '지속가능성'에 관한 결정이 있었다. GDP(Gross Domestic Product)가 가장 큰 나라인 미국은 「기후변화에 관한 UN 기본협약 교토의정서」, 「생물다양성에 관한 협약」, 「유해폐기물의 국경을 넘는 이동 및 그 처분의 규제에 관한 바젤협약」에 참가하지 않아 국제적인 환경 활동의 큰 장애가 되고 있다. 동참하지 않는 이유는 경제적인 피해가 있기 때문이라고 명확히 드러내고 있으며, 다른 국가들도 이 자세를 추종하는 것은 국가의 발전과 안정을 위한 것이다. 그러나 이로써 지구적 규모의 환경 활동은 매일 지연된다.

그림 2-1 리우데자네이루 그리스도산(Corcovado)의 예수상 앞의 전망대에서

브라질은 이전에는 개발도상국이었지만, 「UN 지속가능한 개발회의」가 개최된 2012년에는 공업신흥국으로서 국제적으로도 강한 경제력을 가지고 있었다. 그러나 2015년말 이후 에너지가격의 급격한 하락으로 주요산업인 석유채굴의 부진으로 경제가 침체했다.

② **오염자의 부담**

환경오염과 그 피해는 원래 「오염자부담의 원칙」*[4]에 따라 검토되어야 한다. 이는 환경을 배려하기 위한 비용을 제품가격에 포함하는 것으로, 이것을 통해 무역불균형을 방지할 수 있게 된다. 그러나 환경비용을 지불하는 것이 경제적 피해라는 인식은 1960년대 공해가 문제로 되었을 때와 비교하여 그다지 나아지지 않았다.

중국도 이 회의에서 총리(당시 원자바오)가 자국을 큰 개발도상국이라며 개도국들이 지속 불가능한 생산·소비 모델을 포기하면 선진국은 그들의 발전을 도와야 한다고 주장하고 있다. 이 주장의 근거는 「UN 환경과 개발에 관한 회의」(1992년)에서 채택된 「환경과 개발에 관한 리우선언」 제7원칙에 나타난 "환경보호에 대해 선진국은 개발도상국과는 차별화된 책임이 있다."라는 규정에 따라 선진국이 현재의 환경문제에

대해 '특별한 책임'이 있다고 한 것이다.

이 '차별화된 책임'은 개발도상국이 「UN 환경과 개발에 관한 회의」 이후의 환경보호에 관한 국제회의에서 항상 주장하고 있는 것이다. 「기후변화에 관한 UN 기본협약」에서는 CDM(Clean Development Mechanism)[*5]을 통해 지구온난화 방지를 위한 개발도상국에의 자금과 기술의 지원이 이루어졌다. 「생물다양성에 관한 협약」에서는 유전자의 이용에 관한 「유전자원에 대한 접근과 이익배분(Accessand Benefit−Sharing: ABS)」[*6]와 관련해서는 선진국과 개발도상국 간에 격론이 오갔다. 양 협약 모두 미국이 참가하지 않은 이유로 경제적인 악영향 문제도 제기되었다. 그러나 인식을 바꾸면, 개발도상국의 피해가 선진국에 의해 보전되면 이것이 경제적인 이익으로 전환될 가능성이 높다고 볼 수 있다. 자금원조 또는 무상의 기술이전·취득 등이 있기 때문이다. 미국과 중국은 이 점에 대해 격렬하게 대립했다.

이산화탄소의 배출에 대한 규제는 전체 산업계가 해결해야 하는데, 무임승차를 배제한 공평한 국제적 대책은 불가능에 가깝다. 게다가 기업 입장에서 대책을 이행함에 있어 경제적인 이점을 발견하는 것은 매우 어렵다. 또한, 생물이 가진 유전자는 의약품, 화학품 등의 신제품 개발에 있어 큰 잠재력을 가지고 있으며, 이미 개발도상국에 서식하는 식물 등의 유전자를 이용한 많은 의약품이 개발되고 있다. 이 거액의 부를 창출하는 지적재산권의 소유자·점유자를 누구로 볼 것인가는 기업에게는 사활의 문제도 된다. 이러한 상황에서 환경 활동을 기업경영 안에서 어떻게 자리매김할 것인지는 기업의 사업내용에 따라 그 입장이 다르기 때문에 대응은 제각각이다. 그러므로 사회적 상황을 감안하여 대처할 필요가 있다. 목전의 자기이익에만 주목하면 중장기적으로는 큰 손해가 되어버릴 가능성이 존재한다. 연비가 나쁘면서도 고액인 큰 차를 계속 만들어도 구매자는 한정되고 그 결과로 구매의욕의 감소라는 경향이 발생한다면 경영파탄이 될 가능성이 있다. 히트상품을 만들어내는 데 막대한 비용이 필요한 의약품을 개발할 때, 유전자 배열에 관한 지식재산권을 잃으면 경영을 지속할 수 없게 된다.

　한편, 일본의 후쿠시마 제1원자력발전소에서 사고도 책임의 소재가 애매한 채로 그 대처가 이루어지고 있다. 또한 사고를 발생시킨 정부와 행정정책이 실패와 더불어(원자력 발전의 위험과 불명한 리스크를 정확하게 공개하지 않았던 점 등[안전성을 주장하는 데 불과했던 점]), 정확한 위험을 공개한 후에 사고의 재발방지, 사고시 주변 주민의 피난, 낙진(fallout: 방사능을 가진 화학물질의 낙하물)이 예상되는 원격지의 주민피난, 농림수산물에의 피해대책 등은 불완전한 상태 그대로 남아 있다. 일반 대중들 중에서도 원자력, 핵 에너지, 원자력 발전 등을 일방적으로 나쁜 것으로 생각하는 사람은 적지 않다. 핵반응에 대해 이해하고 있는 사람은 적고, 방사선을 이용하는 때에도 국가자격을 요하는 작업(의료와 공업)이 많고 여기에는 특별한 지식이 필요하다. 이러한 상황에서 낙진된 지역과 오염수가 유출된 해역의 농작물 및 해산물에 관한 소문피해 및 피난민에 대한 차별 등 믿을 수 없을 만큼의 피해가 발생하고 있다. 해당 피해와 관련된 사업을 행하고 있는 기업에 있어 환경 활동으로서 정확한 정보를 공개하는 것도 CSR이라고 할 수 있다.

　한편 본 회의에서 일본이 세계의 '지속가능한 개발'에 있어 표명한 바는 '녹색의 미래 이니셔티브'라고 이름붙인 2013년부터 3년간 총 60억 달러의 ODA(Official Development Assistance: 공적개발원조)를 실시하는 것이다. ODA는 정부가 지출하는 자금으로 이루어지는 개발도상국을 지원하는 무상원조, 기술협력, 차관 또는 국제개발기구에 출자하는 것을 말한다. 이 지원은 "선진국은 개발도상국과는 차별화된 책임이 있다."(「환경과 개발에 관한 리우선언」 제7원칙 규정)는 데 근거한다. 지원의 구체적인 내용은 에너지, 농업 등 3년간 1만 명의 전문가 파견, 방재계획 등 소프트 측면에서의 협력 등이다. 2012년 6월 UN 난민고등판무관실(Office of the UN High Commissioner for Refugees: UNHCR)이 발표한 보고서 "글로벌 트렌드 2011"에서는 2011년에 분쟁 등으로 삶의 터전에서 쫓겨난 사람들이 약 430만 명으로, 그 중 국경을 넘어 난민이

된 사람들이 80만 명에 달한다고 보고하고 있다. 이에 대한 대책은 각국 정부에 의한 지원 및 국제관계에 의해 추진되어야 할 것이다. 그러나 ODA를 행하는 데 있어서 '물건', '서비스'의 공급, 기술개발 등에서는 기업의 활동을 기대할 수 있다.

③ 경제, 사회 및 환경

한편, 미래를 향한 구체적인 계획으로 경제, 사회, 환경이라는 측면에서 검토 및 조정이 필요하다는 점에 대해 국제적인 합의가 이루어졌다. 경제와 사회에서 환경이 논의되고, 구체적으로는 '지속가능한 개발과 빈곤근절의 맥락에서 녹색경제(통칭 '녹색경제'라고 불리고 있다)'[7]와 '지속가능한 개발을 위한 제도적인 구조(통칭 「법적구조」라고 불리고 있다)'가 중요하다는 것이 확인되었다. '지속가능한 개발을 위한 제도적 구조'에 대해서는 「지속가능한 개발에 관한 세계정상회의(요하네스버그 회의)」(2002년)에서도 논의된 바 있으며, 「요하네스버그 이행계획」(회의 채택 계획)에 표현된 'UN 전문기관, 프로그램, 기금, 국제금융기관 등 종합적인 활동에 임하는 것'이 필요함을 재확인하였다.

'지속가능한 개발 및 빈곤 퇴치의 맥락에서의 녹색경제'와 관련해서는 개발도상국에서 경제발전의 장해가 될 것으로 우려되므로 신중한 대응이 필요하다는 의견이 잇따랐다. 그 결과, 구체적인 수치목표 등은 결정할 수 없지만, 회의채택문서 안에서 환경을 파괴하지 않고 경제발전을 위한 '지속가능한 개발을 위한 목표'를 만들기 위해 전문가회의를 구성하고, 2015년까지 책정을 목표로 해야 한다고 정해졌다. 이 회합의 성과는 다음에 설명하는 '지속가능한 개발을 위한 목표'(2015년 발표)에 포함하였다.

일본과 부탄 등이 새롭게 제안했던 GDP(Gross Domestic Product)에 변화하는 풍요의 지표인 '행복도'[8]를 도입하는 것과 관련해서는 개발도상국 측에서 이것이 경제의 족쇄가 될 것을 우려해 채택문서에서 삭제하였다. '행복도'는 OECD(Organization for Economic Cooperation and Development: 경제협력개발기구)에서도 적극적으로 검토를 행하고 있지만, 개발도상국에서는 받아들여지지 않았다고 할 수 있다. 그러나 「UN 인간환경회의」(1972년)에서 채택된 「인간환경선언」 제1원칙에서는 "사람은 존엄과 복지를 유지하기에 충분한 환경에서 자유, 평등 및 적합한 생활수준을 누릴 기본권을 가지며, 현재와 미래의 세대를 위해 환경을 보호하고 개선할 엄숙한 책임을 진다. 이와 관련하여 아파르트헤이트, 인종차별, 차별, 식민주의 기타 압제와 외국지배를 촉진하거나 또는 영구화하는 정책은 비난되고 배제되어야 한다."고 제창하고 있으며, 당시 개발도상국의 환경권과 행복권의 확보 및 로마클럽이 『성장의 한계』에서 서술하고 있던 "개발도상국이 선진국에 대해 상대적으로 더 향상되어야 함"이 드러나 있다. 그러나, 이 중요한 문제해결을 위한 규정에 대해서는 고려하고 있지 않다. 본디 효율적인 경제사회 활동을 하기 위해 발전해 온 것이 인류의 생활기반의 안정화와 상반된다면 본말전도라고 생각된다. 그 후 개발도상국 간의 격차가 커지고 후발도상국의 상황은 한층 악화되고 있다. 국제적으로 활동하는 기업은 각국의 인권이나 환경보전에 관한 사정을 잘 조사하고 CSR을 신중하게 도모해 나가야 한다.

일본에서는 1970년 이래로 '환경권'*[9]의 존재 유무에 대해 아직까지 논의가 이루어지고 있다. 헌법학자 등 법학자 간에도 이에 대한 의견이 갈리고 있다. 환경권은 일본 헌법 제13조에서 "모든 국민은 개인으로서 존중된다. 생명, 자유 및 행복추구에 대한 국민의 권리에 대해서는 공공의 복지에 반하지 않는 한, 입법 기타의 국정 상에서 최대의 존중을 필요로 한다." 및 제25조 제1항의 생존권으로서 정해진 "모든 국민은 건강하고 문화적인 최저한도의 생활을 영위할 권리를 가진다."에 근거하는 기본적 권리로서 제창되고 있다. 그러나 일본 내에서도 '행복' 및 '최소한의 생활을 영위할 권리'와 '환경'과의 관계에 대한 합의를 얻을 수 있다고는 할 수 없다. 지금까지의 판례에서는 '일조권', '자연경관 보전', '문화적 경관의 보전', '소음' 등의 침해에 대해 환경권을 주장했다. 대부분의 경우, 환경권이 아니라 인격권인 '행복권' 침해로 일부가 인정되고 있다.

또한 환경권의 근거로 환경기본법 제3조 "환경의 혜택의 향수와 승계 등"이 거론되고 있다.[*10] 따라서 기업 활동에 관련되는 규정들은 곳곳에 있고 일반 대중과의 의사소통 등을 통해 환경위험을 충분히 검토해 나가야 한다.

한편, 최근에는 기업의 국제적인 사회공헌으로 조림 활동, 환경보호에 관한 인재육성·교육지원 등이 이루어지고 있다. 인터프리터의 육성등을 실시하고 있는 기업도 있지만 일본정부에 의한 환경교육에 대한지원도 더욱 필요하다. 향후 정부의 국내외의 지원과 기업의 노하우를 활용한 사회공헌 활동이 사회적으로 더욱 요구될 것이다. 선진국의 거대기업이나 대국정부와의 관계가 깊은 개발도상국정부의 의향에 의한것이 아니라 세계 각국에서 실제로 발생하는 환경문제(물 부족·위생문제, 삼림의 소멸·사막화, 해수면 상승 등)에도 눈을 돌리고 환경 활동의 방침에 대해 검토해 나갈 필요가 있다.

(4) SDGs

① 검토 경위

「UN 지속가능한 개발회의(리우＋20)」에서 채택된 '지속가능한 개발및 빈곤 퇴치의 맥락에서의 녹색경제'를 위한 '지속가능한 개발목표'를책정하기 위해 '지속가능한 개발목표에 관한 정부 간 협의과정: 오픈워킹그룹'이 새롭게 설립되고 있다. 이 워킹그룹은 2014년까지 회의를13회 개최하고 경제적, 사회적, 환경적 측면에서 검토하여 동년 7월에목표초안을 UN 총회에 제출하였다.

그 후, 2015년 9월 25일에 개최된 제70차 UN 총회에서 '지속가능한 개발을 위한 목표(Sustainable Development Goals 이하 'SDGs'라고 한다)'가 채택되었다(발효는 2016년 4월). 채택문서의 모두에 주요한 용어로인간, 지구, 번영, 평화, 파트너십이 나타나 있고, 환경권·행복권, 환경효율의 향상, 인류의 발전과 자연과의 조화, 환경파괴를 일으키는 가장 최악의 전쟁 등의 부정, 빈곤해결과 국제협조 역시 제시되어 있다(표 2.1 참조).

표 2.1 SDGs상의 주요 용어에 대한 정의

인간
우리는 모든 형태 및 측면에서 빈곤과 기아에 종지부를 찍고 모든 인간이 존엄과 평등 하에, 또 건강한 환경에서 그가 가지는 잠재능력을 발휘할 수 있는 가능성을 확보하는 것을 결의한다.
지구
우리는 지구가 현재 및 장래 세대의 수요를 지지할 수 있도록 지속가능한 소비 및 생산, 천연자원의 지속가능한 관리 및 기후변동에 관한 긴급행동을 취하는 것을 포함하여 지구를 파괴하는 것으로부터 지키기로 결의한다.
번영
우리는 모든 인간이 풍부하고 만족된 생활을 향유할 수 있을 것, 또한 경제적, 사회적 및 기술적인 진보가 자연과의 조화 가운데 일어나도록 확보할 것을 결의한다.
평화
우리는 공포 및 폭력에서 자유로우며 평화적이고, 공정하고, 포섭적인 사회를 가꾸어 나갈 것을 결의한다. 평화 없이는 지속가능한 개발은 있을 수 없고 지속가능한 개발 없이 평화도 있을 수 없다.
파트너십
우리는 강화된 전 지구적 규모의 연대정신에 근거해 가장 빈곤하고 가장 취약한 사람들의 필요에 특별히 방점을 두고 모든 나라, 모든 이해관계자 및 모든 사람의 참가를 얻어 재활성화 된 '지속가능한 개발을 위한 글로벌 파트너십'을 통해 이 아젠다를 실시하는데 필요한 수단을 동원할 것을 결의한다.

출전: UN 『我々の世界を変革する: 持続可能な開発のための2000アジェンダ』 UN문서 A/70/L.l(2015년 9월 25일 제70차 UN 총회에서 채택) 1~2면.

② SDGs의 구체적인 목표

SDGs는 2015년 이후, 세계에서 2030년까지 달성해야 할 환경정책,

사회보장, 자금 확보의 지침이 되는 17의 목표(표 2.2 참조)와 169개 항목으로 구성된 구체적 내용을 제시하고 있다. 이는 2001년에 2015년을 달성기한으로 '극심한 빈곤과 기아의 종결', '초등교육의 완전보급을 달성', '양성평등추진과 여성의 지위향상' 등 8가지 목표를 내건 '밀레니엄 개발목표(Millennium Development Goals: MDGs)'*[11]을 더 발전시킨 형태이다*[12]. 또한 지구온난화에 의한 기후변화에 대한 세계적 대응에 대한 목표 13은 「기후변화에 대한 UN 기본협약」의 당사국총회가 정부 간 국제적 교섭을 행하는 기본적인 대화의 장소인 것을 부가한 것이다. 구체적으로는 "기후변화와 그 영향에 직면하는 긴급조치를 취한다(take urgent action to combat climate change and its impacts)"고 기재되어 있다.

표 2.2 SDGs의 17개 목표

목표 1: 빈곤을 없앨 것	목표 10: 격차의 시정
목표 2: 기아를 없앨 것	목표 11: 지속가능한 도시 및 지역사회 만들기
목표 3: 건강과 복지	
목표 4: 수준 높은 교육	목표 12: 책임 있는 생산과 소비
목표 5: 젠더 평등	목표 13: 기후변화에 긴급 대응
목표 6: 깨끗한 물과 위생	목표 14: 해양자원의 보전
목표 7: 누구나 사용할 수 있는 클린 에너지	목표 15: 육상자원의 보전
	목표 16: 평화, 법의 정의, 유효한 제도
목표 8: 인간다운 일과 경제성장	목표 17: 목표달성을 위한 파트너십
목표 9: 산업, 기술혁신, 사회기반	

출전: UN『我々の世界を変革する持続可能な開発のための2030アジェンダ』UN 문서 A/70/L.l(2015년 9월 25일 제70차 UN 총회에서 채택)에 근거해 작성.

목표 1~6(기아, 빈곤, 차별의 철폐, 교육의 향상)에 관한 내용은 1972년에 스톡홀름에서 개최된 'UN 인간환경회의(UNCHE)'에서부터 국제적으로 문제되어 왔던 사안이다. 이는 개도국, 후발개도국과 선진국의 대립요인으로도 되어 있고 향후 환경보호에 관한 국제조약 검토에 있어 주요한 과제이기도 하다. 젠더평등(남녀평등)의 실현은 선진국 중에서 일본은 꽤 더딘 편이며, 기업 내 개선이 국제사회로부터 요구되고 있다. 환경오염 방지 측면에서 특히 목표 6은 "모든 사람을 위해 물과 위생에의 액세스와 지속가능한 관리를 확보한다(ensure availability and sustainable management of water and sanitation for all)"고 언급하고 있는데 이는 가까운 환경에 대한 중요한 과제이다.

최근에는 물 부족의 영향(United Nations Development Program: UNDP: UN 개발계획]의 2014년 계산으로는 영향 아래 있는 사람이 전 세계인의 40%에 이르고 있다)이 심각해지고 있으며, IPCC 제5차 보고서(2013년~2014년에 발표)에서는 지구온난화로 인한 기후변화의 영향에 의해 더욱 악화될 것으로 보인다.

그림 2-2 열대지역에서 많이 채취되는 야자열매(실용가치가 높다)[캄보디아]

야자는 식용으로는 코코넛 - 술(증류주), 주스 · 설탕의 원료로 되고 우스타소스의 일부 원료, 한방약의 원료, 기름으로서의 공업용 이용 등 산업에서도 많이 이용되고 있다. 대량의 가상수를 요하는 경우라고 할 수 있다.

일본에서는 다가올 물 부족에 대한 대처로 2014년에 「물순환기본법」이 제정·시행되어 2015년 7월에 종적관계였던 복수의 중앙부처가 협력해 책정한 '물순환 기본계획'*[13]이 만들어졌다.

농작물의 '가상수(virtual water 또는 가상워터)'에 대해서는 일본인의 생활양식의 변화가 이 문제를 악화시키는 주요 요인 중 하나가 되고 있다. 수입되는 과일 등 식품에 함유된 수분, 세계 각국에서 수입되는 공업 부품이 제조될 때까지 세척 등에 사용되는 물, 나무와 종이(원료가 목재), 농산물에서 화학적으로 합성되는 생분해성 플라스틱 등 일본에서는 대량의 가상수가 존재하고 있다. 기업에서는 제조물, 판매물 또는 문구류 등 그린 조달(구입) 제품 등에 대해서도 정보를 조사·파악하고 향후 대응체계를 정비해 둘 필요가 있다.

기업·소비자의 환경의식은 향상되고 있지만 그 격차도 커서, 경제적 배경에 의한 영향을 강하게 받는다. 또한 많은 무임승차가 존재해, 많은 사람들이 환경보전을 할 인센티브를 떨어뜨리고 있는 것도 현실이다. 인간 활동으로 인해 생태계 환경 중에서 물질균형에 변화가 생기고, 사냥과 어획 등으로 항시적으로 지구규모의 파괴가 진행되고 있으며, 밀렵이나 국제법 위반 등 눈앞의 이익을 얻으려고 한 사람들, 소위 미래의 인류생존을 생각하지 않는 무임승차 등이 세계 곳곳에서 잇따라 일어나고 있다. 소멸된 자연을 되찾는 것은 매우 어려운 일임을 인류가 이해하지 않으면 두더지 잡기 같은 대책이 계속될 것이다.

또한 목표 7에서는 "모든 사람이 구입할 수 있으며, 신뢰할 수 있고, 지속가능한, 가장 새로운 에너지에 접근할 수 있도록 보장한다(ensure access to affordable, reliable, sustainable and modern energy for all)"고 언급하고 있는데, 환경보전이라는 측면에 대해서도 중장기적인 검토가 필요하다. 대상으로 하는 에너지는 기술개발이 진척된 정도에 따라 변화하는 것이기 때문에 재생가능 에너지, 핵 에너지 또는 화석에너지로 간단히 결정할 수 없다. 재생가능 에너지는 에너지를 생산함에 있어서는 환경부하가 적지 않지만 건설 시에 막대한 자연자원을 소

비할 가능성이 있다. 핵 에너지는 소량으로 막대한 에너지를 생성하지
만 방사선 및 방사성물질의 발생이 환경에 미치는 영향이 크다. 화석
에너지 연소는 지구온난화 원인물질(이산화탄소)를 대량으로 발생시키지
만, 이산화탄소 포집 및 저장(Carbon Dioxide Capture and Storage: CCS)
기술 등의 향상으로 새로운 탄소화합물의 이용이 기대된다. 도입 에너
지의 비율을 조정하고 향후의 동향을 주시할 필요가 있다. 에너지정책
면에서도 지속가능성이 요구되고 있어 경제적 측면에서의 일회성대책에
만 의존하지 않고, 환경적 측면 등도 염두에 두는 중장기적인 검토가
요구된다. CSR로 자연 에너지 등 재생가능한 에너지를 도입하는 것은
환경교육·계발만으로도 효과가 있다고 생각되지만, 주요 에너지의 선
택은 넓은 관점의 검토가 불가결하다.

'지속가능한 개발'을 달성하기 위해서는 환경부하를 증가시키지 않
는 경제성장이 필수적이다. 인류는 상품의 생산과 소비방식을 바꿈으로
써 생태 발자국을 줄일 수 있다. 이에 따라 채굴되는 자원 및 그에 따
른 부산물이 감소하고 재활용이 진행되면 더 효율적으로 줄일 수 있다.
산업계에서는 이미 생산 공급망 차원에서 환경 활동 현황에 대해 재점
검이 시작되고 있다. 목표 12가 이에 해당하여 "지속가능한 소비와 생
산 패턴을 확보(ensure sustainable consumption and production patterns)"
로 반영되어 있다. 그러나 미국에서 2015년 9월 판명된 폭스바겐의 배
기가스 규제에 대한 불법행위를 보면, 폭스바겐이 세계적인 기업임에도
불구하고 환경에 대한 사회적 책임이 결여되어 있었던 것으로 드러나
회사경영의 위기까지 초래하고 있다. 경영의 근본이념으로 공감대에 기
반한 환경보호가 자리 잡도록 해야 할 것이다.

생물다양성보호에 관해서는 해양과 육상에서 변화가 크고, 레드 데
이터(red data)*[14]의 대상이 되는 생물은 증가하는 추세이다. SDGs에서
는 이 환경파괴방지에 대해 목표 14에서 "해양과 해양자원을 지속가능
한 개발을 위해 보전하고 지속가능한 형태로 이용하는(conserve and
sustainably use the oceans, seas and marine resources for sustainable

development)", 목표 15에서 "육상 생태계의 보호, 회복 및 지속가능한
이용의 추진, 산림의 지속가능한 관리, 사막화에 대한 대처, 토지열화
의 저지 및 역전, 생물다양성 손실의 방지를 도모한다(protect, restore
and promote sustainable use of terrestrial ecosystems, sustainably manage
forests, combat desertification, and halt and reverse land degradation and
halt biodiversity loss)"고 제안하고 있다.

③ 사회 시스템 정비

앞으로는 SDGs에 의해 국제적으로 인류의 새로운 질서가 정비되어
갈 것으로 생각된다. SDGs를 달성하려면 자연과학적인 지식의 축적과
그 사실에 기반을 둔 사회과학적인 검토가 필요하다. 자연과학적 지견
의 신뢰성을 어느 정도까지 확보할 수 있어도, 법이나 경제 등 분야에
서 검토의 진행이 타당한지 여부에 대해 파악하는 것이 매우 어렵다.
재판에서도 과학 기술의 발전으로 증거의 폭이 확대되고 있는 것은 현
실이지만, 새로운 과학적 증명에 관해서는 요구되는 개연성의 수준에
관하여 논의해야 한다. 지구온난화에 관해서도 의문을 가지고 있는 과
학자들이 아직 많이 존재하고 있다. 과학에서 절대(100%)를 요구하는
것 자체가 불가능에 가깝다. 어떤 시점에서 사회 시스템을 정비할 것인
지 판단해야 하는지는 모호하고 국제적 합의를 보면 이는 더욱 불확실
해진다. 적어도 자연에는 알 수 없는 부분이 많이 있다는 것을 이해하
고, 신중하게 대처해 나가야한다. 사람은 자연과 대등하게 존재하는 것
이 아니라 자연 속에 존재하고 있으며, 자연환경을 쉽게 유지·관리 및
운영하는 것은 불가능하다는 것은 확실하다.

환경보호를 위해 개최된 주요 국제회의를 시계열로 나타내면 표
2.3과 같다. 하나뿐인 지구에서 인류가 살아가기 위해서는 '지속가능한
개발'을 어떻게 진행시켜 나갈 것인가가 가장 중요한 과제라고 할 수
있다. 여기에는 세상에 존재하는 인공적인 '물건'과 '서비스'의 대부분을
제공하는 기업의 환경 활동이 가장 중요하다는 것은 분명하다.

표 2.3 국제적인 환경회의 연표

개최년도	회의명칭	비고
1972년 6월	UN 인간환경회의 United Nations Conference on the Human Environment (스웨덴 스톡홀름)	슬로건: 하나뿐인 지구 우주선 지구호 *「인간환경선언」
1982년 5월	나이로비회의 Nairobi Conference (케냐 나이로비)	환경, 개발, 인구, 자원의 상 호관계 중시 *「나이로비 선언」
1992년 6월	UN 환경과 개발에 관한 회의 United Nations Conference on Environment and Development (브라질 리우데자네이루) : 리우회의	테마: 지속가능한 개발 기후변화에 관한 UN 기본 협 약 서명 생물다양성에 관한 협약 서명 *「환경과 개발에 관한 리우 선언」
2002년 8월 ~9월	지속가능한 개발에 관한 세계정상회의 World Summit on Sustainable Development (남아프리카 요하네스버그) : 리우+10	지속가능한 개발을 위한 교육 (일본 제안) *「지속가능한 개발에 관한 요 하네스버그선언」
2012년 6월	UN 지속가능한 개발회의 United Nations Conference on Sustainable Development : 리우+20	• 경제, 사회, 환경 측면에서 검토 • 녹색경제 • 법 제도
2015년 9월	제70차 UN 총회에서 채택	지속가능한 개발을 위한 목표 Sustainable Development Goals

다수의 소비자는 생활의 유지와 향상을 가장 우선하여 판단하는 것
이 당연하고, 지구환경보호에 관련된 (경제적) 부담을 요구해도 쉽게 이
해를 얻을 수 없다. 그러나 유해물질에 의한 급성의 환경위험(단기간에
피해가 발생하는 경우)에 대해서는 민감하게 반응한다. 때로는 위험을 부
추기는 사람들에 의해 그릇된 소문에 의한 피해까지 초래되고 있다. 또
한 만성적인 피해(장기간을 요하는 피해가 발생하는 경우)에 대해서는 실감

하는 바가 적고, 원인이 무엇인지 모르기 때문에 그다지 관심을 갖지 않는 경우가 많다. 지구온난화로 인한 기후변화에 있어 이런 경향은 더욱 강하다.

학자 같은 사람이 말해도, 아무것도 일어나지 않으면 특히 장기간을 요하는 변화이기 때문에 복잡한 과학적 분석의 결과로 얻어진 예측을 보여준다 하더라도 탁상공론이 되어 버린다.

인공물과 서비스에서 지속가능성이 없어도 일반 대중은 즉시 곤란해지는 것은 아니다. 피해는 천천히 조금씩 표면화된다. 경우에 따라서는 서브 프라임 론으로 상환능력이 없는 자에 대한 대출로 만든 채권, 즉 돌연 가공되어 나온 재산권이 명백한지에 대한 논란과 유사한 경우도 생길 수 있다. 도미노처럼 금융파탄이 발생한 리먼 쇼크에서 국제금융위기가 일어난다. 원자력발전소 사고처럼 안전성만을 묘하게 강조했음에도 불구하고 본래 존재하고 있던 재앙이 자연의 분노에 의해 예상치 않은 피해를 발생시키는 경우도 있다. 피해의 대상은 속속 확대되고 있다.

지구온난화로 인한 기후변화도 도미노처럼 지구환경을 변화시키고 있다. 이는 아주 천천히 진행되고 있는 것이다. 장기간에 걸친 환경파괴에 대처하는 기업의 환경 활동은 좀처럼 주목 받지 못하고, 경영 측면에서 투자자에게 좋은 평가를 얻는 바도 역시 별로 없지만, 꾸준히 조금씩이라도 실시해가는 것이 중요하다. 시간이 지남에 따라 기업 간 격차는 확산되고 있다.

1 로마클럽

로마클럽은 인류의 미래 과제로 폭발적인 인구증가, 천연자원의 고갈, 환경오염, 군사 기술의 대규모 파괴력으로 인한 위협을 들고 그 해결의 길을 탐색하는 것을 목적으로 설립된 조직이다. 회원은 세계 각국의 과학자, 경제학자, 교육자, 관리자 등이며, 정부의 공직에 있는 자는 포함되어 있지 않다.

1968년에 로마에서 첫 회의를 개최한 것에서 로마클럽이라는 명칭을 얻게 되었다. 1970년 3월에는 스위스 법인이 되었지만, 본부는 이탈리아에 두고 있다. 로마클럽은 "우리가 살고 있는 이 세계의 시스템의 한계와 이것이 인구와 인간 활동에 대해 부과하는 제요인에 대해 전망을 얻는 것"과 "세계 시스템의 장기적 동향에 영향을 미치는 지배적인 제요인과 그들 사이의 상호작용을 찾아내는 것"에 대해서 매사추세츠 공과대학(Massachusetts Institute of Technology)에 위탁연구를 의뢰해 그 결과물로 1972년에 『성장의 한계』를 출판하였다. 이 보고서에서는 중요 문제로서 "사람은 기하급수적으로 증가하지만, 식량은 산술급수적으로밖에 증가하지 않는다."는 것을 제시하고 있으며 당시 세계에서 환경파괴의 가장 큰 요인으로 되어 있던 인구증가와 그에 따른 식량부족이 거론되고 있다.

이 문제를 해결하기 위해 생태 발자국(제1장 참조)의 사고방식이 제안되었다. 미국의 록펠러 재단이 많은 개발도상국에서 1941년부터 추진한 '녹색혁명(농업의 공업화[유기 농업에서 화학비료, 농약, 기계화로 전환하여 효율적인 생산이 도모되어 농작물이 증산이 가능해진다])'이 더욱 촉진되었다. 그후, 미국 농업장관 얼 버츠(Earl Lauer Butz), 미국 포드(Gerald Rudolph Ford) 대통령이 계획한 미국의 국제적인 농업전략이 1974년 9월(UN 총회의 포드 대통령의 연설)부터 시작하여, OPEC(Organization of Petroleum Exporting Countries: 석유수출국기구)의 석유전략과 대립하였다.

2 UN 인간환경회의

이 회의에서 슬로건으로 사용된 "하나뿐인 지구(Only One Earth)"라는 말은 세계적으로 퍼졌다. 또한 우리가 사는 유한한 지구를 우주선에 비유한 "우주선 지구호"(이 말은 원래는 버크 민스터 폴라가 제창한 것이다)라는 표어 는 환경계몽적 의미를 가지고 지금도 사용되고 있다.

회의에서는 개발이 환경파괴를 일으킬 것을 우려하는 선진국과 저개발과 빈곤 등이 가장 중요한 인간환경의 문제라고 하는 개발도상국이 대립했다. 개 발도상국의 주장에 대한 구체적인 배려에 대해서는 인간환경선언(Declaration of the United Nations Conference on the Human Environment) 중에서 "개발 도상국은 개발의 우선순위와 환경의 보전, 개선의 필요성에 노력을 기울여 개 발을 해야 한다. 같은 목적을 위해 선진국은 자신과 개발도상국 사이에서의 격차를 줄이도록 노력하여야 한다."고 하고, "선진국은 개발도상국 간의 격차 를 줄일 수 있도록 노력해야 한다."고 지적했다.

개발에 대한 환경문제로 논란이 되었던 항목으로는 「공통의 신념을 표명 한 원칙」에서 ① 천연자원의 보호, ② 야생동물의 보호, ③ 유해물질의 배출 규제, ④ 해양오염방지 등이 거론되었다. 그러나 이러한 항목에 대해서도 악 화가 계속 이어졌다고 이후 보고되고 있다. 또한, 본 UN 인간환경회의의 권 고에 따라서 1972년 UN 총회의 결의로 UN의 환경 보전 활동의 중심적인 역할을 가지게 되는 UN 환경계획(United Nations Environment Programme: UNEP)이 창설되었다. UN 환경계획의 본부는 케냐의 나이로비에 위치하고 환경보호에 관한 다양한 검토를 위한 사무국으로 활동하고 있으며, 그 국제 조약의 제정에 큰 공헌을 하고 있다.

3 IUCN

본부는 스위스 글랑(Gland)에 있고 1948년 스위스 민법에 따라 설립된 사단법인이다. 자연과 자연자원의 보전에 관한 국가, 정부기관, 국내 및 국제적 비정부기관의 연합체로 워싱턴 조약(Convention on International Trade in Endangered Species of Wild Fauna and Flora: CITES: 멸종의 우려가 있는 야생동식물종의 국제거래에 관한 협약)의 당사국 의사결정을 위해 도움이 되는 과학적인 정보를 제공하고 있다. 또한 람사르 조약(The Convention on Wetlands of International Importance Especially as Waterfowl Habitat: 특히 물새 서식지로서 국제적으로 중요한 습지에 관한 조약)에 있어서는 사무국의 역할을 담당하고 있다. 1978년 일본의 환경청(현 환경성)이 일본의 정부기관으로서는 최초로 가맹하게 되었다.

이곳은 매년 세계에서 '멸종위기에 있는 생물목록(통칭 레드리스트)'를 작성하고 있다. 이 조사는 국제적인 행정의 환경보호 활동으로 이루어져, 각국과 각 지역의 레드 데이터가 만들어지고 있다. 또한 UN 교육과학문화기구(United Nations Educational, Scientific and Cultural Organization: UNESCO)가 운영하는 「세계문화유산 및 자연유산의 보호에 관한 조약」에 가입하고 있는 세계자연유산 후보지에 대해 IUCN이 현지조사를 토대로 등록여부를 권고하고 있다.

4 오염자부담의 원칙

1972년 OECD(Organization for Economic Cooperation and Development) 환경위원회에서 환경정책의 지침원칙으로 '환경오염·환경파괴를 방지하는 비용과 복구비용'은 원인자가 이를 지불해야 하는 것을 결정한 「오염자부담의 원칙(Polluter Pays Principle: PPP)」이 채택되어 있다. 이 원칙이 채택된 이유는 환경대책비를 사용하지 않고 제조된 제품은 저렴하기 때문에, 무역 불균형이 발생할 것이란 우려 때문이다. 이 계기는 미국 제37대 대통령 닉슨(Richard Milhous Nixon)이 일본은 공해를 발생시키면서 제조한 공업 제품을 수출하고 있다고 하면서 '에코 덤핑'이라고 비판한 데 따른 것이다. 이 원칙에 따라 선진국 중심으로 환경오염방지 설비가 각종 공장에 설치되고 일본에서는 공장 등에서 배출되는 오염물질을 측정하는 모니터링 규제가 진행되었다.

5 CDM

「기후변화에 관한 UN 기본조약」 제3차 당사국총회(교토총회라고 불린다)에서 「교토의정서」 작성을 위한 논의 시, 선진국에서 개발도상국에 대한 지원의 새로운 구조로서 「환경과 개발에 관한 리우선언」 제7원칙인 "선진국에는 개발도상국과 차별화된 책임이 있다."는 관념에 따라 CDM(Clean Development Mechanism)을 제안·채택된 바 있다. 이 방법은 지구온난화방지를 위한 개발도상국에의 자금과 기술을 지원하는 것에 의한다. 당초 교토의정서는 온실가스감축을 위한 경제적 유도책으로서 '배출권거래(Emissions Trading: ET, 한 나라가 배출감축목표를 초과해 달성한 경우, 그 배출량을 다른 국가에 유상으로 양도하는 것)'와 '공동이행(Joint Implementation: JI, 한 당사국이 다른 당사국의 감축사업을 실시하고 배출량을 줄인 경우 그 감축량의 일부를 자국의 감축량에 편입할 수 있는 것)'만을 도입할 예정이었지만 CDM의 추가는 개발도상국을 배려한 결과라고 할 수 있다. CDM에 의하면 당사국이 개발도상국에서 배출감소사업을 실시하고 그 감축량을 자국의 감축량에 편입하게 되어 있다. 중국에서는 빠르게 국내법을 정비하고 정부 주도로 CDM 수입체제를 만든 바 있다.

또한 이 경제적 유도책은 교토 메커니즘이라고 불리며, 숲 등에 의한 이산화탄소의 흡수(삼림 싱크)도 감축목표에 산입하는 것이 인정되었다. 그 결과, 교토 메커니즘에 의한 부속서I 국가(교토의정서의 감축대상국)의 총 배출권 산출은 「할당량 단위(Assigned Amount Unit: AAU)±국내흡수량(Removal Unit: RMU, 제거단위(흡수원 활동에 따른 credit)±공동이행 및 CDM에서 발행된 크레딧의 취득분±국제배출권 거래에 의한 교토 유닛의 취득·이전분」

이라는 방법이 취해지게 되었다. 그 후, 국제적으로는 (지층에) 탄소격리 및
저장(CCS)의 연구개발 및 실용화가 진행되고 있다. 그러나 이산화탄소가 깊
은 지하에서 탄산칼슘 등 고체로의 변화(높은 압력 하에서 화학반응)하는 데
는 400년 이상 필요하고, 이를 장기적으로 관리하고 유지하는 것 역시 중요
하다.

6 유전자원에의 접근과 이익배분

「생물다양성에 관한 협약」 제1조(목적)에는 "이 조약은 생물다양성의 보
전, 그 구성 요소의 지속가능한 이용 및 유전자원의 이용으로부터 발생하는
이익의 공정하고 공평한 배분을 이 조약의 관련 규정에 따라 실현하는 것을
목적으로 한다. 이 목적은 특히 유전자원 취득의 적절한 기회의 제공과 관련
있는 기술의 적당한 이전(이런 제공 및 이전은 당해 유전자원 및 해당 관련 있
는 기술에 대한 모든 권리를 고려해 행한다) 및 적절한 자금조달 방법에 의해
달성한다."고 제시되어 있으며, 유전자원의 이익의 공정하고 공평한 배분도
명확하게 목적으로 제시하고 있다.

또한 제15조(유전자원의 취득 기회)는 "각국은 자국의 천연자원에 대한
주권적 권리를 가지는 것으로 인정되고 유전자원의 취득의 기회에 대해 정
하는 권한은 당해 유전자원이 존재하는 국가의 정부에 속하고 그 국가의 국
내법령에 따른다.", "당사국은 다른 당사국이 유전자원을 환경에 적절하게
사용하기 위해 취득하는 것을 용이하게 하는 것과 같은 조건을 갖추도록 노
력하고, 또한 이 협약의 목적에 반하는 제한을 부과하지 않도록 노력한다.",
"유전자원의 취득의 기회가 주어지기 위해서는 해당 유전자자원의 제공국인
당사국이 달리 결정하는 경우를 제외하고 기타의 사전 정보에 기반한 당해
당사국의 동의를 필요로 한다.", "당사국은 유전자원의 연구 및 개발의 성과
및 상업적 이용 그 밖의 이용으로부터 발생하는 이익을 해당 유전자원 제공
국인 당사국과 공정하고 공평하게 배분하기 위해 적절한 입법상, 행정상 또
는 정책상의 조치를 취한다."고 하여 각국 정부에 의해 유전자원의 이익의

공정하고 공평한 배분을 고려할 것을 요구하고 있다("생물다양성에 관한 협약" 조문은 외무성 HP[주소: http://www.mofa.go.j pl mofaj/ gaiko/kankyo/j yoyaku/bio.html]에 근거하여 인용).

7 지속가능한 개발 및 빈곤 퇴치의 맥락에서 녹색경제

'지속가능한 개발'에 관한 UN의 검토에 대해서는 경제계도 국제적으로 협력하고 있다. 「UN 환경과 개발에 관한 회의」 개최 전에는 당해 회의의 사무국장 모리스 스트롱이 산업계에 대한 요청에 따라 BCSD(Business Council for Sustainable Development: 지속가능한 개발을 위한 산업계 회의)를 1990년에 설립한 바 있다. 그리고 「UN 환경과 개발에 관한 회의」(1992년)를 위해 「지속가능한 개발을 위한 경제인회의 선언」을 발표하였다. 이 선언에서는 "열린 경쟁시장은 국내적으로도 국제적으로도 혁신과 효율성 향상을 촉진하고 모든 사람들에게 생활조건을 향상시킬 수 있는 기회를 준다. 그런 시장은 올바른 신호를 나타내는 것이어야 한다. 즉, 제품 및 서비스의 생산, 사용, 재활용, 폐기에 따른 환경비용이 파악되고 그것이 가격에 반영될 수 있는 시장이다. 이것이 모두에 대한 기본이 되어, 이는 시장의 왜곡을 시정하고 혁신과 지속적인 개선을 촉구하도록 책정된 경제적 수단, 행동의 방향을 정하는 직접규제, 그리고 민간의 자율규제의 3자를 결합하는 것에 의해 가장 잘 실현할 수 있다."(인용: 스테판 슈미트 하이니, 지속가능한 개발을 위한 산업계회의 『체인징 코스』(다이아몬드사, 1992년) 6~7면)고 하여 산업계의 메시지를 서술하고 있다.

BCSD는 1995년 세계산업환경협의회(World Industry Council for the Environmant: WICE)와 합병한 결과, WBCSD(The World Business Council for Sustainable Development: 지속가능한 개발을 위한 세계경제인회의)로 되었다. WBCSD에는 33개국의 주요 20개 산업 분야에서 120여명의 회원이 모여 있어 경제계 및 정부관계자 간에 긴밀한 협력관계를 유지하고 있다.

BCSD는 환경효율의 개념공식으로서 "제품 또는 서비스의 가치(량) / 환

경부하[환경영향](양)"을 제시하고 있으며, 많은 기업이 이 식을 응용한 형태로 제품의 환경효율성을 산출하고 있다. WBCSD는 「UN 지속가능한 개발회의」에서 SDGs에 대한 제안 작성·운영 등에 있어서 크게 지원·공헌한 바 있으며, '지속가능한 개발 및 빈곤 퇴치의 맥락에서 녹색경제'의 발전에 큰 영향을 주고 있다. 또한, 환경효율의 산출에는 제품의 LCA 정보의 정비가 필요하고, 이렇듯 기초적인 정보를 얻는 것으로 새로운 에코디자인(환경설계)이 가능하게 된다.

8 행복도

부탄의 테인레이 총리가 2008년 9월에 개최된 UN 총회 연설에서 '국민총행복량(Gross National Happiness: GNH)'이라는 관념을 세계에 소개한 바 있다. 부탄에서는 1972년에 국왕 지그미싱게 왕축에 따라 국민총행복지수의 개념이 제창되고 있으며, 이는 전통적인 사회·문화와 민의, 환경도 배려한 '국민행복'의 실현을 목표로 하고 있다. 국제적으로 국가의 풍요로움의 척도로 하고 있는 GDP(Gross Domestic Product: 국민총생산)을 대신하는 성장의 지표로 기대된다.

OECD도 2011년부터 '행복도'의 지표로서 '더 나은 삶 지표(Better Life Index: BLI)'를 발표하고 있다. '더 나은 생활 지표'는 생활에 관한 주택, 소득, 고용, 훈련, 공동체, 환경, 거버넌스, 의료, 생활만족도, 안전, 워크라이프 밸런스(일과 생활의 조화)의 11개 분야에 대해 36개국 간(OECD가맹 34개국)에 대해 비교하여 검토하고 있다. 검토결과에 따라 온라인에서 이용자가 자신의 삶의 만족도를 측정하고 비교할 수 있는 쌍방향의 지표로 활용되고 있다.

9 환경권

일본에서는 1970년 3월 열렸던 '공해문제 국제심포지엄'에 세계 13개국에서 사회과학자들(44명)이 모여 '환경선언'을 발표했다. 이 선언에서 "환경권"이 제창되어 다음과 같이 환경권이 기본적 인권의 일종이라는 법체계에서의 입지가 제시되었다.

"우리는 사람이 누구라도 건강과 복지를 침해하는 요인으로 인해 불행이 초래되지 않는 환경을 향유할 권리와, 미래세대에 현재세대가 남겨야 할 유산인 자연의 아름다움을 포함한 자연적인 자원에 대한 권리를 기본권의 일종으로 갖는다는 원칙을 법체계 내에 확립하도록 요청하는 바이다."

환경권을 처음으로 제창한 것은 1969년 미국 미시간 대학교(로스쿨) 조세프 삭스(Joseph L. Sax) 교수라고 한다. 당시 미국에서는 해양오염사건 등 환경대책이 연방에서 활발하게 논의되고 있던 시기로 같은 해에 국가환경정책법(National Environmental Policy Act: NEPA)도 제정되어 환경평가(계획평가)가 법률에 근거해 정해지게 되었다. 삭스 교수는 환경권(environmental right)에 대하여 "원인자에 대하여 예방소송을 제기할 수 있는 법적근거로서의 입지를 주어야 한다."라고 설명하고 있다.

「도쿄선언」 이후 1970년 9월 니가타현에서 개최된 「일본변호사연합회 제13회 인권 옹변대회」에서 오사카 변호사회 소속 2명의 변호사가 "누구든지 헌법 제25조에 따라 좋은 환경을 향유하고 환경을 더럽히는 것을 배제할 기본적인 권리"로서 환경권을 갖는다고 제창했다. 또한 이 주장 가운데는 "거대한 기업에서 사회적 약자인 공해 피해자를 보호하기 위한 권리라는 점에서 사회적 기본권이다."라고 언급하고 있다.

1970년 7월에는 내각총리대신(佐藤榮作)을 본부장으로 하는 공해대책본부(후생성 등 각 부처에서 24명이 참가)가 설치되고, 관계 각료로 구성된 공해대책장관회의가 설치되었다. 같은 해 11월에 개최된 공해국회(제64회 국회: 임시국회)에서는 산업계 등의 큰 반발을 억제하고, 공해대책기본법의 조문에서 '복지 없이 성장 없다는 이념'에 따라 '경제발전과의 조화(경제협정조항)'의 규정이 제외되어 있다. 또한 공해관계법령의 본질적인 정비를 목적으로 다음 공해관계 14개 법안이 제출되어 모두 가결·성립되었다. 그 후, 1971년에 환경청(현 환경성)이 만들어졌다..

① 사람의 건강에 관한 공해범죄의 처벌에 관한 법

② 공해방지사업비 사업자부담법

③ 해양오염방지법(이후의 해양오염 및 해상재해의 방지에 관한 법률)

④ 수질오탁방지법(공공용수역의 수질보전에 관한 법률, 공장폐수 등의 규제에 관한 법률이 폐지되고 신규법률로서 성립)

⑤ 농용지의 토양오염방지 등에 관한 법률

⑥ 폐기물의 처리 및 청소에 관한 법률(청소법이 폐지되고 신규법률로서 성립)

⑦ 공해대책기본법(개정법)

⑧ 하수도법(개정법)

⑨ 자연공원법(개정법, 국립공원법이 1957년에 개정된 때 제정된 자연환경보전법과 관련된 부분이 많다)

⑩ 소음규제법(개정법)

⑪ 대기오염방지법(개정법)

⑫ 도로교통법(개정법)

⑬ 독물 및 극물단속법(개정법)

⑭ 농약단속법(개정법)

10 환경기본법에서의 사업자 환경 활동 규정

환경기본법에서는 직접 '환경권'을 인정하고 있지 않지만, 제3조, 제8조에서 기업의 환경 활동에 밀접하게 관련되어 있다는 점에 대해 정하고 있다.

---

① 환경기본법 제3조: 환경의 혜택 향수와 승계 등(지속가능성)

환경의 보전은 환경을 건전하고 혜택이 풍부하도록 유지하는 것이 인간의 건강과 문화적인 생활에 빼놓을 수 없다는 점과, 또 미묘한 균형을 유지하여 이루어지는 생태계가 인류의 생존기반인 만큼 환경이 인간 활동에 의한 환경에의 부하에 의해 손상될 우려가 생기고 있다는 점에 비추어보아 현재 및 미래

세대의 인간이 건전하고 혜택이 풍부한 환경을 향유함과 동시에 인류의 생존기
반인 환경이 장기간에 걸쳐 유지되도록 적절히 행해야한다.

② 환경기본법 제8조 사업자의 책무

사업자는 기본이념에 따라 그 사업 활동을 행하면서 발생하는 매연, 오수,
폐기물 등의 처리 기타 공해를 방지하고 자연환경을 적정하게 보전하기 위하여
필요한 조치를 강구할 책무를 가진다.

---

11 밀레니엄 개발목표

2000년 9월 미국 뉴욕에서 개최된 UN 밀레니엄 정상회의에서 147개국
원수를 포함한 189개 회원국 대표들이 「밀레니엄 선언(United Nations
Millennium Declaration)」을 채택했다. 선언은 다음의 8가지 항목에 대해 서
술하고 있다.

---

① 가치와 원칙
② 평화, 안전 및 군축
③ 개발 및 빈곤 퇴치
④ 공유의 환경보호
⑤ 인권, 민주주의 및 좋은 거버넌스
⑥ 약자보호
⑦ 아프리카의 특별한 요구에 대한 대응
⑧ UN의 강화

「밀레니엄 선언」에 따라 「UN 환경과 개발에 관한 회의」 등 1990년대에
개최된 주요한 국제회의와 정상회의에서 채택된 국제개발목표를 통합하여 밀
레니엄 개발목표(Millennium Development Goals: MDGs)가 정해졌다.

밀레니엄 개발목표는 2015년을 달성기한으로 다음 8가지의 목표를 내걸
고 이에 따라 구체적인 21가지의 목표 및 60가지의 지표가 설정되어 있다

(인용: 외무성HP, http://www.mofa.go.jp/ (2016년 3월)에 의해 작성).

- 목표 1: 극심한 빈곤과 기아 퇴치
  - 하루 1.25 달러 미만으로 생활하는 인구의 비율을 절반으로 줄인다.
  - 기아로 고통받는 인구 비율을 절반으로 줄인다.
  - 여성, 젊은이를 포함한 모든 사람들에게 완전하고 생산적인 고용, 그리고 디센트 워크(보람 있는 인간다운 일)의 제공을 실현한다.
- 목표 2: 초등교육의 완전보급 달성
  - 모든 어린이가 남녀 구분 없이 초등교육의 전 과정을 수료할 수 있도록 한다.
- 목표 3: 양성평등 추진과 여성의 지위향상
  - 모든 교육수준에서 남녀격차를 해소한다.
- 목표 4: 영유아 사망률 감소
  - 5세 미만의 아동 사망률을 3분의 1로 감소시킨다.
- 목표 5: 임산부의 건강 개선
  - 임산부의 사망률을 4분의 1로 감소시킨다.
- 목표 6: HIV/에이즈, 말라리아, 기타 질병의 퇴치
  - HIV/에이즈의 확산을 저지하고 그 후 감소시킨다.
    - ※ HIV Human Immunodeficiency Virus
    - (인간면역결핍 바이러스/에이즈 바이러스)
- 목표 7: 환경의 지속가능성 확보
  - 안전한 식수와 위생시설을 이용할 수 없는 인구의 비율을 절반으로 줄인다.
- 목표 8: 개발을 위한 글로벌한 협력 추진
  - 민간부문과 협력하여 정보통신 분야의 신기술에 의한 이익을 얻을 수 있도록 한다.

---

12 2012년 세계의 환경관련 현황과 과제

「UN 지속가능한 개발회의」(2012년)에서는 밀레니엄 개발목표달성이 곤란한 것이 확인되었다. 그 결과 포괄적인 목표로 "빈곤의 근절에 총력을 기울이면서 보다 환경 부하가 적은 경제로 전환을 도모한다."는 것에 대해 언

급하고 있다. 또 채택문서에는 남획과 해양생태계의 파괴, 기후변화의 악영향으로부터 바다를 지키는 것이 제시되고 도시기능의 향상, 재생가능 에너지원의 이용확대, 산림관리의 추진 등이 과제로 제시되어 있다(UN 홍보센터 『리오＋20 UN 지속가능한 개발회의: 우리가 원하는 미래(The Future We Want)』[2012년] 5면). 환경에 관한 문제에 있어 필요한 구체적인 대처로는 다음을 들 수 있다.

---

① 세계 인구는 현재 70억 명에서 2050년에는 90억 명으로 증가한다.

② 현재 인구 5명 중 1명에 해당하는 14억 명이 하루 1달러 25센트 이하로 생활하고 있다.

③ 전기를 사용할 수 없는 사람들은 전 세계적으로 15억 명, 화장실이 없는 사람은 25억 명 존재한다. 그리고 약 10억의 사람들이 매일 굶주림에 시달리고 있다.

④ 온실가스 배출량은 계속 증가하고 있으며, 기후변화에 제동이 걸리지 않으면 이제까지 확인된 생물종 전체 중 3분의 1 이상이 멸종할 우려가 있다.

⑤ 우리의 아이나 손자에게 인간다운 생활을 영위하는 세상을 남기기 위해서는 빈곤의 확산과 환경파괴라는 문제를 지금 해결해야 한다.

⑥ 이러한 긴급한 과제에 지금 본격적으로 나서지 않으면 빈곤과 불안의 증대, 지구환경의 악화 등으로 미래에는 더 큰 대가를 치러야 할 것이다.

⑦ UNCSD는 전 세계에 생각하는 기회를 제공한다. 이로써 우리 모두가 공통의 미래를 확고히 하기 위해 지역 수준에서 활동할 수 있게 된다.

---

13 물순환 기본계획

물순환기본법(2014년 4월 제정, 2016년 4월 시행)은 일본의 수질보전 및 수자원 확보 등을 도모하기 위한 것이라고 할 수 있으며, 그 전문에서 최근의 문제와 관련하여 "최근 도시로의 인구집중, 산업구조의 변화, 지구온난화에 따른 기후변화 등 다양한 요인이 물순환에 변화를 일으키게 되고 이에 따라, 가뭄, 홍수, 수질오염, 생태계에 미치는 영향 등 다양한 문제가 두드러지고 있다. 이런 상황을 감안하여 물이 인류 공통의 재산임을 재인식하고 물이 건강하게 순환하도록 함으로써 그 혜택을 장래에 걸쳐 누릴 수 있도록 건전한 물순환을 유지 또는 회복하기 위한 시책을 종합적으로 추진해 나가는 것이 중요하다."고 지적하고 있다.

또한 법의 목적(제1조)으로서 "물순환에 관한 시책에 대한 기본이념을 법규정, 국가, 지방공공단체, 사업자 및 국민의 책무임을 밝히고, 물순환에 관한 기본계획의 수립 기타 물순환에 관한 시책의 기본이 되는 사항을 정하는 동시에 물순환 정책본부를 설치하여 물순환에 관한 시책을 종합적이고 일체적으로 추진하고 이로써 건전한 물순환을 유지 또는 회복시키고 일본의 경제사회의 건전한 발전과 국민 생활의 안정과 향상에 기여하는 것"이라고 규정하고 있으며, 사람의 생활 및 경제사회에서 안정된 물순환이라는 자연 시스템에 대한 환경보전도 환경법상의 대상이 되었다고 할 수 있다. '물순환'의 정의도 "물이 증발, 하강, 유하 또는 침투에 의해 해역 등에 이르는 과정에서 지표수 또는 지하수로 하천의 유역을 중심으로 순환하는 것"으로 하고 있으며, 지구 규모의 자연현상도 규제의 범위에 들어 있다.

이 법률에 따라 정비된 「물순환 기본계획」의 기본방침에는 다음이 제시되어 있다(내각관방 물순환정책본부 사무국(https://Iwww.kantei.go.jp/jp/sin－gi/mizujunkan /pdf / gaiyou.pdf [2016년 3월]).

① 유역의 종합적이고 일체적인 관리
② 건전한 물순환의 유지 또는 회복을 위한 노력의 적극적인 추진
③ 물의 적정한 이용 및 물이 주는 혜택의 향유 확보
④ 물 이용에 있어 건전한 물순환의 유지
⑤ 국제적 공조 하에 물순환에 관한 대책의 추진

14 레드 데이터

레드 데이터는 멸종위기에 처한 동식물 정보를 의미하며, 국제자연보호 연합(International Union for the Conservation of Nature and Natural

Resource: IUCN)이 1966년부터 레드 데이터를 목록화한 『레드 데이터 북 (Red Data Book, 공식적으로는 "The IUCN Red List of Threatened Species")』을 발표한다. 1940년대부터는 동물의 개체 수 감소에 대해 조사하고 있다. 현재 지구상의 생물종은 수천만 종류에 이른다고 생각되는데, 이 데이터에서는 동물 및 식물의 카테고리로 분류하고, 그 위험에 따라 멸종위기종을 발표하고 있다. 일본에서는 환경성을 비롯한 여러 지방자치단체에서 각 지역에서 멸종위기에 처한 생물종을 조사하고 각 지역의 레드 데이터 북을 발표하고 있다.

생물종보호를 위한 국제적인 대처로는 「생물다양성 협약」이 1993년 12월에 발효되었다. 본 조약은 일본도 비준했고, 국내법으로 1992년에 「멸종의 우려가 있는 야생동식물종의 보존에 관한 법률」(통칭 '종보존법'이라고 불린다)이 제정되어 1993년에 시행되고 있다. 이와 함께 「특수 조류의 양도 등의 규제에 관한 법률」 및 「멸종의 우려가 있는 야생동식물의 양도의 규제 등에 관한 법률」이 폐지되었다.

레드 데이터와 관련 있는 환경보호에 관한 조약은 1975년에 발효된 「특히 물새의 서식지로서 국제적으로 중요한 습지에 관한 조약: 통칭 「람사르 협약(Ramsar Convention)」(습지의 보전을 규제)나 「멸종의 우려가 있는 야생동식물종의 국제거래에 관한 조약: 통칭 '워싱턴 조약(Washington Convention)', 약칭 CITES」(야생동식물의 국제거래를 규제)이 있다. 이 밖에 외국에서 국내로 들어온 애완동물이 국내의 재래종을 구축하거나 생태계를 파괴하는 것을 방지하기 위해 국내법으로 「특정외래생물에 의한 생태계 등에 관한 피해의 방지에 관한 법률」(통칭 「외래생물법」)이 2005년 6월부터 시행되고 있다.

CSR의 관점

(1) 환경보전의 사회과학적 논의

① 녹색 소비자

1980년경부터 영국과 독일에서 녹색 소비자(green consumer) 운동이 전개되고 'green consumerism'이라는 말이 점차 세계로 퍼져 나갔다. 이 운동은 기업이 제공하는 제품 중 환경부하가 적은 것을 선택하고, 환경친화적인 기업의 제품을 구입하려고 하는 것이다. 그러나 급성독성을 지닌 유해물질대책에 관하여는 소비자가 알기 쉽지만, 만성독성오염 및 지구환경파괴의 원인이 되는 물질을 방출하는 것에 관해서는 그 요인이 매우 복잡하기 때문에 환경부하가 적은 상품을 선택하기 어렵다. 국내외 환경 NGO 중에는 유해물질 등 환경오염에 대한 전문가를 고용하고, 회원 등에게 환경오염의 상황 정보와 해설을 제공하고 있는 곳도 많다. 일본에서는 녹색 소비자에 관해 환경 NGO의 전국 네트워크*[15]도 만들어져 있다.

또한 기업의 환경 활동을 평가하는 데 있어서도 CSR 보고서에 의해서는 기업비교가 용이하지 않고 명확한 기준에 따른(검량치가 없는) 정량적인 평가(정량분석)는 곤란하다. 따라서 오염 사고를 일으킨 제품 또는 오염에 관련된다고 생각되는 제품이나 기업을 배제하는 불매운동 쪽이 이해하기 쉽다고 할 수 있다. 이른바 기업의 네거티브 정보에 근거한 네거티브 심사(negative screening)인 것이다. SRI(Socially Responsible Investment: 사회적 책임투자)의 시작은 CSR의 네거티브 심사가 이루어진 사건에서부터이다. 1920년대부터 교회가 자산운용을 할 때 기독교 윤리에 반하는 담배·알코올·도박 등 관련 기업을 투자대상에서 배제했었다. 그 후, 배제의 범위가 넓어져 1960년경부터 월남전쟁을 계기로 반전운동이 퍼져 군사관련 산업의 배제로 확대하여 현재에 이르고 있다. 1970년대 무렵에는 국제적인 인권문제가 있었던 남아프리카공화국에서 실시되고 있던 인종차별정책인 아파르트헤이트(apartheid)도 네거티브 심사의 대상이 되었다. 또한 이해관계자(stakeholder)에게 있어 부정적인 정보에 기초한 투자처의 선택은 환경정보의 평가로 넓혀져 간다.

일반 대중이 환경오염을 몸에 와닿는 문제로 파악하기 시작한 것은 1971년 「UN 인간환경회의」가 그 계기이며, 일본에서는 1960년대부터 재판에서 공해피해자와 가해자인 기업과 정부가 격렬하게 다투고 점차 여론이 높아져 갔다.

1980년대에는 소련(현 러시아: 장소는 우크라이나)의 체르노빌 원자력발전소 사고에 의한 광역환경오염*[16], 화학공장 사고에 의한 라인강 오염*[17], 독일 루르 공업지역 등의 대기오염에 의한 산성비 등 환경오염이 사회문제화 되었다. 이러한 상황에서 영국은 1988년에 John Elkington과 Julia Hailes의 공저인 『그린 컨슈머 가이드(The Green Consumer Guide)』가 출판되어 소비자의 환경보전의식을 높인 바 있고, 일반 대중이 국제적인 대응을 위한 노력을 보이게 되었다. 또한 존 에루킨톤은 '트리플 보텀라인(환경, 사회, 경제)'의 제창자이기도 하다. 1989년 "The Green Capitalists"(London: Victor Gollancz)는 환경우량기업이 되기 위한 10단계로 다음과 같은 것들을 들고 있다(菊谷: (菊谷正人 외 역『グリーン·アカウンティング』白桃書房, 1996] 66면).

① 환경방침을 만들어 공표한다.
② 행동계획을 작성한다.
③ 조직과 대표이사를 포함한 인력의 배치를 한다.
④ 적절한 자원배분을 행한다.
⑤ 환경과학·기술에 투자한다.

⑥ 교육과 훈련을 행한다.

⑦ 모니터링, 감사 및 보고를 행한다.

⑧ 환경보호사항(green agenda)을 만든다.

⑨ 환경을 위한 프로그램에 공헌한다.

⑩ 다양한 이해관계자 간에 중개를 하는 것을 돕는다.

이런 항목들은 최근 기업의 환경전략에서 필수항목이다. 특히 ⑦은 환경 매니지먼트로서 많은 기업들이 이를 위해 노력하고 있으며, 공급망 관리 시 중요한 요구사항이 되기도 한다. 기업은 대책을 실시하여 사내 또는 그룹회사 및 협력회사의 환경관리를 촉진할 수 있고, 상품의 환경부하의 저감과 환경 제품의 개발을 도모하여 환경전략의 중요한 시점이 된다. 이 포지티브 정보를 CSR 보고서 등에서 공개함으로써 투자자 등 이해관계자로부터 긍정적 심사(positive screening)가 이루어지게 된다.

② 비재무회계

영국에서는 1990년에 제정된 「환경보호법」에 크게 공헌한 런던대학의 David Pearce의 저서 『피어스 보고서(1989)』(문헌명칭: David. A. Pearce, A. Markandya & E.B. Barbier "Blueprint for a Green Economy" London Earthscan. 1989. 和田憲昌訳『新しい環境経済学持続可能な発展の理論』ダイヤモンド社, 1994년])가 출간되었고, 회계적 관점을 고려한 댄디대학의 Rob H. Gray 저의 『그레이 보고서(Chartered Association of Certified Accountants의 위탁 연구보고) 1990』(문헌명칭: RH. Gray "The Greening of Accountancy: The Profession After Pearce" Certified Research Report 17, The Chartered Association of Certified Accountants. 1990. 菊谷正人他訳『グリーン・アカウンティングj [白桃書房, 1996年])가 출간되었다.

기업의 환경 활동을 경영적 측면에서 분석하고 환경회계의 검토로, 더 나아가 비재무회계에서 재무회계의 대상이 된 것을 보면 환경 활동이 기업의 객관적인 경영평가에 포함되었다고 말할 수 있다. 환경대책에 있어 엔드 오브 파이프(배출구[유해물질·환경파괴물질의 농도·총량])을 합리적으로 하기 위해 비긴 오브 파이프(사전: LCA에 근거한 비용[LCC: Life Cycle Costing]계산)에 근거한 대책)의 관점도 필요하게 되었다. 독일에서도 1980년대 후반부터 '환경파괴와 환경피해의 발생을 예견하고 미연방지의 수단'으로 에코빌란츠의 도입이 진행되고 있다. 일본에서도, 1999년 정부에 의해 처음으로 환경회계의 가이드라인이 만들어졌다.

그 후 1992년 「UN 환경과 개발에 관한 회의」에서 (지구온난화로 인한) 기후변화, 생물다양성 파괴, 유해물질의 해양·대기의 오염과 환경문제의 종류·범위가 확대함으로써 일반 대중들이 지구환경문제에 대하여 깊은 관심을 가지게 되었다. 환경 활동의 기본적 입장으로 환경운동가 David R. Brower[*18]가 제창한 것으로 알려져 있는 "지구규모로 생각하고 지역에서 행동을(발밑에서 행동을)(Think globally, Act locally)"이라는 슬로건이 세계적으로 퍼져 나갔다. 이 견해는 경우에 따라서는 정부 등에서 "지역으로 생각하고 지구 규모로 행동한다(Think locally, Act globally)"라는 표현으로도 이용하고 있다.

지구환경문제에 관해서는, 자연과학 분야에서 발생의 상황, 시간적 변화 또는 발생의 유무가 여전히 논의되고 있다. 만성적인(수십 년에서 수백 년의 변화) 영향이기 때문에 아직도 밝혀지지 않았거나 밝힐 수 없는 부분이 많다. 그러나 아무런 사회 시스템적 대처를 하지 않은 채 전 지구적 규모의 부정적 변화가 생기면 인위적으로 피해를 방지하는 것은 거의 불가능해진다. 일반적으로 피해의 정도를 나타내려면 경제적 수치를 드는 것이 이해에 도움이 되지만, 기후변화와 생물다양성 상실에 관한 국제적인 대책실시를 거부하고 있는 미국 등은 대책을 실시했을 때의 경제적인 손실을 이유로 내세우고 있기 때문에 어느 시점에서의 환경파괴로 인한 경제적 손실을 고려할지가 문제시된다.

그림 2-3 영국 템즈강(런던)

기후변화로 수위가 상승한 템즈강은 홍수피해가 우려되고 있다. 템스(Kingston 지점)의 최대 홍수 유량이 2080년까지 40% 증가, 최악의 시나리오로 고조수위가 현 고조수위에서 2.7m 증가할 것으로 예상되고 있다. 1세기(410년까지)에 잉글랜드를 정복했던 로마제국은 런던의 거리를 해발 5m이상의 고지대로 건설했지만 도시로 확대함으로써 템즈강 주변의 저습지가 시가지화되었다.

영국정부가 경제학자 Nicholas Stern에 위탁연구하고 그 연구결과를 정리한『기후변화에 관한 경제학(The Economics of Climate Change): 통칭 '스턴 보고서(Stern Review)'』(2006년 발표)에서는 지구온난화로 인한 기후변화에 의해 경제가 현저하게 악화하는 것을 분석결과로 보여주며 조기에 대규모대책을 강구하는 쪽이 매우 낮은 비용에 의한 억제책임을 밝혔다. IPCC의 보고서에서도 영국에서 기후변화로 템즈강 수위가 높아지는 현상으로 수해가 발생하는 것 등이 지적되고 있다. 실제로 2013년 12월부터 2014년 2월까지 잉글랜드와 웨일즈에서는 1766년부터 비가 많아져 홍수피해가 발생했다. 영국정부는 템즈강의 수재에 관한 기후변화 적응책으로서 템즈강유역홍수관리계획(Thames Catchment Flood Management Plan)(2009년 발표) 및 템스만 2100계획(Thames Estuary 2100 (TE2100) Plan)(2012년 발표)을 채택했다. 정부의 구체적인 정책이 제시되면 실제 프로젝트는 기업이 수행하게 된다. 이렇게 되면 이는 비재무회계가 아닌 재무회계에서의 CSR 대응이 된다. 그러나 정

부의 정책 자체가 정치적 영향을 강하게 받는 경우에는 국제적인 동향
도 주시하고 기업 또는 산업 스스로도 검토를 해야 지속가능한 비즈니
스가 된다.

③ 지구환경변화에 대응

기후변화에 대해 기업은 다양한 개발을 기대하고 있으며 위 영국
템스강대책으로는 높은 밀물방지제방, 방조제 둑시설 등의 개량, 신설
등이 검토되고 있다. 일본의 예로는 이전에 경제적인 면에서 재검토가
된 슈퍼제방 등을 들 수 있다. 재해의 재래기간(다시 같은 재해가 발생하
는 기간)에 장기간이 걸리는 경우 일반 대중으로서는 이를 이해하기 어
렵다. 그러므로 정부가 과학적인 위험분석에 기반을 둔 정책을 실시할
필요가 있다. 기업은 정부의 명확한 계획에 따라 정책을 수립함으로써
장기적 관점에서 중요한 환경책임을 다하게 된다. 내진기술 등 일반 공
중에게는 주목받기 어려운 부분 등에 대해 그 역할을 담당하고 있는
기업은 이미 여럿 있다.

그러나 기술적으로 파악하기 어렵다는 것을 역으로 이용해 비용 줄
이는 등의 목적으로 부정한 일을 행하는 사건도 발생하는데, 이는 기업
의 사회적 책임에 대한 부정적인 모습이 명확하게 드러난 것이기도 하
다. 이러한 기업이 사회에서 배제되는 속도는 예전보다 더욱 빨라지고
있다. 그러므로 부정사건에 대한 원인분석을 보다 빨리 수행하고 재발
방지책을 실행할 필요가 있다. 1980년대에는 IBM의 반도체 공장의 오
염사건 등에 있어 사실과 그 대책결과를 사회에 공표함으로써 신뢰를
얻었던 사례도 있었다. 네거티브 정보를 은폐하는 기업은 살아남을 수
없다. 기업책임 전반에 대해 자사에서 사회과학적인 검토에 따라 대처
를 해 나가지 않으면 안 된다.

사회과학적인 검토의 국제적 동향으로는 지구환경변화에 대한 인간
활동의 영향과 지구환경변화가 인간 활동에 미치는 영향의 연구를 위
하여 1990년에 국제사회과학회의(International Social Science Council:
ISSC)의 산하에 인간사회적 측면의 지구환경연구계획(Human Dimension

Programme: 이하 "HDP"라 한다)이 성립되었다. 이 계획에서는 지구온난화방지를 위한 교토회의 이후의 삼림 싱크와 토지이용, 식량문제와 토지이용, 토지복구연구(Land Use and Cover Change: LUCC)와 인구이동, 제도, 인구와 식량산업전환의 연구 등에 노력을 기울이고 있다. 지구환경문제에 대한 자연과학 분야의 연구로는 기후변화에 관한 국제적연구계획인 「세계기후변화계획(World Climate Research Programme: WCRP)」과 생물권 및 지구권에 관한 국제적인 연구계획인 「지구권 – 생물권 국제공동연구계획(International Geosphere Biosphere Programme: IGBP)」이 있고, 이들에 의해서는 HDP보다 앞서 연구가 진행되고 있다. 그 후 1996년 국제학술연합(International Council of Scientific Unions: ICSU)이 새로이 지원단체에 가입하면서, 명칭도 「국제인간사회적 측면의 지구환경연구계획(International Human Dimension Programme: IHDP)」로 변경하여 활동의 활성화를 도모하고 있다. 지구적 규모의 변화에 대한 자연과학적인 검토는 대학에서 실행되는 고도의 전문적 연구이기 때문에 국제적인 네트워크를 가지고 공동연구가 진행되어야 한다. 따라서 기업이나 일반 대중은 과학적 사실과 예측을 신뢰하고 대응해야 한다. 또한 자연과학적인 지식에 기초한 사회과학적인 검토는 공적이고 법적인 틀을 정비해야하고 이를 통해 기업경영과 일반 대중의 생활 그 자체가 강제적으로 또는 경제적인 유도에 의해 변화하도록 하지 않으면 안 된다.

호주는 교토의정서를 탈퇴한 후 비정상적인 엘니뇨현상[*19] 등 기후변화로 인한 막대한 손해를 입어 국가적인 문제가 일어났다. 호주정부는 가너 보고서(Garnaut Report)(2008년)를 작성·공표하고, 그 후 환경정책을 180도 변경해 적극적으로 지구온난화대책을 추진하고 있다. 또 탈퇴했던 교토의정서에도 새로이 참가했다. 해당 피해에 의해 호주의 밀 생산 등 농업생산물의 국제적인 식량공급이 갈수록 줄어들고 각국의 식품관련 산업에 큰 영향을 주고 있다. 일본에서는 밀 자급률이 당시 14%정도 밖에 되지 않았기 때문에 수입이 어렵게 되자, 국수, 빵 등의 가격이 급등했다. 이 때문에 식품업계에서는 제품공급을 위한 다양한 대응이 필요하게 되었다. 지구환경의 변화가 확대됨에 따라 유사한 사태가 발생할 위험이 높아졌기 때문에 공급처의 다양화, 자사농장 경영 등 대처가 필요하다. 기업에서 제공하는 '물건'과 '서비스'를 안정적으로 공급하는 것은 가장 기본적인 사회적 책임이기 때문에 지속가능성을 잃지 않고 원료조달을 행하는 것은 중요한 기업 활동이라고 할 수 있다.

일본에서는 농림수산성이 '벼, 보리, 콩, 차 등 공예작물, 과수, 채소, 화훼, 사료작물, 축산' 등 9개 품목에 대해 2007년 여름의 생산현장에서 고온장해 등의 영향에 대해 조사를 실시하고 그 결과를 「平成19년 하계 고온장해대책 보고서」로 2008년에 공표한 바 있다. 지구온난화가 농작물 및 수산물에 미치는 영향은 이미 발생하고 있으며, 식물종의 북상 등의 영향에 대처할 필요 역시 생기고 있다. 같은 해에는 「농림수산성 지구온난화대책 종합전략」(平成19년 6월 21일 결정, 平成19년 11월 16일 일부 재검토, 平成20년 7월 29일 일부개정)이 보고되어 일본의 농림수산업에 미치는 영향에 대한 우려가 나타나고 있다. 농업, 임업, 어업에 미치는 영향은 다음과 같다(해당 보고서, 25~27면).

---

① 농업: 벼에 대해서는 고온장해로 인한 쌀의 품질 저하가 문제가 된 2002년산 쌀 이후 정부 내에 「벼고온대책연락회의」를 2003년 4월에 설치하고 검토를 진행하고 있다. 벼는 최근 홋카이도에서 풍작이 계속되는 한편, 규슈를 중심으로 한 서일본에서는 흉작이 계속되고 있다. 기업 활동에 의한 환경오염과 환경파괴는 비용이다.

② 임업: 기온상승 등의 기후변화가 산림에 미치는 영향에 대해서는 장기적으로는 식생의 변화와 숲 동식물의 생태와 활동에 영향을 미칠 것으로 예상되며, 호우의 빈발, 홍수 위험의 증가, 해수면 상승 등의 영향 등에 의한 대규모 산지재해 발생, 지역적인 홍수, 해안림의 소실 등에 대한 우려가 나타나고 있다. 환경성능은 상품성능의 일부이다.

③ 수산업: 지구온난화가 진행될 경우, 수산생물의 분포와 어업 기간, 증양식

대상종의 적지 등이 변화함과 동시에 식물 플랑크톤 등의 기초생산을 포함한 해역의 생태계에 영향이 있을 것으로 예상되어 해수면 상승이 생긴 때, 어항 및 어촌집락에 침수가 우려되며, 어항시설 등의 안정성과 기능성이 저하될 것으로 표시되어 있다.

기후변화는 자연과학계에서 거의 합의를 얻고 있으며, 영향의 속도와 정도를 감안하여 기업의 경영전략을 세워 나가야 한다. 이 검토는 이산화탄소 등 지구온난화 원인물질의 배출량 감소와 동시에 환경 활동으로 가는 중요한 시점에 해당하며, 지속가능한 경영을 실현하기 위해서는 필수적이다.

(2) 기업헌장

① 환경헌장

기업에서는 기존보다 법령준수와 사회적 윤리의 확보를 목적으로 법준수 활동을 전개하고 있다. 그러나 기업 간 격차가 크고, 그 대상범위와 활동방법도 제각각이다. 환경법령 및 조례를 준수하는 것은 의무지만 사회적 윤리까지 포함하면 범위가 매우 넓어지고, 또한 기업의 업태에 따라 상당히 달라진다. 「UN 환경과 개발에 관한 회의」(1992년) 이전에는 '지속가능한 개발'이라는 개념이 정착되어 있지 않았고, 환경문제는 유해물질을 직접 취급하는 제조업에 관한 것이라는 인식이 매우 강하여, 금융 및 무역회사, 소매 등 영역에서 관심을 갖고 있던 기업은 적다.

이후 융자의 대출책임, SRI(사회적 책임투자) 등이 주목을 받게 되고 환경피해의 배상책임을 다루게 되었다. 게다가 용기포장, 가전, 자동차의 재활용 등 익숙한 환경문제에 있어서도 수익자 부담(상품가격에 재활용 비용의 가산 및 재활용 요금의 징수)이 법령에 의해 정해지게 되었다.

또한 2011년에 발생한 후쿠시마 제1원자력발전소 사고에서는 광범위하
고 비참한 오염이 발생해 막대한 손해가 생겼고, 에너지 공급의 국내적
측면에도 큰 타격을 주게 되었다. 또한 지구온난화 원인물질의 배출과
생물다양성의 파괴에 소비자의 소비행동도 크게 변화하고 있다. 환경문
제는 시간별로 복잡하고 다양하게 걸쳐 있으며, 모든 업종의 기업, 일
반 대중이 어떤 형태로든 관여되어 있다. 따라서 기업의 법준수로 환경
활동의 범위도 넓어지고 있어 전 세계에서 인공물, 인공 서비스의 대부
분을 제공하는 기업에 지우고 있는 책임은 크다.

기업의 환경보호에 대한 태도는 시간이 지남에 따라 적극적으로 바
뀌고 있고 기본적인 형태가 나타난 것은 1991년 4월에 발표된 국제상
업회의소(International Chamber of Commerce: ICC)의 「지속적 개발을 위
한 산업계 헌장」이 그 계기이다. 이 헌장은 1990년 11월에 제64회 국
제상업회의소 상임이사회에서 결의되어 1991년 4월에 「환경관리에 관
한 제2회 세계산업협회(WICEM-II)」에서 공식적으로 채택된 것으로, 기
업의 환경 활동에 관한 최초의 국제지침이 되고 있다. 이 지침에는 다음
항목이 표시되어 있으며, 이는 폭넓은 내용을 포함하고 있다(표 2.4 참고).

표 2.4 지속적 발전을 위한 산업계 헌장을 위한 항목(1991년)

① 기업에서의 우선적 배려	⑨ 연구
② 거버넌스적 관리	⑪ 예방책
③ 개선 프로세스	⑪ 하청업자와 납입업자
④ 직원 교육	⑫ 긴급시를 위한 준비
⑤ 사전평가	⑬ 기술이전
⑥ 제품 및 서비스	⑭ 공동노력에 기여
⑦ 소비자에 대한 조언	⑮ 우려에 대한 개방적 자세
⑧ 시설과 조업	⑮ 준수 및 보고

이 시기부터 유럽은 대기업을 중심으로 환경보전에 관한 활동이 기
업이념으로 거론되고 일반에게도 기업환경 보고서를 공개하기 시작했
다. 제품에 관해서는 원료 채굴부터 폐기까지 발생하는 환경부하 원가

를 평가하는 환경원가계산과 LCC 기법이 개발되어 경영전략에 도입되고 있다. 이 검토는 ERP(Enterprise Resource Planning: 전사적 경영자원을 종합적으로 계획 및 관리하고 경영의 효율화를 유효하게 도모하는 개념)에 도입되었고, 장기적인 관점에서 국제적인 전략이 되고 있다. 해당 헌장과 동시에 국제상업회의소는 「효과적인 환경 감사를 위한 ICC 가이드」도 발표하고 있으며, 국제표준화기구의 환경규격 작성에도 영향을 주고 있다.

일본에서는 사단법인 경제단체연합회도 1991년 4월에 「경단련 지구환경헌장」을 발표하고, 국내에 있는 복수의 기업에서 자사의 기업환경헌장을 작성하기 시작하였다. 이 활동은 1992년 6월 「UN 환경과 개발에 관한 회의」시에도 높이 평가되었다. 그러나 기업 중에는 국외에서는 기업환경헌장을 발표하지만, 일본 국내에서는 발표하지 않겠다고 하는 곳도 있어 정보공개에 지나치게 신중하다는 점이 지적된 바 있었다.

「경단련 지구환경헌장」은 기본이념으로 "우리는 환경문제에 대해 사회구성원 모두가 연계하여 지구적 규모로 지속적 발전이 가능한 사회, 기업과 지역주민·소비자와 상호신뢰를 바탕으로 상생하는 사회, 환경보전을 도모하면서 자유롭고 활력 있는 기업 활동이 전개되는 사회의 실현을 지향한다."고 환경위험에 대한 의사소통의 중요성을 주창하고 있다.

그 후 1996년 7월에는 「경단련 환경 어필－21세기의 환경보전을 위한 경제계의 자발적 행동선언－」을 발표하고 「경단련 지구환경헌장」의 내용을 구체화한 바 있다. BCSD가 보여준 '환경 효율성'과 국제조약에서 주목하고 있는 '지구온난화대책'이 제시되어 있다.

또한 문제를 해결함에 있어서는 기업, 소비자·시민·NGO, 정부의 파트너십이 필수적이라고 서술하고, 산업인 한 사람 한 사람이 '지구시민'이라는 것을 재확인하고 있다.

2000년경 이후에는 기업환경 보고서에 「환경헌장」이 기재되는 것이 일반화되었고, 이는 다시 환경행동계획작성으로 진전하고 있다. 환경 활동계획의 수행 시에는 명확한 환경방침에 근거해 하향식에 의한 행동촉진 및 상향식에 의한 문제점의 정리와 해결이 필요하기 때문에 환경관리의 PDCA 시스템과 연결하여 합리적인 대책이 도모되도록 하였다. 그러나 방침이 이해되지 않거나 이를 충분한 검토 없이 진행하면 가이드라인의 항목만을 갖춘 형해화한 활동으로 될 수 있다는 점이 우려된다(회사의 이미지 제고를 중심으로 다룬 광고 보고서로 되어 있는 경우도 있다). 그러므로 자신의 업무내용과 체제를 고려한 활동이 필요하다.

표 2.5　경단련 환경 어필 – 21세기의 환경보전을 위한 경제계의 자주행동선언의 주요항목

지속가능한 개발을 실현하기 위한 기업의 대처
① 개인과 조직의 모습으로서 '환경윤리' 재확인
② 기술력 향상 등 경제성의 개선을 통해 환경부하의 저감을 도모하는 '에코·이피션시(환경효율성)'의 실현
③ '자주적 대처'의 강화
환경대책 항목
① 지구온난화대책
① 순환경제사회 구축
③ 환경관리 시스템 구축 및 환경감사
④ 해외사업 전개에 있어서의 환경배려

② 자선 활동

CSR을 발전적으로 추진하고 있는 기업에서는 환경헌장이 발표되기 이전부터 '기업의 인격'(자립적 의사를 갖는 도덕적 행위의 주체)의 확립을 목표로 philanthropy(자선) 활동을 활발히 진행하고 있다. 이것은 미국에서 적극적으로 행해지고 있는 '사회공헌 활동'(지역에 이익을 환원, 자원봉사 활동 등)과 '자선적 기부행위'와 유사한 활동이다. 구체적으로 기업과 경영자가 미술관, 음악회장, 박물관의 건설·운영, 콘서트 개최 등 문화 활동을 지원하고 있다. 또한 사단법인 경제단체연합회(현 일본경제단체연합회: 2002년 5월에 경제단체연합회[경단련] 및 일본경영자단체연맹[일경련]이 통합해 일본경제단체연합회가 되었다.: 이하 「일본 경단련」이라 한다)가

설립되어 산업계에서 경상이익의 1%를 매년 기부하는 '1%클럽', 사원이 복지시설에 기부 시에 회사도 같은 금액을 기부하는 '매칭 기프트 제도', 사원의 사회공헌 활동 참여를 위한 '자원봉사 휴가·휴직 제도'등이 사회문제 해결과 사람들의 생활향상을 위한 공익 활동을 실시하고 있다. 환경 활동으로서는 초등학생 등을 대상으로 한 자연관찰이나 일반 대중을 위해서는 책자(그림책 등) 및 비디오 제작·배포 등의 환경교육이 이루어지고 있다.

이 밖에 자선 활동과 거의 같은 개념인 메세나(Mécénat: 문화의 옹호 [프랑스어]) 활동도 전개하고 있다. 메세나 활동은 기업 등의 다양한 문화지원 활동을 말하며, 여기에는 미화 활동, NPO 활동의 지원, 중국과 동남아시아에서의 조림 등도 포함된다.

이와 별도로 가장 중요한 이해관계자인 사원들에 대해서도 육아휴가, 탁아소 설치, 건강관리·증진 등 복리후생이 진행되고 있다. 그러나 기업 간에 온도차가 있고 법령으로 정해져 있음에도 불구하고 육아휴직 등이 충분히 보장되지 않는 곳도 있다.

③ 행동헌장

사단법인 경제단체연합회는 1989년에 해외사업 활동연락협의회(Council for Better Corporate Citizenship: CBCC)를 설립하고 일본기업이 미국 현지회사에서 '착한 기업시민(Good Corporate Citizens)'으로 받아들여지도록 지원하고 있다. 또한 해외에 진출한 일본 기업이 공장 폐기물에 의한 오염이나 새우의 양식장 설치를 위한 맹그로브숲 벌채, 희귀금속 채굴, 주변 환경에 대한 유해물질오염 등의 사회적 문제를 발생시킨 사례가 있고, 현지에서 사업을 전개하려면 진출지역에서의 적정한 폐기물 처리와 조림 등 CSR 활동이 필수적인 것이 되었다.

1980년대 일본 경제는 성장을 계속한 바 있으며, 주가도 1982년 10월부터 상승기조로 유지되면서 1986년 말부터 투자가 과열되어 주가가 급상승했다. 해외 부동산에 대한 투자와 기업인수가 잇따랐고, 국내 부동산 등도 급등하여 '물건'과 '서비스'가 넘치는 시대를 기록했다. 그러나 1989년 12월에 주가가 38,915엔으로 상승한 후 급격히 하락하면서 (1992년 8월에는 14,309엔) 소위 경제버블붕괴가 발생했다. 그 후 경기의 악화와 함께 환경 활동을 포함한 CSR에 대한 비용을 절감하는 기업이 급증하고 있다. 막대한 부채를 안고 있는 기업은 어쩔 수 없이 파산을 하는 곳도 있었고, 쓸데없는 '물건'만 많이 남는 사태가 발생하고 있다. 이에 반해 미국은 이후 IT산업이 꾸준히 성장하고 경제가 활성화되고 있다. 당시 개발도상국이었던 BRIICS(브라질, 러시아, 인도, 인도네시아, 중국, 남아프리카 공화국) 국가들도 신흥공업국이 되어 여기에서도 경제성장이 시작되려 하고 있었다.

이러한 국제상황 가운데 CSR은 점차 국제적으로 주목받고 있고, 사단법인 경제단체연합회에서는 위의 「경단련 지구환경헌장」이 나온 후 5개월 뒤인 1991년 9월에 「기업행동헌장」을 제정하게 되었다. 그 후 복수의 대기업이 도산하고 대형증권사 및 대형은행의 파산이 잇따랐던 1996년 12월에 동 헌장을 개정하고 「실행 지침서」도 발표한 바 있다.

2000년에서 2002년 사이에는 표 2.6과 같이 기업의 불상사가 빈번하게 발생하고, 일반 대중 사이에서 CSR에 대한 관심이 급격히 증가하여 기업행동헌장이 2002년 10월 다시 개정되었다. 사건을 일으킨 기업에 대하여 이해관계자의 엄격한 평가가 내려져 경영이 크게 악화된 바 있다. 그 후에도 표 2.6에 나타난 사건과 유사한 사건이 자주 발생한 것을 보면, '지속가능성'에 대해 충분히 이해하고 있지 않는 기업이 여전히 많은 것으로 우려된다. 법령을 통한 규제강화는 적절한 수준에서 필요하지만 업계에 대한 규제 등 가벼운 처벌을 통한 관리로 재발방지 및 예방을 도모해야 한다. 본 개정 헌장에서도 "기업에 대해 사내체제 정비 및 운영강화를 요청하는 등 경영진의 이니셔티브에 의한 자주적인 조치"를 촉구하고 있다.

또한 같은 시기에 발생한 미국의 IT 버블의 붕괴(경제버블의 붕괴)로 국제적인 경기 악화가 발생하고 어리석은 기업에 의한 불상사가 다수 발생하였다. 이러한 상황을 근거로 국제적으로 CSR의 중요성이 재확인되었고, 2004년 5월에 다시 동 헌장의 개정이 이루어졌다. 이 개정은 "사회적 책임을 다함에 있어서는 그 정보발신, 커뮤니케이션 기술 등을 포함한 기업의 주체성이 최대한도로 발휘되어야 하고, 자주적이고 다양한 노력에 의해 추진되어야 한다. 그때, 법령준수가 사회적 책임의 기본임을 재인식해야 할 필요가 있다."는 입장에서 회원기업의 자발적인 노력을 기울일 것을 목적으로 한 것이었다.

표 2.6 2000~2002년에 발생한 주요기업의 불상사

식품 메이커
2000년: 식중독사건 2002년: 소고기위장사건
자동차 메이커
2000년: 운륜성(현 국토교통성)에 보고해야 할 사용자의 클레임 중 태반을 장기간에 걸쳐 은폐하고 신고를 하지 않음으로써 무상회수·수리(리콜)를 회피한 '리콜 감추기'를 이어온 것이 판명(인사 사고와 재물 사고가 일어났던 것이 확인됨)
식품 메이커
2002년: 소고기위장사건(전표를 바꾸어 수입 소고기를 국산 소고기로 바꾸고 국가에 매수시킴[2001년]). 위장 소고기를 무단으로 소각처분
전력회사
2002년: 원자력발전소 고장을 숨김
상사
2000년: 국후도의 디젤발전시설 건설공사를 둘러싼 부정입찰(입찰예정가격을 외무성 측에서 부정하게 입수해 낙찰) 2002년: ODA 사업수주를 목적으로 몽골의 정부고관에게 현금을 준 수뢰의 혐의

구체적인 대응을 위해 표 2.7에 표시된 10개 원칙도 정해져 국내외를 불문하고 인권을 존중하고 관계법령, 국제규칙 및 그 정신을 준수하고, 사회적인 감각을 가지고 지속가능한 사회의 창조를 향해 자발적으로 행동할 것을 촉구하였다. 그 후에도 이 헌장에 대해서는 적절한 검토

가 이루어지고 있다.

이 원칙에서는 지금까지의 CSR에서 문제가 되어 왔던 것이 집약되어 있다고 할 수 있다. 여기에는 정보공개에 관한 항목을 다수 포함하여 이해관계자에 대한 위험 커뮤니케이션을 도모함으로써 신뢰성을 얻을 것으로 기대하고 있다. 비재무 정보 전반이라고 할 수 있을 것이지만, 정량평가(수치화해 비교)하는 것이 곤란하기 때문에 개별 기업에서 진행 상황을 파악하기 어렵고, 해당 정책 하에서 시행착오를 하는 것 자체가 곧 기업의 CSR 자체라고 할 수 있다.

표 2.7 사업행동헌장에서 제시된 10가지 원칙(2004년)

① 사회적으로 유용한 제품·서비스를 안전이나 개인 정보·고객 정보의 보호를 충분히 배려하고 개발하여 제공하고 소비자·고객의 만족과 신뢰를 획득한다.

② 공정, 투명, 자유로운 경쟁 및 적정한 거래를 행한다. 또한 정치·정부와의 건전하고 정상적인 관계를 유지한다.

③ 주주는 물론 사회와 널리 커뮤니케이션을 하고 기업 정보를 적극적이고 공정하게 공개한다.

④ 직원의 다양성, 인격, 개성을 존중함과 동시에 안전하고 일하기 좋은 환경을 확보하고 여유와 풍요로움을 실현한다.

⑤ 환경문제에 대한 대처는 인류 공통의 과제이며, 기업의 존속과 활동에 필수 요건임을 인식하고 자발적이고 적극적으로 행동한다.

⑥ '좋은 기업 시민'으로서 적극적으로 사회공헌 활동을 실시한다.

⑦ 공공질서 및 안전에 위협을 주는 반사회적 세력 및 단체와는 단호하게 대결한다.

⑧ 국제적인 사업 활동에 있어 국제규칙과 현지 법률준수는 물론, 현지의 문화와 관습을 존중하고 그 발전에 공헌하는 경영을 행한다.

⑨ 경영진은 본 헌장의 정신의 실현이 자신의 역할임을 인식하고 솔선수범한 다음 사내에 헌장준수를 철저히 하도록 함과 동시에 이를 그룹기업이나 거래처에게 주지시킨다. 또한 사내의 목소리를 상시 파악하고 실효성 있는 사내체제의 정비를 실시하고, 기업윤리를 철저히 하도록 도모한다.

⑩ 본 헌장에 반하는 사태가 발생했을 때, 경영자 스스로가 문제의 해결을 위한 자세를 내외에 밝히고, 원인규명과 재발방지를 위해 노력한다. 또한 사회로의 신속하고 정확한 정보의 공개 및 책임을 수행하고 권한과 책임을 명확히 한 후, 자신을 포함해 엄정한 처분을 행한다.

(3) 국제규격

① 환경규격의 추진

국제표준화기구(International Organization for Standardization: ISO)에서는 1996년 환경규격을 발표하고 전 세계 기업에 큰 영향을 주고 있다.

이 규격제정의 인센티브가 된 것은 1992년 영국의 BSI(British Standards Institution)가 제정한 영국환경관리 시스템 규격 7750(British Standards 7750, Institute, Specification for Environmental Management Systems)이다. 이 규격은 1993년에 EC(European Commission: 유럽위원회)에서 채택된 EMAS(환경관리·감사요강, Council Regulation (EEC) No. 1836/93 of 29 June 1993 allowing Voluntary Participation by Companies in Industrial Sectors in a Community Eco Management and Audit Scheme. OJ No. L 168,10.7.93) 규제에 도입되어 있다.

그 후, 국제표준화기구 및 국제전기표준회의(International Electrotechnical Commission: IEC)에서는 환경보호에 대한 기업의 노력을 국제적으로 규격화하는 것에 대해 구체적으로 검토하기 시작했다. 국제표준화기구는 1987년에 품질규격인 ISO 9000 시리즈 176 기술위원회(Technical Committee No. 176)에서 담당하는 「UN 환경과 개발에 관한 회의」(1992)의 주제인 '지속가능한 개발'을 목적으로 한 환경보호에 대한 추가규격의 논의가 이루어졌다. 그러나 품질관리 안에서만 환경규격을 검토하는 것에는 한계가 있고 환경규격인 1SO 14000 시리즈 작성을 위한 207 기술위원회(Technical Committee No. 207)가 새롭게 설치되어 있다. 먼저 환경경영규격(Environmental Management Systems: EMS)인 ISO 14001(사양), ISO 14004(원칙과 일반 지침)가 1996년 9월에 발효되어 ISO 14001에 기초한 지정인증기관에 의한 심사 등록(규격인증)을 실시하게 되었다.

② ISO 14000 시리즈

환경감사규격 (및 후술하는 responsible care 활동)의 관리절차는 TQC(Total Quality Control)의 데밍14 관리원칙에서 다루어진 슈하트 사이클을 기본으로 하고 있다. 해당 사이클은 미국의 통계학 및 물리자인 Walter Andrew Shewhart가 고안한 품질관리(통계적 품질관리)의 수법으로 PDCA 사이클이라고도 불린다.

이 주기는 계획(Plan), 실행(Do), 점검·평가(Check), 개선(Act)의 순서로 나선을 그리며 품질관리를 향상해 나가는 방법으로, 이를 지속적으로 이루어감으로써 업무개선을 도모할 수 있다는 것이다. 이 진척을 나선 업(spiral up)이라고 표현하기도 한다. 이러한 행동을 원활하게 수행하기 위해서는 기업이 탑다운 방식일 것이 전제된다.

또한 데밍14 관리원칙은 슈하트의 공동연구자로 물리학자인 W. Edwards Deming이 제2차 세계대전 후 경제성장기에 일본에 품질관리 기법을 도입한 것으로 데밍 휠(deming wheel) 또는 데밍 사이클(deming cycle)라고도 하고 있다(그러나 데밍 자신은 슈하트 사이클이라고 부르고 있다). 또한, 데밍은 Check를 Study로서 점검의 부분에서 검토의 중요성을 주장하고 PDSA 사이클도 제창한 바 있다.

국제표준화기구에서 환경규격의 대상은 적절히 확대되고 있으며, 에코마크나 에너지 스타 마크 등으로 SDS(Safety Data Sheet: 물질의 성질을 일람표로 한 것) 등 환경라벨 및 선언과, 환경행동·개선의 향상을 확인하는 환경성능과 환경효율을 산출할 때 환경부하 총량의 기본 데이터가 되는 LCA 등 여러 규격이 이미 발행되고 있다. ISO 14001 인증대상기업도 처음에는 제조업이 주를 이루었지만 유통 및 상사, 은행 등 금융 기관, 학교 등 복수의 업종이 인증을 얻고 있다.

표 2.8 ISO 14001(환경경영 시스템)의 항목

① 환경정책(environmental policy)
② 계획(planning)
③ 실시 및 운용(implementation and operation)
④ 점검 및 시정조치(checking and corrective action)
⑤ 관리자의 재검토(management review)
①에서 ⑤의 활동을 매년 실시하고 진척되는 개선을 항상 도모한다.

ISO 14000 시리즈(환경규격)는 기업의 환경 활동이 가지는 중요한 방법이 되고 있으며, ISO 14001 인증은 기업 또는 행정이 협력회사·하청회사 및 발주처에 대한 환경 활동을 실시하고 있는지 여부를 확인하는 방법으로도 되어 있다. 따라서 동 규격은 이른바 그린조달[20]을 행할 때의 기준이 되고 있다. 따라서 국제적으로 인정된 환경규격이 기업 간, 또는 정부의 주문 거래에 직접 관련되어, 기업경영의 중요한 활동이 되었다고 할 수 있다. 그러나 이는 확실하게 환경 활동을 추진하기 위한 것으로, 단순한 이미지 전략을 노리고 이를 행한다면 주요한 목적인 지속적인 향상은 이룰 수 없다. 각 기업은 장래계획을 충분히 검토하는 것이 필요하다.

⑨ EMAS

유럽에서는 기업의 환경관리·감사에 있어 ISO 14000 시리즈에 의해 빨리 시작된 EMAS 규제[21]에 의한 심사를 받고 있는 경우가 많다. EMAS는 1990년 12월에 발표된 EC 지침안이 발단이 되어 1993년 7월에 EC 규칙으로 채택되었고 1995년부터 적용되고 있다. EU 기업의 환경보전 활동에 대한 통합일성을 도모하고, 기업의 환경관리에 관한 사회적인 질서의 형성을 목적으로 보급되었다. 규정에는 환경검토의 실시,

공인환경 검증인에 의한 검증과 환경 보고서 인증, 환경 보고서의 일반
공개 등이 정해져 있다. 특히 ISO 14001 규격에는 없는 기업환경 성능
평가도 인증심사의 대상이 되고 있다. 유럽에서는 EMAS 인증을 받은
기업은 ISO 14001에 의한 심사등록을 하지 않는 경우도 많다.

EU 내에서는 ISO 14001보다 규정이 엄격한 EMAS 인증을 신뢰하고
보급하고 있기 때문이다. EMAS 규정에서 요구되는 「기업의 환경성과의
지속적인 개선」에서의 요구사항은 다음 내용으로 구성되어있다.

① 사이트(사업소)에 대해 회사의 환경방침, 환경계획 및 환경관리 시스템을 확
립하고 실시
② 각 환경성능을 체계적이고, 객관적이며, 정기적으로 평가
③ 일반 공중에게 환경성능에 관한 정보를 제공

또한 내부감사의 결과를 환경성명서에 정리하고 외부의 공인환경인
증인(accredited environmental verifier)이 검증하여 환경성명서와 사업장
을 공표하는 것도 정해져 있다. 객관성을 높이기 위해 외부에서 점검하
고 투명성을 높임으로써 신뢰성을 높이고 있다고 생각된다. 그러나
EMAS에의 참여는 강제가 아닌 자율로, 반드시 회사 전체적으로 참가해
야 하는 것도 아니다.

기업이 EMAS에 참여하도록 인센티브를 주는 방법으로서 로고마크
의 사용의 인가를 들 수 있다. 이 로고를 얻은 기업은 EU에서 환경을
배려하고 있다는 사회적 지위를 가지게 되고, 이는 기업의 환경전략의
일환으로 생각되고 있다.

2001년 3월에 개정된 EMAS 규칙(EU 환경관리 및 감사 제도에 대한 기
업의 자발적 참여를 인정하는 유럽각료이사회와 유럽위원회(2001년 3월 19일)의
규정, (EC) No. 761/2001)은 다음과 같은 구성으로 되어 있다.

부속자료 Ⅲ 「환경성명」에서는 「정보의 공표」 조건에 대해, EMAS
의 로고를 표시할 수 있는 요건으로 환경인증인이 표 2.10에 제시된 평
가를 받은 경우에 한정된다고 하고 있다.

표 2.9 EU EMAS 규제의 구성

제1조 (환경관리·감사 제도, 목적)
제2조 (정의)
제3조 (EMAS 참여)
제4조 (인증 시스템)
제5조 (관할기관)
제6조 (조직의 등록)
제7조 (등록조직 및 환경인증인의 목록)
제8조 (로고)
제9조 (유럽규격 및 국제규격과의 관계)
제10조 (EU 다른 환경법과의 관계)
제11조 (조직, 특히 중소기업의 참여 촉진)
제12조 (정보)
제13조 (침해)
제14조 (위원회)
제15조 (개정)
제16조 (비용 및 요금)
제17조 (규정 EEC No. 1836/93의 폐지)
제18조 (발효)

부속자료 I
A. 환경관리 시스템의 요건
B. EMAS를 실시하는 조직에 의해 제안된 문제
부속자료 II 내부환경감사에 관한 요건
부속자료 III 환경성명
부속자료 IV 로고
부속자료 V 환경인증인의 인증, 감독 및 기능
부속자료 VI 환경 측면
부속자료 VII 환경리뷰
부속자료 VIII 등록 정보

표 2.10 EMAS 로고 표시의 조건

① 정확하고 거짓이 없다.
② 실체화되어 있고, 검증이 가능하다.
③ 관련이 있고 적절한 맥락 내에서 또는 상황에서 사용된다.
④ 조직의 환경성과 전반을 대표하고 있다.
⑤ 오해를 초래할 우려가 없다.
⑥ 환경에 미치는 영향 전반에 관련하여 중요한 의미를 가지고 있다. 또한 도출된 조직의 최신 환경성명에 언급되어 있다.

정보의 공표에 관한 정확성을 유지하기 위해서 환경인증 평가는 매우 중요하다. 특히 성능에 관한 심사는 환경보호에 관한 전문성(오염에 관한 과학적 시스템, 법령, 지침 등의 규제 등)이 필요하다. 또한 CSR 보고서는 다양한 관점에서 긍정적 정보를 공개하고 있다는 점에서 일반 공중에 의한 착오의 발생을 방지하는 것이 어렵다. 네거티브 정보에 관한 대응은 기업의 CSR에 관한 중요한 경영자세가 되기 때문에 검증에 있어 특히 주의가 필요하다.

ISO 14000 시리즈는 국제적인 NGO인 국제표준화기구가 작성한 환경규격이며, 법적 구속력은 없다. 반면에 EMAS 규제는 EU 내의 법적구속이 있다는 점에서 다르다. 따라서 국제표준화기구의 표준은 세계 공통으로 규제되는 민간 차원에서의 질서이며, 개별 국가의 법률에 더해 전체 사업장과 기업 간 거래를 할 때도 주의해야 한다. 그러나 일본의 경우 NGO, 사단법인, 재단법인 등은 정부 소관인 경우가 많아, 부처 및 공공사업체가 관리·관할하고 있다. 이 때문에 소관하는 행정부 입장의 영향을 받는 경우가 많다. 복수의 중앙부처에서 환경보호에 관한 시책을 실시하고, 지구온난화대책, 자원순환추진, 유해물질관리 등에 통일성이 부족한 경우가 적지 않다. 최근에는 국제적 환경 NGO에서의 평가도 받기 때문에 기업에 있어서의 환경 활동도 객관적으로 국제조약, 법령 및 소프트로를 고려하여 합리적으로 진행해 나가야 한다.

④ ISO 26000 시리즈

기업의 CSR에 관해서는 1920년경부터 네거티브 심사가 시작되고, 이것이 국제적으로 전개되어 다양한 검토가 이루어지고 있다. Philanthropy 및 mécénat 등도 기업의 사회공헌으로 실시되는 경우도 있지만, 업무 자체에 대한 자세를 표준화 사양으로 하는 검토도 이루어지고 있다. 국제표준화기구에서 2005년부터 「사회적 책임에 관한 표준」이 논의되고 있다. 당초에는 기업의 사회적 책임규격(CSR 규격)으로 논의가 시작되었으나 사회적 책임은 넓은 사회적 관점이 필요하기 때문에, SR(Social Responsibility: 사회적 책임) 규격으로서 ISO

26000 시리즈가 2010년 11월에 발행된 바 있다. 이것은 사회과학적인 요소가 강하기 때문에 가이드라인으로 구성되어 있다. SR의 기본적인 원칙으로는 다음의 항목이 표시되어 있다.

표 2.11 ISO 26000 시리즈 SR규격의 기본적 원칙

① 설명책임	⑤ 법의 지배의 존중
② 투명성	⑥ 국제규범의 존중
③ 윤리적 행동	⑦ 인권 존중
④ 이해 관계자의 이해를 존중	

설명책임(accountability)은 처음에는 회계(accounting)에 관한 정보정비에서 비롯된 것이며, 재정적 측면에 있어서는 규제에 대해 법령에 상세히 정해져 있다. 최근에는 비재정적 책임에 대한 사회적 요구가 높아져서 설명해야 할 이해관계자가 투자자 및 출자자에서 소비자, 주변 주민 및 일반 공중까지 확산되고 있다. UN 글로벌 콤팩트 등으로 국제적으로 인권과 윤리적 측면의 개선이 요구되고 있는 것도 본 기본원칙에서 고려되고 있다. 또한 기업의 컴플라이언스(compliance) 활동도 다양화해 온 점에서 규정의 대상이 되고 있다.

한편, 본 규격의 SR의 핵심주제로 7개의 항목을 채택해 현재의 과제해결을 도모하고 있다.

표 2.12 ISO 26000(SR규격) 시리즈의 핵심주제

① 조직 거버넌스	⑤ 공정한 사업관행
② 인권	⑥ 소비자에 관한 과제
③ 노동관행	⑦ 커뮤니티 참여 및 커뮤니티의 발전
④ 환경	

기업지배구조에 관해서는 이미 많은 논의가 전개되어 있으며, 사회상황에 적절히 대응해 나갈 필요성도 제기된 바 있다. 인권에 있어 일

본의 큰 문제 중 하나로 남녀차별을 들 수 있고, 기업 내에서의 관습적
으로 이루어진 부분에 대한 개선이 필요하다. 이는 여러 측면에서 문제
가 발생하고 있기 때문에 참작할 필요가 있다. 기타 사항에는 다수의
괴롭힘(harassment) 문제가 있고, 정서적 측면의 대응이 필요하기 때문
에 해결에는 매우 어려운 부분이 많다. 노동 측면에서는 노동기준법,
노동안전위생법 및 그 특별법, 행정·산업단체에서 발행되는 가이드라
인에서 상세히 규정되어 있기 때문에 그 준수가 중요하다.

환경문제는 ISO 14000 시리즈에서도 다루고 있지만, 이는 SR에 밀
접하게 관계되기 때문에 사내체제정비의 기본적 필요사항이라고 여겨
진다. 이들로는 소비자에 대한 설명책임, 공정한 사업관행, 소비자에
관한 과제로서 제조물책임(Product Liability: PL)을 들 수 있다. 일본에서
는 민법에 대한 특별법으로 「제조물책임법」이 시행되고 있으며, "제조
물의 결함은 사람의 생명, 신체 또는 재물에 관한 피해가 생긴 경우에
제조업자 등의 손해배상책임이 정해져 피해자의 보호"가 도모되고 있다
(법 제1조). 소비자가 제품을 잘못 사용하지 않도록 제조업자의 대처로서
안전에 관한 설명을 충실히 하고 있다. 독일에서는 이 개념을 더욱 발
전시켜 "제조물환경책임"으로 환경보전 측면까지 책임으로 보고 있다.

지역사회에 관해서는 정보공개 및 리스크 커뮤니케이션이 국제적으
로 이루어지고 있지만, 기업 또는 지역에 따라 격차가 크다. 미국의
EPCRA(수퍼 펀드법 개정법 규정)은 기업의 사고로 인한 지역의 환경오염
대처로서 일반 대중의 '알 권리'(유해물질의 종류와 양, 성질(리스크)의 공
개 의무화)에 대해 정하고 있다. 또한 세계 각지에서 환경도시 계획이
진행되고 있다. 일본에서는 이전에는 에코폴리스(환경부), 에코시티(국토
교통성)가 진행되어 스마트 그리드(smart grid) 등 방식과 LRV(Light Rail
Vehicle) 등을 이용한 LRT(Light Rail Transit) 시스템 등을 합리적으로
도입한 compact city도 검토된 바 있다. 이로써 일반 공중의 건강·복
지 면에서의 고려도 도모할 수 있다. 이는 넓은 의미에서의 환경 활동
도 되고, 기업에게는 사회공헌 및 비즈니스 기회이기도 하다.

이미 CSR 보고서에서 ISO 26000 시리즈의 내용을 고려하는 경우도 많다. 구체적인 기재내용이 표시되어 있지 않기 때문에 기업의 재량에 따라 구체적인 설명은 개별적으로 검토를 실시함으로써 이루어지고 있다. 정량적인 평가는 여전히 어려운 상황이지만, 보고서의 콘텐츠가 거의 통일화되고 있는 것으로 생각된다.

(4) 보고서 작성 가이드라인

① CSR 보고서의 경위와 의의

CSR 보고서는 일반 공중과 정부 사이에서의 커뮤니케이션 도구로서 중요한 정보원천이며 지속가능성을 평가하는 데에도 안정적인 수준의 지표가 된다. 따라서 쌍방 사이에서 대화가 없으면 그 실효성은 유지될 수 없다. 처음에는 기업환경 보고서 또는 지속가능 보고서로서 발행되어 있던 것이 CSR이 폭을 넓히면서 공개되었다. 공개의 방법은 책자의 배포, 인터넷을 통한 공개, CD의 배포 등 다양하다. 이러한 정보가 공개되는 것을 모르는 사람도 많으나, 적어도 이해관계자에게는 입수하기 쉽게 해 둘 필요가 있다. CSR 보고서는 고객만을 위한 보고서가 아니기 때문에 사원을 비롯한 투자자·대출자는 회사가 사회적인 책임을 다하고 있는지 여부를 평가할 필요가 있다.

구미에서는 1990년대부터 양방향성(연락처를 명기하고 회신용 우편을 첨부한 보고서 배포 등)을 가진 환경 보고서를 발행하고 있으며, 이것이 이미 역사적으로 리스크 커뮤니케이션으로서의 기능을 수행하고 있다. 그러나 1960년경부터의 공해문제로 기업(또는 정부)과 일반 공중이 재판(대부분이 민사)에서 다투어 온 일본에서는 이해 관계자와의 대화에 신중하지 않으며, 원자력발전소 입지처럼 정부가 충분한 위험분석을 거치지 않은 채 안전(무엇을 가지고 안전하다고 하는지도 불명확)을 과대 광고한 사실도 있다. 양방향의 커뮤니케이션 도구로서 CSR 보고서를 일반화시키기 위해서는 그 유효성을 증명하지 않으면 좀처럼 일반 대중의 관심을 끄는 일은 없을 것이지만, 적어도 학생들의 일자리 선택시 평가항목이 되는 것이 바람직하다. 이는 회사의 중장기적인 지속가능성을 점검하는 가장 좋은 정보원이다.

회사는 어떤 사회적 공헌을 담당하고 있는 것인지, 상품으로서 제공하는 '재화'와 '서비스'가 적절하게 제조·판매되고 있는지, 지속가능성이 있는지를 CSR 보고서를 통해 밝혀야 한다. 그러나 CSR 보고서에 대한 국내외의 가이드라인에 따른 기재항목은 거의 통일되고 있지만, 데이터 수집조건이 반드시 일정한 것은 아니고 자주적인 활동에 속하고, 개별 기업마다 업무내용에 개성이 있기 때문에 기업 간의 비교는 곤란하다. 종종 보고순위가 나오고 있지만, 정량평가보다 정성평가에서의 비교가 많다.

미국에서는 슈퍼 펀드법(포괄적 환경대책·보상·책임법[Comprehensive Environment Response, Compensation and Liability Act of 1980: CERCLA], 슈퍼 펀드 개정 재수권법[Superfund Amendments and Reauthorization Act of 1986: SARA], 사고계획 및 일반 공중의 알 권리법 (Emergency Planning and Community Right to Know Act: 이하 "EPCRA"라 한다])이 추가됨으로써 일반 공중의 알 권리가 정비되어 국제적으로 '알 권리'에 대한 관심이 높아졌다.

IBM, 듀퐁 등 10개사는 통일적이고 합리적인 정보공개를 목적으로 「PERI(Public Environmental Reporting Initiative) 가이드라인」을 1993년에 작성하고, 기업환경 보고서의 자주적인 표준화를 목표로 삼고 있다. 당시 반도체공장에서 유해물질오염이 사회적 문제가 되고 있었다는 것을 배경으로 이 보고서에서는 화학물질의 배출 및 이동에 대한 공개 등이 이루어지고 있다. 미국 연방법으로서는 위의 EPCRA에, 이후 OECD권고(1996년)의 PRTR(Pollutant Release and Transfer Register) 제도에 강한 영향을 미친 TRI(Toxic Release Inventory: 유해물질방출목록) 제도가 도입되고 개별 기업의 정보가 공개되기 시작한 바 있다.

② 보고서 기재항목에 관한 가이드라인

기업환경 보고서에 대해서는 산업계의 검토도 이루어지고 있다. 유럽화학공업회(영어 이름은 European Chemical Industry Council: 일반적으로 CEFIC이라 칭함, 이하, 'CEFIC'라 한다)는 회원기업 간에 기업의 responsible care 활동*[22]을 검토하고 있으며, 그 일환으로 1993년 6월에 「환경보고에 관한 가이드라인(CEFIC GUIDELINE ON ENVIRONMENTAL REPORTING FOR THE EUROPEAN CHEMICAL INDUSTRY)이 발표된 바 있다. 이 가이드라인에는 다음 항목이 기재되어 있다.

위의 미국에서의 가이드라인인 PERI도 같은 대응을 요구하고 있다.

표 2.13 CEFIC 환경 보고서 가이드라인

① 환경감사(환경관리 및 환경감사)
② 유해물질의 방출 목록
③ 폐기물대책
④ 기업의 환경 성명
⑤ 기업 활동의 환경영향에 대한 일반의 환경 보고서 발표

그러나 「유해물질의 방출 목록」에 있어서 사업소에서 방출되는 유해물질의 양과 대상이 되는 화학물질의 이름까지는 거론할 수 없다. 이 때문에 개별 기업에 의해 발표되는 내용에 있어 차이가 크고, 화학물질의 사용량이나 방출량에 대해서는 발표하지 않는 경우와 기재가 있어도 산이나 TOC(Total Organic Carbon: 전유기탄소) 등의 분류로 되어 있을 뿐 구체적인 명칭을 발표하는 경우는 적다. 또한 해당 CEFIC 가이드라인에서는 기업 전체에 의한 대응의 경우와 (공장 등의) 사업장마다의 보고항목을 나누어 정하고 있다.

WICE(World Industry Council for the Environment: 세계환경산업협의회)*[23]는 1994년에 '환경 리포팅 매니저 가이드'를 발표한 바 있다. 이 가이드라인에는 기본적인 고려, 중요한 실시항목, 감사, 가능한 목차 등이 표시되어 있고, 독자로서 '소비자, 노동자, 환경 NGO, 투자자, 지

역주민, 미디어, 과학자·교육기관, 공급업자·계약자·조인트 벤처 파
트너·딜러, 무역·산업·상업협회'를 들고 보고서 항목으로 '대분류로
서 질적항목, 관리, 양적항목, 생산물'을 추출하여 각각을 세로축으로,
가로축에는 매트릭스 분석을 통해 각 독자에 대한 보고서 각 항목의
필요성과 내용에 관하여 면밀히 검토할 것을 제안하고 있다. 환경보고
서에 대한 평가를 실시하기 위한 가이드라인으로서 꽤 이른 시기부터
시행된 것이기는 하지만, WICE 가이드라인상의 평가는 현재 CSR 보고
서에도 적용할 수 있다. CSR 보고서에 의한 양방향의 커뮤니케이션으
로 독자들의 의견을 분석하고 개선을 도모해가는 하나의 방법으로 실
시하는 것이 바람직하다.

③ GRI 가이드라인

CEFIC, WICE, PERI의 검토를 거치면서 CSR 보고서의 국제적인
가이드라인이 되는 GRI(Global Reporting Initiative) 가이드라인의 작성
으로 이어졌다. GRI 가이드라인은 지속가능성의 측면에서 환경보전이
라는 측면뿐만 아니라 사회적 및 경제적 요인이 고려되어 있으며, CSR
의 정보공개에 관한 다양한 내용이 포함되어 있다.

GRI란 1997년 UN 환경계획(UNEP) 및 CERES(Coalition for
Environmentally Responsible Economies)의 요청에 따라 WBCSD 공인회
계사 면허협회(Association of Chartered Certified Accountants: ACCA), 캐
나다 공인회계사협회(Canadian Institute of Chartered Accountants: CICA)
등이 참가하여 설립된 조직이다. 그 후, 2002년 4월 상순에는 UN 본
부에 의해 공식적으로 영구기관으로 발족되었다.

GRI 가이드라인은 "보고조직이 지속가능한 사회를 향해 어떻게 기
여하고 있는지 명확하게 조직자신과 이해관계자에게 이해하기 쉽게 하
는 것"을 목적으로 하고 있다. 2000년에 첫 번째 가이드라인이 발행되
고, 그 후, 사회 상황의 변화에 대응하여 적절히 개정이 행해지고 있다.
2013년에는 「sustainability reporting guideline 제4판」이라는 이름으
로 발표된 바 있다(제1장 <심화학습> *4 참조). 또한 이 가이드라인에

따른 CSR 보고서의 대상은 기업뿐만 아니라 정부, NGO 등을 포함한 모든 조직으로, 자주적인 활용을 강조하고 있다. 그러나, ISO 14001 인증과 같은 제3자에 의한 심사를 목적으로 하지 않고 관리 시스템(보고 시스템 등) 성능기준(내부 데이터관리, 안내, 행동강령)을 정하지 않은 것을 전제로 하고 있다.

또한 2000년 개정판에서 제시된 보고의 원칙은 보고서의 문제점을 보완하는 형태로서 투명성, 포괄성, 감사 가능성, 완전성, 적합성, 지속 가능성의 상황, 정확성, 중립성, 비교가능성, 명확성, 타이밍의 적절성을 요구하고 있다. 기재항목에 따른 상세한 내용이 제시되고 있지 않기 때문에, 비교 가능성, 정확성 등을 어떻게 확보할 것인가는 본 가이드라인 이용자의 검토에 맡겨져 있다. 각국 및 각 지역의 사정 그리고 각 산업계의 상황에 따른 독자적 대응이 필요하다고 생각된다.

④ 일본의 동향

일본의 CSR 보고서 작성에 관한 가이드라인으로는 환경성이 2002년에 발행한 「사업자의 환경성과지표 가이드라인(2002년판)」, 2003년에 발행한 「환경 보고서 가이드라인(2003년판)」이 있다. 그 후 이 두 가지 가이드라인이 통합·개정되었고, 2007년 6월에 실무적인 지침서로서 「환경보고 가이드라인(2007년판)」을 발표하게 되었다. 2012년에는 국제적인 CSR의 진전을 바탕으로 다시 개정이 이루어진 바 있다. 이 보고서는 일본 기업의 CSR 보고서 작성 시 환경보전 측면에서의 검토에 참고가 되고 있다.

이 가이드라인도 "환경·경제·사회의 각 측면에서 중요한 영향이나 활동 등을 중심으로 보고하는 것이 유효한 방법"이 된다고 하고, GRI 가이드라인과 동일한 방침이 제시되어 있다.

또한 2005년에 「환경회계 가이드라인 2005년판」도 발행된 바 있고, "환경회계 정보가 환경 보고서의 중요한 항목으로 공개됨으로써 정보의 이용자는 기업 등의 환경보전에 대한 대처 자세, 구체적인 대응 등과 함께 보다 기업 등의 종합적인 환경 정보를 이해할 수 있다."고

하며, 구체적인 수치 정보(환경비용 등)의 정보공개도 권장하고 있다. 또한, 환경회계를 "사업 활동에 있어 환경보전을 위한 비용과 그 활동에 의해 얻어진 효과를 인식하고 가능한 한 정량적(화폐단위 또는 물량단위)으로 측정하고 전달하는 구조"라고 정의하고 있다.

또한 기업의 객관적인 평가에 대해서도 언급하고 있는데, 경영전략 측면에서 "기업 등의 내부이용에 그치지 않고, 환경회계 정보가 환경 보고서의 주요항목으로서 공개됨으로써 정보의 이용자는 기업 등의 환경보전에 대한 대처자세나 구체적인 대응 등과 함께 더 종합적으로 기업 등의 환경 정보를 이해할 수 있다."고 설명하고 있다.

그러나 기업에서 환경회계로 구체적인 금액을 표시할 때 대상으로 하는 범위와 환경보호대책을 행하지 않은 경우에 발생한 손해의 계산 방법 등을 명확하게 표현하는 것은 곤란하다. 환경회계에 관해서는 재량의 여지가 크기 때문에, 기업이 발표하는 수치의 신뢰성을 높이기 위해 LCA에 관한 다방면에서의 검토가 필요하다. 따라서 LCA에서의 LCC를 환경 활동의 정량적인 파악법으로서 자리매김하도록 할 필요가 있다.

한편, 일본에서는 "사업 활동에 따른 환경배려 등의 상황에 대한 정보제공 및 이용 등에 관해 국가 등의 책무를 분명히 하고 특정 사업자에 의한 환경 보고서의 작성 및 공표에 관한 조치 등을 강구하여 사업 활동에 따른 환경보호에 대한 배려가 적절하게 이루어질 것"을 목적으로 2004년 6월에 「환경정보제공의 촉진 등에 의한 특정 사업자 등의 환경을 배려한 사업 활동의 촉진에 관한 법률(이하 "환경정보촉진법"이라 한다)」(2005년 4월 시행)을 공포하였다.

이 법에서 환경 보고서 제출대상으로 되어 있는 특정 사업자는 "특별한 법률에 의해 설립된 법인으로서 그 사업의 운영을 위하여 필요한 경비에 관한 국가의 교부금 또는 보조금의 교부상황 기타에서 본 그 사업의 국가의 사무 또는 사업과의 관련성의 정도, 협동조직인지 여부, 그 외 조직의 형태, 그 사업 활동에 따른 환경부하의 정도, 그 사업 활동의 규모 그 외의 사정을 감안하고 정령으로 정하는 것"(법 제1조 제4 항)으로 정하고 있으며, 국립대학법인, 독립행정법인 및 그 외 법인이 공표를 하고 있다.[24] 내용은 책자로 배포되어 있고, 환경성 홈페이지 에 공개되어 있다(참조: 환경성 HP 「더 알고 싶은 환경보고서」 주소 https://www.env.go.jp/policy/envreport/index.html).

환경 보고서의 공표에 있어서는 "환경 보고서가 기재사항 등에 따라 작성되어 있는지 여부에 대한 평가를 스스로 행하고, 다른 자가 하는 환경 보고서의 심사를 받으며, 그 외 조치를 취하여 환경 보고서의 신뢰성을 높이기 위하여 노력하여야 한다."(제9조 제2항)고 요구하고 있으며, 법령에 따른 기재사항의 요구와 CSR에 관한 가이드라인과 마찬가지로 객관적인 평가에 대해 정해져 있다. 또한 「환경 정보」란 "사업 활동에 따른 환경배려 등의 상황에 관한 정보 및 제품 그 밖의 물건 또는 용역에 따른 환경부하의 저감에 관한 정보"(제2조)로 정의되어 있다.

또한 당해 법(제4조, 제5조)에서는 "사업자 및 국민의 책무로서 사업자의 환경 정보를 감안하여 투자하도록 노력한다."고도 정하고 있다. CSR 보고서 등에서 공개되는 환경 정보를 SRI를 포함한 투자 시에 고려하는 것은 향후 그 주목도가 국제적으로 높아질 것이다. 기업의 환경 활동에 관해서도 적정하게 평가할 필요성이 중요하게 인식되어 더욱 객관적인 평가가 만들어질 것으로 예상된다.

15 녹색 소비자 10원칙

녹색 소비자 전국 네트워크는 소비자에게 환경 활동을 알기 쉽게 제시한 녹색 소비자 10원칙 「그린 컨슈머가 되는 쇼핑가이드」를 작성하고 있다.

---

① 필요한 것을 필요한 양만큼만 산다.
② 일회용이 아니라 오랫동안 사용할 것을 선택한다.
③ 용기나 포장은 없는 것을 최우선으로 하고 다음으로 다시 사용할 수 있는 것, 최소한의 것을 선택한다.
④ 만들 때, 사용할 때, 버릴 때 자원과 에너지 소비가 적은 것을 선택한다.
⑤ 화학물질에 의한 환경오염과 건강에 미치는 영향이 적은 것을 선택한다(염화비닐 제품은 사지 않는다).
⑥ 자연과 생물다양성을 해치지 않는 것을 선택한다.
⑦ 근처에서 생산되거나 제조된 것을 선택한다.
⑧ 만드는 사람에게 정당한 분배가 보장되는 것을 선택한다.
⑨ 재활용된 것, 재활용 시스템이 있는 것을 선택한다.
⑩ 환경문제에 열심히 대응하고 환경 정보를 공개하고 있는 메이커나 매장을 선택한다.

이를 통해 소비자 입장에서 환경효율성(자원 절약, 에너지 절약, 유해물질회피[또는 다른 유해물질발생회피], 자연 순환)을 알기 쉽게 설명하고 있다. 이 활동을 행하는 것으로 기업의 환경보호 대응에 관한 네거티브 심사가 도모되고 환경 활동 평가가 이루어지게 된다.

16 체르노빌 원자력발전소 사고에 의한 광역환경오염

원자력발전은 발전에 필요한 막대한 열을 얻을 수 있다는 큰 장점이 있는 반면, 방사능 및 방사성물질의 발생 등 단점인 측면도 크다.

체르노빌 원자력발전소에서 발생한 폭발 사고로 히로시마형 원폭의 500배의 방사성 오염을 일으켰다고 보고된 바 있다. 사고는 4호기의 핵반응에 대한 관리실수로 연료봉을 한 번에 뽑았기 때문에 이상 반응이 일어나 수소가 발생해 폭발했던 것으로 알려져 있다. 이른바 내부사건에 대한 위험대책부족으로 발생한 사고이다. 방출된 방사성물질은 광역으로 방출되어 유럽을 비롯한 많은 국가에 강하했다. 농작물, 방목에 의한 축산물(치즈 등 유제품과 육류), 어획물 등 다양한 식품에 대한 방사성물질이 포함되어 일본을 포함한 많은 나라에서 관련 식품의 수입을 제한하였다.

일본에서 원자력발전소에 적용되는 정기점검의 기술기준 중에는 미국기회학회(American Society of Mechanical Engineers: ASME)에서 정한 규정을 참고하고 있는 부분이 많다. 또한 위험관리에서 페일 세이프(fail safe 장치: 시스템에 고장 또는 오조작 및 오작동에 의한 장해가 발생한 경우, 사고로 이어지지 않도록 확실하게 안전 측면에서 작동하도록 설계하는 고려) 및 풀 프루프(fool proof: 작업원 등이 잘못으로 부적절한 작업을 수행하여도 정상적인 동작을 방해하지 않는 것), 인터로크(interlock: 오동작방지, 조건이 모이지 않으면 조작을 행할 수 없도록 하는 것)을 실시하고 있다. 그러나 2011년 3월에는 후쿠시마 제1원자력 화력발전소에서 지진과 해일이라는 외부사건(자연현상)에 대한 위험관리 부족으로 사고가 발생하였다. 이 사고에서도 방사성물질의 낙진으로 농업, 어업 등에 큰 피해를 발생시키고 있다.

원자력발전소의 사고에 대처하기 위해 국제원자력기구(IAEA) 및 경제협력개발기구 원자력기구(OECD/NEA)차원에서 검토가 이루어지고 국제원자력사상평가척도(International Nuclear Event Scale: INES)가 1992년 3월에 오스트리아 비엔나에서 채택된 바 있다. 국제원자력사고평가척도는 원자력발전소에서 발생하는 사고 등을 「안전상 중요하지 않은 사건 레벨」 0

부터 체르노빌 사고, 후쿠시마 제1원자력발전소 사고에 상당하는 「중대한 사고 레벨」 7까지의 8단계로 분류하고 있다.

17 화학공장 사고에 의한 라인강 오염

라인강은 스위스 동부를 근원으로, 독일, 리히텐슈타인, 오스트리아, 프랑스, 네덜란드 등 여러 국가 및 국경을 흐르는 길이 1,320km의 큰 강이다. 국제하천인 라인강은 대형선박의 운항도 가능하고 국제법상 비연안국도 포함하여 자유항해가 인정되는 국제적인 통상의 요소이자 식수 등 생활면에서도 매우 중요한 하천이다. 그러나 1986년 11월 1일 새벽, 스위스 바젤시(바젤 슈타트·칸톤 주) 교외 슈바이처하레에 있는 산도(Sandoz)사의 화학공장의 화학약품창고에서 화재가 일어나 대량의 화학물질이 라인강에 유출되는 사고가 발생하였다. 수은 화합물, 살충제·제초제 등 30톤 미만의 독성화학물질이 강으로 유출돼 약 50만 마리의 물고기가 죽고, 독일, 프랑스 및 네덜란드에서는 수돗물로 취수가 일시적으로 중지되면서 수도를 사용할 수 없는 대참사가 일어났다.

사고가 큰 재앙으로 이어진 원인은 소방 활동상의 실수였다. 화재를 일으킨 창고 내에는 나트륨 등 물과 반응하면 발화하는 물질이 저장되어 있었지만, 통상의 소방 활동인 물을 방수하는 것으로 이차적인 폭발화재가 발생했다. 또한 이 때문에 화학물질이 유출되고 피해가 확대되었다. 라인 연안에 위치한 공장과 소방 및 사고대처를 위한 사전정보정비(저장물질의 종류와 양 및 그 화학물질의 특성[Safety Data Sheet: SDS])를 실시하지 않은 것이 적정한 오염 사고대처가 불가능했던 이유이다.

라인강 연안에는 많은 공장지대가 있기 때문에 1950년경 이후 수질오염이 발생하였고 1963년에 이미 스위스, 독일, 프랑스, 룩셈부르크, 네덜란드 간에 라인강 오염방지 국제위원회 협정이 제정되었다. 또한 1976년에는 EC(European Commission: 유럽공동체)도 협약 당사자로 추가된 「화학물질 및 염화물에 의한 오염방지를 위한 협약」이 채택되어 오염을 알게 된 정부는 조약 당사국 및 당해 오염방지국제위원회에 통보를 하는 것이 의무적이었다. 그러나 이 오염 사고에 대해서는 신속한 통보도 이루어지지 않았다. 그 후에도 거듭된 오염의 발생으로, 광역하천오염에 대처하기 위해 1999년 4월에 스위스, 독일, 프랑스, 룩셈부르크, 네덜란드와 EC의 발의에 따라 새롭게 환경보전에 관한 포괄적인 규제를 정한 「라인강 보호협약」이 채택되었다. 이 조약에 따라 라인강 생태계, 식수제조 등 보호범위가 확대되었고 안전을 위한 체제의 재정비 등 상세한 내용이 포함됐다. 이 조약의 성립에 따라 앞서 언급한 「라인강 오염방지 국제위원회협정」 및 「화학물질 및 염화물에 의한 오염방지를 위한 조약」은 폐지되었다.

18 환경운동가 데이비드 브라워

환경운동가 데이비드 브라워는 1971년에 설립된 국제적인 환경 NGO인 「지구의 벗(Friends of the Earth)」 설립의 제창자이다. 그는 미국의 NGO에 의한 환경 활동에 큰 영향을 주었다. '지구의 벗'은 수십 개국에 지부가 있으며, 국제적인 네트워크를 가지고 있다. 일본에서는 "FoE Japan"이라는 명칭으로 활동을 하고 있다.

19 엘니뇨

엘니뇨(El Nino) 현상은 岩波書店 『理化学辞典第5版』(1999年)에 "통상의 상태에서는 적도에 따라 항상 동풍(무역풍)이 불고 있기 때문에, 적도 태평양 서양 서부에 온수가 모여 깊이 150m 정도의 온수풀이 형성되어 있다. 하지만 몇 년에 한 번, 온수풀의 물이 동쪽으로 빠져 나가 적도 태평양 전역을 덮는 현상이 생긴다. 남미 페루 앞바다는 용승 때문에 일반적으로 해수면 온도가 낮게 유지되어 있으나, 엘니뇨가 발생하면 가벼워진 따뜻한 물이 바다를 덮기 때문에 바람의 작용이 심해에 미치지 않게 되어 용승이 멈춘다. 해면 부근의 플랑크톤은 용승에 의해 심해에서 운반되어 오는 영양염에 의해 번식하기 때문에 용승이 멈추면 플랑크톤이 생존할 수 없게 되고 먹이사슬로 연결되어 있는 생태계를 파괴시켜 버린다. 통계적으로는 엘니뇨가 발생한 해의 일본의 겨울은 따뜻한 겨울이 되고 여름에는 차가운 여름이 되는 경향을 보인다."고 표시되어 있으며, 이는 자연과학적으로는 주기적으로 발생하는 것으로 이상기후(WMO[World Meteorological Organization: 세계기후기구]에서는 25년 이상, 일본 기상청은 30년 이상에 한 번 발생하는 기상의 경우)는 아니다.

이와 별도로「엘니뇨 현상과 저위도 지방의 연평균 지상기압의 분포에 보이는 몇 수년 주기의 진동인 남방진동」이라는 엔소(엘니뇨[El Nino] and Southern Oscillation[Southern Oscillation]) 현상도 발생하고 있으며, 그 발생 원인은 "대기·해양 간의 역학적 결합에 의해 발생하는 자연진동으로 여겨지는 모델과 온수풀의 구조의 불안정에 의해 발생하는 모델이 있지만, 해명되지 않은 부분도 많다."고 한다. 또한 엘니뇨가 일어나는 시기에 반대로 0.5℃ 이상 하강하는 라니냐(La nina) 현상도 발생하고 있다.

장기간에 변화하는 기후변화에 관해서는 자연과학적으로도 아직 규명되지 않은 부분이 많으므로 사회학적인 검토에 있어 장기간을 요하는 국제적인 계획을 할 때는 적절하게 과학적 지식의 진전을 고려하여 나아가야 한다.

20 EU 규칙

EU 규칙(regulation)은 EU 회원국에 직접 적용되며, 각국의 국내법에 우선하는 구속력을 갖는 것으로 EU 법령들 중에서도 가장 효력이 강한 것이다. 기타 EU에서는 1992년에 에코 라벨 규칙이 제정된 바 있는데, 이는 EU 국가들에서 법에 의한 보편적인 환경 시스템으로 되어 있다.

또한 EU의 법 시스템에는 EU 전역에 발령되어도 실시하기 위한 형식 및 수단을 선택할 권한은 각 회원국의 국내기관에 맡기는 '지침(directive)'이라고 불리는 것도 있다. 지침은 각국의 국내법으로 대체해야 효력을 발휘하는 것이다. 따라서 각국은 국내법과 행정규칙 등을 지침에 따라 개정할 필요가 있다. 각국의 재량의 여지는 지침의 목적에 따라 그 범위가 다르다. 환경보호와 관련해서는 ① 사용을 마친 자동차 관련 재사용·재활용 비율목표를 정하고, 자동차 생산에 관한 납, 수은, 카드뮴, 6가 크롬을 사용금지하는 ELV 지침(Directive on End−of−Life Vehicles)(2000년 10월 발효), ② 전기·전자기기 제품에 대해 납, 수은, 6가 크롬, 카드뮴, 비소계 난연제 2물질(PBB/폴리브롬화비페닐, PBDE/폴리브롬화디페닐에테르)의 사용을 원칙적으로 금지하는 RoHS 지침(Directive on Restriction of the use of certain Hazardous Substan)(2003년 2월 발효), ③ 폐전기·전자기기의 자원순환을 목적으로 재사용·재활용 비율을 정한 Weeet 지침(Directive on Waste Electrical and Electronic Equipment)(2003년 3월 발효)이 있다.

그 외 다른 EU 법원으로는 특정한(개별 또는 모든) 회원국과 기업, 사인(국가, 공공이 아닌 사법의 당사자인 개인)을 대상으로 한 의무를 정한 '결정(decision)', 법적구속력이 없으나 EU 이사회의 의견표명에 해당될 수 있는 '권고, 의견(recommendation, opinion)'이 있다.

21 그린 조달

녹색 구매는 환경부하가 적은 제품이나 서비스를 선택하고 구입하는 것을 말하며, 기업이 자재 등을 조달할 때 고려해야 할 경우는 그린 조달이라고 부르는 경우도 있다. 환경기본법(1993년 제정) 제24조에는 「환경부하의 저감에 이바지하는 제품 등의 이용촉진」이 정해져 있으며, 동법 동조 제2항은 "국가는 재생자원 기타 환경부하의 저감에 이바지하는 원재료, 제품, 용역 등의 이용이 촉진되도록 필요한 조치를 취한다."고 하여 국가에 의한 그린 구입·조달의 촉진을 규정하고 있다. 또한 순환형 사회형성추진기본법(2000년 제정) 제4조(재생품의 촉진)에서 "국가는 재생품에 대한 수요 증진에 이바지하기 위해, 스스로 솔선하여 재생품을 사용하고, 지방공공단체, 사업자 및 국민에 의한 재생품의 사용이 촉진되도록 필요한 조치를 강구하여야 한다."고 정하여, 국가가 솔선하여 재생품을 사용하도록 정하고 있다.

일본에서는 2000년에 「국가 등에 의한 환경 물품 등의 조달 추진 등에 관한 법률: 녹색구매법)」이 제정되었다. 규제대상으로 국가, 독립된 정부법인 등 그리고 지방자치단체에서 환경물품 등의 조달 추진, 관련 정보제공, 환경물품 등의 수요·필요의 전환 촉진이 있다. 「환경물품 등」이라 함은 ① 재생자원 기타 환경에 대한 부하의 저감에 이바지하는 원재료 또는 부품, ② 환경부하의 저감에 이바지하는 원재료 또는 부품을 사용함에 따라 배출되는 온실가스 등에 의한 환경부하가 적은 것을 사용 후, 그 전부 또는 일부 재사용(재사용) 또한 재생이용(재활용)이 쉽게 함으로써 폐기물의 발생을 억제할 수 있는 등 환경부하의 저감에 이바지하는 제품으로 정해져 있다. 제6조에서는 국가에 환경물품 등의 조달 기본방침의 작성이 정해져 있어 적절하게 발표되는 「환경물품 등의 조달 추진에 관한 기본방침」에서는 규제대상이 되는 개별 제품에 대한 '판단기준'과 '배려사항'이 제시된다.

기업에서도 자체적으로 '그린 조달기준'을 제시하는 경우도 많다. LCA에 기반으로 설계하는 경우(에코 디자인 또는 그린 디자인) 유해물질의 제거가 필요하기 때문에, 재료 조달의 중요한 발주기준이 된다. 그 결과, 이러한 기준이 협력회사 및 거래회사의 선정기준이 되기도 한다. 이에 따라 환경 활동으로 비즈니스 기회를 잡는 경우도 있다.

정부가 솔선하여 녹색 구매를 진행한 미국의 자원보전재생법(Resource Conservation and Recovery Act of 1976: RCRA)에 따라 연방정부기관 등에서 재료재활용 물품의 구매가 도모되고 있다. 그린 조달규정의 내용은 "재생물질 함유율을 고려하여 그 규격 기준을 개정할 것"과 "가격, 성능, 사양 등을 고려하여 가능한 한 재생물질 함유율이 높은 제품을 구입하는 것" 등으로 정해져 있다. 규제의 대상이 되는 연방정부기관에는 연방정부, 주정부 혹은 연방기금을 사용하는 주정부의 부속기관이 포함되어 있다. 또한 별도로 1993년에 서명된 대통령령 12873호 「조달, 재활용 및 폐기물 억제」에 따라 U.S. EPA에 「포괄적 물품조달지침(Comprehensive Procurement Guideline: 이하, CPG한다. 재생물질을 이용한 제품 포함)」 및 재생물질통보인 「Recovered Material Advisory Notice(RMAN/CPG에 나열된 제품을 연방

정부 기관 등에 권장)」를 요구하고 있다. 이 대통령령은 재활용을 도모함으로써 폐기물 처리장의 잔여용량에 여유를 갖게 하거나 민간기관이나 일반 소비자에 대한 모델 케이스가 되는 것을 목표로 하고 있다. U.S. EPA는 1994년에 이미 CPG 방안 발표, 1995년 RMAN 통지를 행하고, 3,000개 이상의 제품이 소개된 「환경 제품 가이드(Environmental Product Guide)」를 공표하고 있다.

22 책임 활동

1985년 캐나다 화학협회(CCPA)는 '책임케어 활동'을 제창하고 산업안전 보건을 중심으로 하는 대책이 진행되었다. 1990년에는 미국 화학제조업자 협회(CMA), 호주 화학제품제조협회(ACIA)에 의해 국제적인 책임케어 추진 기관인 「국제화학공업 협회협의회(ICCA)」가 설립된 바 있다. 그 후, 「UN 환경과 개발에 관한 회의」(1992년)에서 채택된 「아젠다 21」의 제19장과 제30장에 따라 유해 물질에 관한 기업의 환경 활동에 관한 체제정비를 목적으로 활동이 진행되어 환경보전도 이러한 대책에 포함되었다. OECD에서 권고된 PRTR 제도도 중복되는 부분이 많기 때문에 이를 동시병행적인 것으로 취급하고 있는 기업이 많다.

일본에서는 1994년 12월 사단법인 일본화학공업협회(JCIA)에서 "책임케어의 실시에 관한 기준: 환경기본계획"이 발표되어 있다. 또한 이 활동은 많은 화학물질을 취급하고 있기 때문에 대기오염방지법에 편입되어 '사업자의 책무'로 규정되어 있다. '사업자의 책무'는 제18조의 21에 규정되어 있으며, "사업자의 책무로서 사업 활동에 따른 유해대기오염물질의 대기 중 배출 또는 비산의 상황을 파악하고, 해당 배출 또는 배출을 억제하기 위해 필요한 조치를 강구해야 할 것"이라고 정하고 있다. 중앙 환경심의회의 제2차 답신은 본 규정의 대상이 되는 유해대기오염물질에 해당할 가능성이 있는 물질로 234개 물질을 제시하고, 이 중에서 우선적으로 대처해야 할 물질로 22개 물질을 선정한 바 있다. 법령에서 정해진 점에서 화학 산업계뿐만 아니라 규제대상물질을 포함한 국내 모든 기업에서 환경보호대책이 필요하게 되었다.

23 WICE

WICE는 1995년에 BCSD(Business Council for Sustainable Development: 지속가능한 개발을 위한 산업계 회의)와 합병하여 지속가능한 발전을 위한 세계경제인회의(The World Business Council for Sustainable Development: WBCSD)가 되었다. 설립 당초 WBCSD는 33개국 주요 20개 산업 분야에서 120명 이상의 멤버가 모여 경제계 및 정부 관계자 간에서 밀접한 협력관계를 구축한 바 있다.

24 환경정보촉진법에 의한 보고서 공개

환경 보고서의 작성 빈도에 관해서는 "주무성령에서 정하는 바에 따라 사업연도 또는 영업연도마다 환경보고서를 작성하고 이를 공표하여야 한다."(법 제9조)고 규정되어 있으며, 연도 단위로 발표되고 있다. 이 공표를 하지 않거나, 또는 허위 공표를 한 경우 특정 사업자의 임원은 20만엔 이하의 과태료의 처벌을 받는다고 규정되어 있다(법 제16조).

또한 과태료는 형벌은 아니지만 질서벌, 집행벌, 징계벌이 형법에 의해 부과될 수 있고, 이는 1.000엔 이상 10,000엔 미만으로 되어 있다. 이를 과료(경미한 범죄에 대한 재산벌로 형법에서 정해져 있다)와 구별하기 위해 "실수료"라고 말한다.

PART 03

신뢰성의 확보

환경부하 발생의 개선 및 예방

⑴ 일본의 CSR

① CSR 경영

일본에서 상업이 발전했을 무렵, 상인은 자기 규율을 유지하기 위해 '가훈'을 정하고 지속가능성 유지를 고수하려고 했다. 기업지배구조에 관한 예를 들면 스미토모가가 조직의 유지(또는 개인의 컨플라이언스)를 위해 정한 "직무에 기초하여 자신의 이익을 도모하지 말 것"이라는 모토는 지위를 이용한 증수뢰, 내부자 거래, 연고를 이용한 불공정행위, 낙하산 등 현대사회에서도 중요한 질서위반 또는 범죄라는 점을 보여준다. 이는 특히 금융기관에서는 있어서는 안 되는 것이다. 거시적으로 생각할 때, 미국에서 일어난 서브 프라임 모기지의 파탄, 그리스 및 유럽의 금융위기를 초래한 국채의 회계부정 등은 버블 경제를 만들어 사회적 책임을 무시하는 행위라고 할 수 있다. 쓸모없이 많은 '물건'과 '서비스'를 창출하고 막대한 자원을 소비하고 막대한 폐기물을 환경 중에 방치한 것이다. 이는 가해자가 불명확한 상태에서 본래 많은 사람의 행복하게 생활하는 권리도 소멸시키고 있다.

또한 스미토모 재벌이 경영하고 있던 벳시 광산(니이하마 시)에서 구리의 생산을 이오우 화합물에서 정화하고 있었고 화합물 생산 시에 산성비의 원인이 되는 유황산화물(SOx: 대기 중의 수분과 반응하여 황산을 생성하는)을 배출했기 때문에 넓은 지역에 걸쳐 농작물, 숲, 생활 및 생태계에 피해를 발생시킨 바 있다. 특히 메이지 이후 기술의 발전으로 공업적 생산이 이루어짐으로써 대규모 오염이 심각한 사태가 되었다. 이에 대한 대책으로 구리광산 정상에 6개의 굴뚝을 만들어 대기오염을 희석하고 해상에 있는 섬(니이하마 해안 20km의 시사카 섬)에 공장을 이전해 피해방지대책을 강구한 바 있다. 그러나 오염물질이 환경 중에 퍼지는 이동분석이 부족했기 때문에 오히려 동이요 지방 일대로 가스피해 문제가 확대되었다. 그 후, 새로운 오염방지기술을 도입함으로써 환경은 개선되고 있다. 구리광산에 있는 광업소와 정련소 주변의 숲에도 오염에 의해 막대한 손해가 발생했지만, CSR 활동으로 조림을 실시했다. 그 후, 이 산림 경영 기술의 노하우를 바탕으로 스미토모 그룹에 새로운 비즈니스가 생겨났다.

한편, 히타치 광산(이바라키 현)에서도 사업 확대에 따라 대기오염이 심각해지고, 1914년에는 피해범위가 주변 4정 30촌으로 확대했다. 경영자인 구하라 후사노스케(久原房之助)는 배연을 희석하기 위해 1915년에 당시 세계최고 높이 155.7미터의 굴뚝을 건설했다. 그는 이 큰 굴뚝을 건설할 때 "이 큰 굴뚝은 일본의 광산개발을 위한 하나의 시험대로 건설하는 것이다. 비록 실패로 끝나도 일본 광업계를 위해 후회 없는 귀한 체험이 될 것이다."라고 사회적 책임을 주장한 바 있다. 게다가 아황산가스로 인해 주변지역 산들의 나무가 시들게 된 것에 대한 대책으로 자사에서 연기에 강한 나무를 약 500만 그루를 심고 주변 마을에 묘목 500만 그루를 무료로 배포하였다. 이것은 지역과 리스크 커뮤니케이션을 중시하는 선진적인 행동이었다.

② 누이 좋고, 매부 좋고

近江 상인의 가훈으로 "三方よし(판매자 좋음, 구매자 좋음, 세상 좋음)"(후세의 학자들에 의해 '가족 좋음'에서 '세상 좋음'으로 바뀌었다는 설도 있다)는 CSR의 기본 이념이라고도 할 수 있다는 견해도 제기되고 있다. 이 가훈을 일반에 소개한 문헌은 勝海舟의 어록 "氷川淸話"라고 되어 있으며, 모델로 된 인물은 近江 상인 塚本定次(1826~1905)이고, 에도시대부터 메이지시대에 걸쳐 실천되고 있었다.

氷川淸話에 따르면, 塚本定次는 막대한 재산을 가지고 있으면서 검소한 생활을 하고 스스로 쌓은 재산으로 학교를 건설하고, 사용인에게 적절히 배분하거나, 고향 마을을 위해 자신의 땅에 벚꽃과 단풍나무를 심고 쉼터(일반인을 위한)를 제공하고 식림을 위해 시가현에 상당한 금액을 기부하기도 했다. 시가현에 대한 기부로 심은 나무는 50년 앞을 위한 것이라고 하는데, 이러한 장기적인 관점에서 일을 차근차근 실행하고 있는 점도 기술되어 있다.

그림 3-1 近江 상인번영을 떠올리게 하는 거리

용수에는 잉어가 헤엄치고 있고 큰 저택이나 창고가 늘어서 있다. 현재도 자료관과 당시 생활을 보전한 전통적 건조물이 남아 있다.

이러한 近江 상인은 塚本뿐만 아니라 그 외 고향과 행상처의 고객 센터의 고민이나 재해 시에는 그 부흥을 위해 많은 기부, 공익에 전력하고 있었다는 기록도 있다는 점에서 '세상 좋음'의 견해 역시 포함되어 있었다는 것을 알 수 있다.

이는 현재의 기업에 있어서 중장기적인 경영에도 도움이 될 때가 많다. '세상 좋음'은 장사로 상품을 안정적으로 공급(유통)하는 것 자체가 사회적 책임이라는 점에서 '장사의 기본'이 된다고도 생각된다.

또한 近江 지역은 수도(교토)를 공격하는 무장세력들의 통로가 되는 경우가 많았으며, 약탈이 빈번히 행해진 경우들도 있어서 항상 국가의 사회상황에 민감했으며 긴장감을 가지고 국내의 동향에 관한 정보를 수집하고 있었다고 생각된다. 이 같은 상황을 근거로 CSR의 마인드를 가지는 편이 지속가능성에 있어 중요하다고 판단했던 것으로 생각된다. 지금 눈앞의 이익에 사로잡혀 사회 또는 국제적인 동향파악을 게을리하고 아무런 개선도 하지 않은 채 고정관념에 사로잡혀 있으면 점차 경영은 기울어 갈 수밖에 없다.

한편 시마네현 등 쥬코쿠 지방의 고대(6세기 후반)에서 이루어지고 있는 타타라 제철(타타라는 공기를 보내는 장치)은 사철을 환원 및 용융하기 위한 방안으로 숯을 사용하고 있다. 한때는 대량의 숯 생산을 실시했기 때문에 산림감소가 문제로 되고, 지속가능한 경영이 의심되었다. 그러나 개개의 경영자(당시는 삼림도 소유하고 있던 예가 많았다)는 산림을 지속적으로 사용하기 위해 계획적으로 산림을 벌채하여 산림을 보호하기에 지속적으로 타타라 철 제조가 이루어지고 있다. 해당 지역에서 생산된 타타라 철은 전국에 옮겨져 각지에서 철제품이 생산되도록 함으로써 국내의 철 공급이 유지되도록 했다.

③ 식품위생과 환경보전

기업이 제공하는 제품 중에서도 사람이 체내로 섭취하는 것에 대해서는 건강영향에 가장 주의하여야 한다. 식품의 오염은 생활에 가장 가까이 있는 건강위험이라고 할 수 있다. 병원균에 의한 오염을 비롯해 바이러스(까마귀 인플루엔자 등), 프리온(광우병 등) 등 다양한 병원체가 존재하고 새로운 병원균 발생에 의한 오염의 가능성도 있다. 원자력발전소 사고로 방출된 방사성물질의 강하에 의한 농작물 등의 오염, 환경에서의 유해화학물질의 오염이나 '가네미 기름병'*1, 식품생산공정의 관리실수로 인한 오염 등도 있다.

2003년에 식품위험관리의 기본이 되는 「식품안전기본법」이 제정되어 내각부에 식품의 건강영향평가를 행하는 식품안전위원회가 설치되었다. 이 위원회에서 후생노동성과 농림수산성에 대해 식품안전확보에 관한 시책 등에 대해 권고를 함으로써 구체적인 조치가 이루어진다. 또 한 위생의 구체적인 처리는 「식품위생법」에 의해 관리되고 있다. 국제적 으로는 HACCP(Hazard Analysis Critical Control Point System: 위험분석 · 중점관리방식)[2]가 검토 · 도입되어 해당 법률에 포함되고 있다. 각사 고 유의 리스크관리방법이 도입되고, 식품오염방지 등 위생 측면에서의 배 려가 이루어지고 있다.

또한 일본의 식품관련업계에서는 높은 리스크 회피를 요구하면서 3 분의 1 규칙이라는 업계규제를 관습적으로 실시하고 있다. 이 규칙은 "소매점 등이 설정하는 업체에서 납품기한 및 매장에서의 판매기한을 제조일로부터 유통기한[3]까지의 기간을 대략 3등분하여 상업적으로 설 정되는 경우가 많다(제조에서 납품기한, 납품에서 판매기간, 판매기한에서 유 통기한의 3등분)."(인용: 농림수산식품산업국 바이오매스순환자원과, 식품산업환 경대책실 자료 「食品ロス削減に向けて~「もったいなし」づを取り戻そう！~平 成25年9月」(2013年)(7면)는 것으로, 업체에서 제조된 식품은 생산에서 정 미기한까지 3분의 1의 기간 이내에 판매점에 납품 후 3분의 1 기간(판 매기간)을 경과하면 매장에서 회수 · 폐기할 것을 규정하고 있다.

이 3분의 1 규칙은 식품의 부패 등의 리스크에 대한 회피방법으로 쓰이고 있지만, 아직 유통기한이 남아 있는 식품을 폐기하는 것이 낭비 의 증가(아까운), 폐기물의 증가로 이어질 것이 우려된다. 농림수산성의 발표에 의하면, 2010년도에 일본에서는 연간 약 1,700만 톤의 식량이 폐기되었고, 그 중 '식품 로스'는 연간 약 500만~800만 톤을 차지하고 있다(가정에서 폐기된 양은 약 절반). 교육부는 식품손실발생감소에 대한 하나의 대책으로 푸드체인 전체에서 납품기한을 2분의 1로 하는 등의 노력이 필요하다는 견해를 제시했고 2013년 관련 업계에 협력을 호소 하고 있다.

2000년에 제정된 「식품순환자원의 재생이용 등의 촉진에 관한 법 률」에서 식품폐기물 재활용 관련 대책이 진행되고 있지만, 폐기까지의 기간을 길게 하여 발생하는 농작물의 낭비를 방지함으로써 원 단위당 서비스가 증가하고 폐기물로 인한 환경부하가 감소하며 환경효율성(물건·서비스/환경부하)은 향상될 것이다. LCA의 관점에서는 수입을 중심으로 한 농작물을 감산함으로써 식품 마일리지 가상수, 화학농약·비료 등 눈에 보이지 않는 환경부하도 줄일 수 있다. 슈퍼마켓에서 식품폐기물은 「폐기물의 처리 및 청소에 관한 법률」(이하 「폐소법」이라 한다)의 산업폐기물에 해당하고 기업에 의한 처리·처분이 의무화되어 있기 때문에 남은 상품은 처리·처분비용이 필요하게 된다. 그러나 회사에서는 이미 식품폐기물을 메탄발효(열재활용)시키거나 비료화(재료재활용)하고 있다. 유통기한이 얼마 안남은 것을 가격인하하여 판매하는 등 낭비를 방지하는 활동은 이미 시행되고 있다.

　반면에 소비자가 유통기한이 짧은 식품을 구입하고 기한을 넘겨 버려 폐기할 가능성은 높아진다. 가정에서 발생하는 식품폐기물에 대해서는 폐소법에서는 일반 폐기물에 해당하기 때문에 처리·처분은 시정촌의 의무로 되어 있다. 폐기물의 증가(환경효율의 저하)는 행정비용의 증가로 이어진다. 기업과 정부의 입장에서 식품폐기물의 감소는 각각이 부담해야 하는 사회적 책임이다.

　FAO(Food and Agriculture Organization of the United Nation: UN 식량농업기구)의 2011년 조사보고에 따르면, 전 세계 소비자용으로 생산된 식량의 3분의 1에 해당하는 연간 약 13억 톤이 폐기되고 있으며, 선진국에서 소비단계에서 발생하는 손실률이 높다고 한다. 이 동향을 감안하여 각국에서는 귀중한 식량의 효율적인 소비가 검토되고 있다. 프랑스에서는 2016년 2월에 「팔다 남은 식품의 폐기를 금지하는 법률」이 시행되어 슈퍼마켓에서 유통기한 초과 식품을 폐기하는 것이 금지되고 있다. 폐기되었어야 할 식품은 푸드뱅크(소비기한 만료가 아닌 식품을 생활곤궁자에게 배급하는 시스템) 등을 행할 원조기관에서 필요한 사람들에게 배부되는 것으로 되어 있다. 지정 규모 이상의 점포에 대해서는 벌칙도 정해져 있다.

유통이 발전함으로써 식품의 이동도 대량으로 이루어지고, 이동거리도 길어지고 있기 때문에 푸드 마일리지는 더욱 확대되고 있다. 게다가 식품 로스가 대량으로 발생하면, 환경부하는 급격하게 커진다. 이로인해 생태 발자국은 악화일로를 걷게 된다. 3분의 1 규칙에 대한 검토는 그 대책 중 하나라고 할 수 있다. 또한 식품의 저장 기술 등의 발전과 효율적인 유통 시스템 등도 기대된다. 식품 손실을 줄이기 위해 기업이 실시해야 CSR 활동에 대한 경영전략도 여러 가지 측면에서 나오고 있다. 또한 일본의 푸드뱅크 시스템이 지연되고 있으므로 정부의 정책적 노력도 필요하다.

(2) NGO

① Commons와 환경 NGO

환경 NGO(Non-Governmental Organization: 비정부기구)는 중립적인 입장에서 지역 및 국제환경보호에 크게 기여하고 있다. 이는 각국 정부의 환경정책과 개별 기업의 환경대책전략을 객관적으로 평가할 수 있는 존재이며, 지속가능한 사회의 구축에 있어 중요한 역할을 하고 있다. 세계 최초의 환경 NGO는 1866년 영국에서 설립된「Commons Preservation Society」라고 알려져 있다. Commons[*4]는 공공지, 공유지, 단단하지 않은 초지 등을 의미한다.

인류가 공유하는 자연을 공유지로 보전한다는 아이디어는 환경 NGO의 기본적 자세로 되어 있다. 그 후, 다양한 환경적 변화에 문제 의식을 가진 NGO가 탄생하였고, 1950년대 이후 기술개발에 따른 국제경제성장의 그늘에서 환경파괴가 현저해지면서 이해관계로부터 자유로운 입장에서 해결책을 강구하는 NGO의 역할이 가지는 중요성이 명확해졌다. 1972년 6월「UN 인간환경회의」가 스웨덴 스톡홀름에서 개최된 즈음에 환경 NGO는 국제회의가 열리는 장소의 외부에서 자신들의 주장(slogan)을 구호(sprechchor)로서 호소했다. 그러나 그 20년 후인 1992년 6월에 '지속가능한 개발'을 테마로 개최된 「UN 환경과 개발에 관한 회의」에서 NGO는 회의에 참석하여 발언권을 가지고 새로운 제안도 할 수 있게 되었다. NGO들은 이 밖에 국제협약 제정을 비롯한 다양한 환경보전 활동에 중요한 역할을 맡게 되고, 브레이크 타임에 정부와 산업계 등 개별 기관과 협상하는 로비 활동도 활발하게 하고 있다.

환경 NGO 중에는 화학물질, 오염 메커니즘 등의 전문가를 보유하고 있는 단체도 있고 환경변화와 오염피해 등의 과학적인 분석을 실시하여 회원들에 대한 서비스로 뉴스레터 등을 통한 설명(정보공개)을 실시하는 곳도 있다. 1980년대에 미국 뉴욕 · 라부카나루에서 발생한 화학공장에서의 유해물질 불법투기 · 토양오염에 대한 여론이 고조된 일이나 반도체공장에서 배출되는 유해물질에 의한 지하수오염 등의 피해가 이슈가 된 때, 일반 공중에게 이해하기 어려운 오염 · 건강 피해의 메커니즘 등을 설명하고 사회적 신뢰를 얻은 예도 있다. 환경 NGO는 일반 공중의 환경오염에 대한 '알 권리'와 '알 의무'를 확보하기 위한 중요한 존재가 되어 왔다. 기업의 환경 활동의 파트너로 된 곳도 여럿 존재한다.

② 정책에의 참여

전 세계 전문가들로 구성된 싱크탱크로서의 기능을 갖춘 환경 NGO도 여럿 존재한다. 세계 각지에서 피해가 발생하고 있는 기후변화에 관해서는 「자연자원방위협의회(Natural Resources Defense Council: NRDC)」가 IPCC(Intergovernmental Panel on Climate Change: 기후변화에 대한 정부 간 패널)의 검토에 전문지식을 제공하고 협력하고 있다. 1973년에 채택된 「멸종위기에 처한 동식물의 국제거래를 규제하는 워싱턴조약(Convention on International Trade in Endangered Species of Wild Fauna and Flora: 통칭 「워싱턴조약(CITES)」)은 「세계보호기금(World Wild life Fund: WWF)」과 「세계자연보전연맹(IUCN)」의 협동으로 그 초안이 작성되었다.

또한 자연 그 자체의 보호에 관하여 18세기 영국 시인 워즈워스가 고향에 대해 쓴 책에서 "아름다운 자연을 일종의 고유재산"으로 해야 한다고 기술한 바 있는데, 이는 Commons에 의해 자연공원의 발상으로 발전해 오고 있다. 19세기 말에는 미국의 존 뮤어(탐험가, 작가이자 정치인)가 국립공원의 설립과 자연보호를 제창하고 테오도르 루즈벨트(Theodore Roosevelt) 대통령으로 하여금 약 6,000만 헥타르에 이르는 산림보호구역을 제정하게 했다. 그 후, 요세미티 국립공원을 보호할 목적으로 상류·중류 계급의 사람들의 자선 활동을 통해 환경 NGO 「시에라 클럽(Sierra Club)」을 설립하고 '새로운 산림보호관련 법률의 제정', '산림보전지역의 설정', '국립공원지정구역확대' 등의 성과를 올렸다.

그리고 1972년에는 「세계문화 및 자연유산 보호조약」(통칭 「세계유산조약」)이 채택되어 세계유산기준에 따라 자연유산과 문화유산 및 복합유산 등록이 시작되었다. 시에라 클럽에 의해 보호되어 온 요세미티도 세계자연유산에 등록되어 있다. 세계유산은 UN이 설립한 유네스코(United Nations Educational, Scientific and Cultural Organization: UNESCO)가 운영하고 있다. 자연유산 목록에 등록할 때에는 유네스코 세계유산센터에 추천된 유산에 대해 세계자연보전연맹이 전문조사를 실시하여 그 결과를 참고로 세계유산위원회에 의해 연1회 개최되는 「세계유산회의」에서 심의되어 등록의 가부가 결정되고 있다.

시에라 클럽의 이사였던 데이비드 브라우어(David Ross Brower)는 시에라 클럽의 자연보전주의에서 벗어나 "국제적인 환경보호의 네트워크를 만들고 싶다."는 생각에서 1971년에 '지구의 벗(Friends of the Earth)'을 설립했다. 2016년 5월 기준, 세계 60개 이상의 네트워크를 가진 환경 NGO가 되었다. 일본에서는 1980년에 '지구의 벗·일본'이라는 이름으로 환경 NGO가 만들어졌으며, 2001년에 'FoE Japan'으로 그 명칭을 대신하고 있다. 「Commons 보존협회」의 회원으로서는 1866년에 옥타비아 힐(Octavia Hill), 로버트 헌터(Robert Hunter) 및 하드윅 론즐리(Hardwicke Rawnsley)가 중심이 되어 "역사적 유적지와 자연적인 경승지를 위한 내셔널 트러스트(National Trust for Places of Historic Interest or Natural Beauty)"[일반적으로는 「내셔널 트러스트」(National Trust)라고 불린다]가 설립되었다. 이 환경 NGO의 활동의 취지인 "자연환경과 문화시설을 시민이 보전한다."는 개념은 일본을 비롯한 각국으로 퍼져 나갔다.

이들에 대한 배경으로 이전부터 국제적으로 퍼지고 있었던 "Think globally - act locally(글로벌하게 생각하고 로컬하게 행동한다)"라는 기본적인 사고방식이 영향을 주고 있다고 여겨진다. 지구환경문제대책으로서 "Think locally - act globally(로컬하게 생각하고 글로벌하게 행동한다)"는 생각도 사회일반에 침투하고 있다(제2장 2-2 ② 참조).

그림 3-2 세계자연유산 · 미국 요세미티

요세미티는 1864년에 미국 캘리포니아 주립공원으로 지정되어 1890년에 미국 국립공원으로 지정되었다. 그 후 1984년에 유네스코 세계유산(자연유산)으로 등록되었다.

③ 구체적인 대응

공해문제 이후, 환경보전에 있어 새로운 개념으로 '지속가능한 개발'이 「세계자연보호연합」, 「세계보호기금」 및 「UN 환경계획(United

Nations Environment Programme: UNEP)」의 3자에 의해 1980년에 만들어진 「세계환경전략(World Conservation Strategy)」에서 제창된 바 있다. 이 이념을 바탕으로 「지속가능한 발전을 위한 세계경제인회의(The World Business Council for Sustainable Development: WBCSD)」에서 환경효율성(물건·서비스 / 환경부하)의 향상이 제안되어 세계 각국의 많은 기업들이 환경 제품의 개발 등 환경효율성 향상(자원 절약, 환경오염 및 파괴 방지)에 노력을 기울이고 있다. 이는 정부와 기업의 환경 활동에 큰 영향을 주었다고 할 수 있다. 또한 국제표준화기구(International Organization for Standardization: ISO)가 정한 환경기준인 ISO 14000 시리즈는 기업 등 많은 조직에서 지속적으로 이루어지는 환경개선에 크게 기여하고 있다.

시에라 클럽 회원이 캐나다에서 새롭게 결성한 「그린피스(Greenpeace)」는 1971년에 알래스카 암치토카 섬에서 지하 핵실험을 실시하려고 한 미 해군 보트를 사용하여 항의하고 영상과 미디어를 통해 세계에 호소함으로써 관심을 모았다. 기타 유해 폐기물의 해상소각, 러시아의 동해 핵투기 등 충격적인 사실을 분명히 한 바 있다. 이들은 "Out of sight, Out of mind(보이지 않으면 사람들은 기억하지 않는다)"는 정책으로 활동을 전개하고 있다. 1979년에 그린피스 인터내셔널(본부: 네덜란드 암스테르담)이 설립되었다.

1960년대에 농약에 사용된 유해물질 DDT(디클로로 디 페닐트리클로로메탄: 살충제)의 높은 위험을 경고하는 과학자 Founders Art Cooley, Charlie Wurster 및 Dennis Puleston이 설립한 EDF(Environmental Defense Fund)는 1967년부터 재판 등에서 다툼으로써 DDT 금지의 법률제정에 기여했다.

세계 기관투자자가 참여하여 설립한 NGO(영국에 본부)인 CDP(Carbon Disclosure Project)는 기업에 기후변화에 대한 대책과 지구온난화 원인물질의 구체적인 배출상황의 공개를 요청하고 그 결과를 공개하고 있다. 이 프로젝트는 2000년부터 시작되어 설문지는 매년 세계 각국의 많은 주요 기업에 발송되며, 답변 내용은 평가되어 공표되고 있다. 개별 기업의 점수는 투자자가 기업의 가치를 판단하기 위한 지표가 되고 CSR, SRI(Socially Responsible Investment: 사회책임투자) 측면에서도 중요한 정보가 되고 있다. 즉, 위의 범위 $1\sim3^{*5}$를 비롯한 기업의 에너지 절약대책, 지구온난화 원인물질의 삭감대책이 기업경영에 있어서 중요한 역할을 하는 시점이 오고 있다고 할 수 있다.

기업은 CSR로 사회공헌 활동을 할 때 환경 NGO와 협력하는 경우도 많고 중립적인 입장에서의 활동이 기대되기도 한다. NGO들 가운데에는 정부, 기업, 산업계, 정책에 깊이 관련되어 있는 곳도 존재하기 때문에 NGO 자체에도 제3자에 의한 심사 또는 인증이 필요하다고 생각된다. 기업, 대학 등 어떤 조직 가운데 NGO 단체를 설립할 수도 있고 중립성을 확보하는 구조가 필요하다.

④ NGO 인증

'지속가능한 개발'이 세계로 침투해 가는 가운데, 세계 산업계에 구체적인 사내의 환경관리에 주목하게 된 것은 국제표준화기구가 발표한 환경규격 때문이라고 할 수 있다. 환경규격으로는 우선 1996년 9월에 환경경영규격(Environmental Management Systems: EMS)을 들 수 있다. ISO 14001(사양), ISO 14004(원칙과 일반 지침)가 발효되었고, ISO 14001에 대해서는 지정인증기관에 의한 심사등록(규격인증)이 실시되게 되었다.[*6] 이 인증의 유무가 기업 간 거래 시 요구사항이 되는 경우가 많다. 과학 기술의 발전이 오염을 확대시키고 복잡한 문제를 낳고 있다. 또한 화학적·물리적 측정 기술도 비약적으로 향상되어 자연환경의 변화와 환경 중 화학물질의 이동을 높은 정밀도를 가지고 확인할 수 있는 수준에 이르렀다. 이러한 상황을 감안하여 조약 및 각국의 환경 관련 규제는 확대되고 엄격해지고 있다. 공급망을 가지고 생산·판매 활동을 하는 기업은 협력회사가 ISO 14001 인증을 획득하는 것이 납입되는 상품의 신뢰성에 있어 중요한 요건이라고 인식하고 있다. 이들은 국제표준이기 때문에 세계 공통의 기준으로서 많은 기업에서 이용하고 있다.

그림 3-3 트럭에 붙은 ISO 14001 인증취득표시

일반 도로를 달리는 트럭에 환경인증취득을 표시함으로써 회사의 환경보전 활동을 어필하고 있다. 이외에도 다른 인쇄물, 팸플릿, 직원의 명함에 인쇄되는 경우도 많으며, 인증취득을 표시는 일반화되고 있다.

　　다른 한편, 녹색 소비자 흐름의 고조를 배경으로 환경부하가 적은 상품에 대해 환경 NGO가 인증하는 제3자 인증도 인기를 끌고 있다. 상품의 환경부하를 감소시키기 위한 '환경제품인증'에는 일본에는 (재)일본환경협회가 인증하는 '에코마크'가 가장 대중적이다. 독일에는 1978년부터 시작된 '블루엔젤'이 있고 해외기업의 상품도 포함해 많은 인증 제품이 있다.

　　개별 상품을 대상으로 한 인증도 여러 환경 NGO에서 실시하고 있다. 지속가능한 삼림보전을 목적으로 한 「산림인증 제도」는 여러 인증기관이 있는데, 예를 들면 FSC(Forest Stewardship Council)는 적절한 산림관리를 인증하는 '산림관리인증' 및 인증 제품에 대한 생산·유통·가

공공정의 관리인증 'CoC(Chain of Custody)인증'의 두 가지로 나누어 행하고 있다. 이 밖에 PEFC(Programme for the Endorsement of Forest Certification Schemes), CSA(Canadian Standards Association), SFI(The Sustainable Forestry Initiative) 등도 있다. 지속가능한 수산자원을 평가하는 '마린인증'에는 수산물을 대상으로 한 'MSC(Marine Stewardship Council)인증', 양식 물고기를 대상으로 한 'ASC(Marine Stewardship Council)인증'이 있다. MSC인증은 지속 가능하고 적절하게 관리되고 있는 어업임을 인증하는 '어업인증'과 유통·가공과정에서 인증 수산물과 비인증 수산물이 섞이는 것을 방지하는 'CoC인증'으로 분류되고 있는데, 이는 FSC인증과 유사하다.

Rain Forest Alliance인증은 열대우림의 보호 등 생물다양성의 보전과 함께 노동환경 개선(어린이와 여성의 불법노동 문제도 포함)도 심사하고 있다. 해당 인증마크(녹색 개구리를 표현한 것)는 카페나 편의점에서 보게 되는 경우가 많다. 또한 제품의 원료도 인증의 대상이 되고 있다. 세제 등 공업 제품의 원료인 팜유의 지속가능한 생산을 목적으로 세계보호기금 등에 의해 RSPO(Roundtable on Sustainable Palm Oil: 지속가능한 팜유를 위한 원탁회의)가 설립되어 'RSPO인증'이 시작된 바 있다. 한편, 무역 측면에서의 인증도 이루어지고 있다. OECD(Organization for Economic Cooperation and Development: 경제협력개발기구)가 1972년에 채택한 환경정책의 지침원칙인 '오염자부담의 원칙(Polluter Pays Principle: PPP)'도 '환경보호에 관한 비용(환경비용: 사회적 비용)을 지출하지 않는 상품'에 의한 무역불균형을 방지하기 위한 것이다.

독일의 공정무역라벨기구가 실시하고 있는 '국제공정무역인증'은 개발도상국의 생산물(농작물, 면 등)에 대한 선진국 기업 등에 의한 가격조작을 방지하고 적정한 가격에 거래가 이루어지도록 보전하기 위한 심사에 의하고 있다. 이로써 개발도상국 생산자의 생활 개선과 자립을 지원하고 있다.

이러한 환경 NGO의 인증은 이미 국제적인 명성을 얻고 있으며,

많은 다국적 사업이 인증을 받고 있다. 인권문제에 환경권도 포함된다는 관념이 일반화되고 위생문제, 건강을 해치는 일조권 문제 등이 인권문제가 되는 경우도 있다. 환경 활동이나 CSR 활동으로 앞으로도 주목해 나갈 필요가 있다. 제품에 인증마크를 부착하여 일반 대중에게 인지도를 높임으로써 기업에 대한 인지도 상승도 기대할 수 있으며 사회 공헌에 따른 타 업체와의 차별화도 기대할 수 있다.

(3) 에너지 이용

① 자연이 만들어내는 부가가치 및 환경부하

인류는 과학 기술을 발전시키고 경제에 의해 효율화된 사회 시스템 하에서 더 많은 물건과 서비스를 얻을 수 있었다. 이 발전에 기업은 크게 기여해 왔다고 할 수 있다. 그러나 발전에 필요한 자원을 차례로 채취하면서 제품에서 폐기물로 변화하는 시간이 점차 짧아졌다. 에너지 이용 면에서는 투명하고 눈으로 확인할 수 없는 폐기물인 이산화탄소(기체)가 배출되고 있다. 이 환경파괴는 수십 년 이상에 걸쳐 그 변화가 나타나기 때문에 기후변화 등 리스크를 실감하는 경우는 적다. 그러나 해수면 상승, 가뭄, 다운 퍼스트, 용오름, 홍수, 우박(비교적 큰 주먹 크기의 얼음이 강하하는 경우도 있다) 등에 의한 피해는 세계 곳곳에서 발생하며, 특정 지역에 큰 피해를 미치고 있다.

신재생 에너지는 '친환경'이라는 매우 모호한 표현으로써 그 이미지가 만들어지고 있지만 발전에 사용할 때는 엄청난 인공물을 사용하여야 한다. 세탁물이나 이불을 햇빛에 건조하거나 자연의 노천온천에 들어가는 것은 태양이나 지구의 에너지를 효율적으로 이용하고 환경부하는 거의 생기지 않는다. 그러나 태양, 바람, 지열, 온도차, 조력(달의 인력), 파도의 힘(바람) 등 1차 에너지를 보조 에너지인 전기로 변환하려면 많은 인공물과 장소·공간이 필요하게 된다. 물레방아, 풍차 등의 동력 이용, 온도샘물, 지열(냉열 포함), 냉열(적설 등)의 열 이용에 있어서도 인공물과 장소·공간이 필요하게 된다. 시간적 확산을 감안할 때, 유지 및 보수, 시설·설비 자체의 수명에 의한 대체, 운전 시와 폐기 시의 시설 등 폐기물 처리도 필요하게 된다. 또한 화력 등 다른 에너지를 이용하는 시설에 비해 자연을 이용하는 재생가능 에너지에 의한 발전 설비 등의 수명은 태양광 발전이나 풍력발전 등 하나하나의 시설에 전자회로 등 전자부품이 필요하며, 야외의 엄격한 환경 중에 설치되어 있기 때문에 비교적 짧다. 우선 전자부품의 열화 또는 고장으로 인한 에너지 생산효율의 저하가 예상된다.

또한 한 시설에서 생산되는 에너지의 양이 극히 적다(에너지 밀도가 낮다). 따라서 폐기까지 생산할 수 있는 에너지량(서비스 양)은 매우 적고 하나의 시설이 갖는 수명주기의 환경효율성(생산되는 에너지 총량 / (환경부하 [설비·유지보수, 자원소비]+시설의 설치 등의 자연손실))은 환경 조건의 변화에 달려 있기는 하지만, 그다지 높다고는 할 수 없다. 안이하게 재생 에너지를 '친환경'이라고 생각하면 오히려 환경부하를 높이게 된다.

② 지구가 가진 에너지

약 46억 년 전 지구의 탄생은 우주에 무수히 흩어져 있던 물질이 중력에 끌려 서로 잇달아 충돌한 후 들러붙어 현재의 행성이 된 것에서 비롯되었다. 그때 물질이 가지고 있던 운동 에너지가 열 에너지가 되었다. 지구 탄생으로부터 약 5억년은 작열의 상태였다고 생각되고 있다(용융상태였기 때문에 암석 등에 기록이 없다). 현재는 지각부분이 냉각되어 생물도 서식할 수 있게 되었지만, 지하에는 아직도 막대한 열 에너지가 존재한다. 화산폭발 등으로 분출하는 마그마(용암)에 그 열에 의해 다양한 광물이 녹아 있다. 이를 암장(岩漿)이라고도 한다. 이 열 에너지는 지하수를 끓여 간헐천을 올리고 전 세계적으로 온천을 만들어내고 있다.

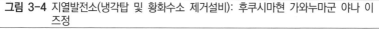

그림 3-4 지열발전소(냉각탑 및 황화수소 제거설비): 후쿠시마현 가와누마군 야나 이즈정

사진의 동북전력 니시야마 지열발전소에서는 1기당 발전설비로는 일본에서 가장 큰 65000kW의 발전능력을 가지고 있다(2016년 5월 기준). 이 규모로 26만 명 정도의 인구의 도시에 에너지 공급이 가능하다.[7]

인류는 이미 이 열 에너지를 목욕시설 등에 이용하고 있다. 또한 생산정에서 수증기(열 에너지)를 인공적으로 분출시켜 터빈을 돌려 발전도 행하고 있다. 일본에는 2,600개 이상의 온천이 있으며, 온천에 겨울의 눈이 녹은 물을 이용하거나 온천을 난방이나 농작물의 온실로 이용하고 있다. 지열자원은 일반적으로 지하 약 5km에서 퍼 올리는 것을 말하며 지구 중심의 온도는 약 6,000℃ 정도로 추정되고 있다.

지열발전은 원자력 및 화력발전소(천연가스, 석유, 석탄 등)처럼 핵반응 및 연소반응을 인공적으로 하지 않고도 직접 열을 얻을 수 있는 장점이 있고, 일본처럼 에너지자원이 거의 없는 나라로서는 귀중한 에너지원이다. 또한 태양으로부터 얻을 수 있는 다른 자연 에너지와 달리 날씨·기후변화에 좌우되지 않기 때문에 비교적 안정적으로 전력을 확보할 수 있다. 2014년 4월에 내각의 결정에 의해 일본의 에너지 기본계획[8]에서 지열이 베이스로드 전원으로 지정되었다.

자연에 미치는 영향을 최소화하기 위해 (생산정[증기 송풍구]에서) 퍼 올린 열수는 하천수 등으로 냉각(복수기)한 뒤 다시 지하(환원정)로 재사용함으로써 지하수의 감소 등 자연의 영향을 억제하고 있다. 이 대책을 행하지 않은 해외의 지열발전소에서는 지하수 고갈이 문제되는 경우가 있다. 또한 열수가 산성천일 경우, 황화수소(썩은 계란 냄새가 나고 상온에서 무색의 기체이다)가 포함되어 설비 등의 금속을 부식시킨다. 또 인체에 대해서도 유해성이 높다.[9] 따라서 지열발전소는 황화수소 제거를 위한 장치가 필수적이다.

황화수소는 장치 자체(로터 등)를 부식시키고 증기의 성분에 포함된 스케일(Ca, Si: 불순물)은 배관을 막기 때문에 정기적으로 시설 전체를 유지·보수하지 않으면 지속적인 발전을 할 수 없다. 생산정에서는 비소 등 다른 유해물질이 조합될 가능성이 있기 때문에 환경오염 방지대책도 중요하다. 주택 근처에 있는 지열발전소는 발전시의 소음도 문제가 되고 있다.

한편, 온천지는 공기보다 무거운 유황산화물(황화수소가 산화한 것)이 토지의 오목한 곳(눈 구덩이 등도 같음) 등에 모여 가끔 사고가 발생하고 있다. 오목한 곳은 산소 결핍 상태이기 때문에 빠지게 되면 실신 후 사망에 이르는 사례도 있다. 那須湯本 온천의 요괴 전설(구미호·살생석 전설)은 유황산화물의 분출 때문에 주변의 화초·미생물이 사멸한 것 때문에 생긴 것으로 생각된다. 더욱이, 유황산화물은 수분과 반응하여 황산하기 때문에 인체에 대한 위험성이 매우 높다. 이것은 상공에 배출되는 대기오염물질인 SOx가 되고, 산성비의 원인물질이기도 하다. 또한 지구 내부의 변화인 화산폭발이나 지진과 지진에 따른 쓰나미 등은 과학적으로 예측이 어렵기 때문에 재해의 가정이 어려운 단점이 있다.

라돈천이라고 하는 온천도 있지만, 온천수에서 발생하는 라돈(Rn)이라 불리는 기체는 방사성물질이며, 방사선 피폭의 위험이 있다. 낮은 수준의 방사선에 의하므로 건강에는 급성으로 영향이 나타나는 것이 아니라 장기간에 걸쳐 피해가 발생하는 만성적 영향이다. 이 때문에 오염으로 인한 피해를 자각하는 것은 어렵다. 그러나 라돈 등으로 인한 낮은 방사선에 의한 피폭은 "일시적인 저선량의 방사선 조사로 몸의 다양한 활동을 활성화한다."고 하는 호르미시스 효과라고 하는 학설도 있다. 라돈 온천과 라듐 온천이라고 하는 온천도 있고 온천법에서도 온천함유물의 정의로 '라돈(Rn), 라듐소금(Ra로서)'가 정해져 있다. 자연과학적 분석에 의한 명확한 건강영향에 대한 해명이 기대된다.

한편, 원자력 에너지도 지구에 존재하는 방사성물질인 우라늄235 또는 플루토늄에 중성자를 조사하고, 수소를 핵융합(태양광과 같은)시키고 핵반응을 인공적으로 일으킴으로써 큰 에너지를 생성할 수 있다. 이 핵반응 시 및 사용 후 핵폐기물로 유해무익의 방사선이 나온다. 또한, 2011년 3월에 일어난 후쿠시마 제1원자력발전소 사고처럼 핵반응의 제어를 할 수 없게 되면 방출된 방사성물질에 의해 막대한 피해가 발생한다. 발생확률을 매우 낮기는 해도 위험이 방대하기 때문에 위험크기를 예상하는 것은 곤란하다.

기업이 지열발전소 또는 원자력발전소에서 전기를 공급받아 범위 2의 대처로 이산화탄소의 발생을 억제하여도 다른 유해물질의 환경부하가 증가할 가능성이 있는데다 반드시 좋은 결과를 얻을 수도 없다. 종류가 다른 환경오염·파괴의 크기를 정량적으로 비교하기는 어렵지만 (다양한 생각과 견해가 있다) 환경 활동의 일환으로 발전의 종류에 따른 환경에 미치는 영향을 확인하고 전력조달에 대해 검토할 필요가 있다. 또한 온천에 포함된 여러 화학물질(희귀금속 등 금속)에서 자원이 되는 것을 추출하는 개발도 이루어지고 있으며, 다른 면에서의 장점도 주목받고 있다. 지구 내부의 자연현상은 과학적으로 해명되지 않은 부분이 많기 때문에 불명확한 위험을 분석하고 해결해 나가는 것이 중요하다. 단점의 처리를 충분히 검토하여 지구가 가지고 있는 에너지와 물질을 효율적으로 사용하는 것이 기대된다.

또한 폐기물을 직접 연소 또는 발효시켜 생성하는 메탄가스 또는 알코올을 에너지로 이용하거나, 하수의 온도차를 이용하여 발전하는 경우 등도 있다. 이러한 에너지는 인위적으로 발생한 것이지만, 사람이 폐기한 것들 중에는 어떤 화학물질이 포함되어 있는지 명확하게 파악되지 않은 것이 많기 때문에 부가오염의 위험을 확인할 필요가 있다. 또한 식품폐기물 등을 발효시켜 연료로 사용하고 있던 시설이 발화·폭발사건을 일으킨 예도 있다. 환경효율을 개선하기 위해 환경 활동을 계획하면서 주변 주민 등에 불안을 준다면, 사회적으로 부정적인 행위로 되어 버리기 때문에 주의를 요한다.

③ 우주에서 얻는 에너지

지구상의 자연 에너지의 대부분은 태양에서 나오고 있으며, 열 에너지(적외선: infrared rays)로 직접 이용하거나, 바람(힘), 파도(힘), 해양 온도차, 눈얼음(냉열), 수력 등 자연현상을 이용하는 경우도 있다. 또 달의 인력을 이용하는 조력 에너지도 있다.

그러나 자외선(ultraviolet rays)은 강한 에너지를 가지고 피부암 등 건강피해를 발생시킨다. 오존층이 자외선을 흡수해야 육상생물은 생존할 수 있다(수심 10m 이상으로도 차단될 수 있다). 초신성(supernova) 폭발 등에 기원하는 우주선(cosmic rays)도 방사선(입자, 감마선)에서 큰 에너지를 갖기 때문에 그대로 지상에 도달하면 생물에 큰 타격을 준다. 그러나 지구에는 자기장이 존재하므로 전하를 가진 입자선은 양극에서 굽어 대부분 지상에 도달하지 않는다. 자외선도 우주선도 생물을 서식하게 할 수 없지만, 지구가 가지는 자연 메커니즘(오존층에 의해 흡수)이 방어하고 있는 것이다. 또한 지구의 크기도 대기를 두르기 위해 알맞은 중력을 가지고 있다. 지구상의 현재 생태계가 탄생한 것은 여러 가지의 우연이 겹친 결과이다. 수억 년 사이의 환경변화로 인해 몇번이나 멸종위기에 처하면서도 생물이 살아 갈 수 있는 것은 매우 행운이었다. 그러나 우주에 존재하는 행성에 있어서는 생물이 서식할 수 없는 환경이 극히 일반적이기 때문에 현재 지구의 자연은 매우 망가지기 쉬운 상황이다. 환경 활동은 취약한 자연을 유지하기 위해 실시되고 있기 때문에 환경보호의 결과는 경제지표처럼 단기간의 변화로 분석하는 것이 곤란하다.

이러한 자연환경 속에서 광합성은 태양광에 의한 에너지로 엽록소가 물과 이산화탄소에서 바이오매스(탄소 고정화)를 생성해 지구에 생물이 서식할 수 있도록 하는 요인을 만들어 낸다. 태양에서 공급되는 지구의 기온도 대기 중의 수증기와 이산화탄소 등의 적외선의 흡수에 의해 유지되고 있다. 태양광을 만들어내고 있는 빛은 태양의 표면에서 발생하는 핵반응(핵융합)에 의해 생성되고 있기 때문에 표면온도는 약 6,000℃, 그 상층(채층)의 수천 킬로미터에서는 30,000℃, 게다가 태양의 반지름의 몇 배까지 확산된 코로나는 약 100만℃, 그보다 높은 곳은 220만℃에 이른다고 생각되고 있다. 태양은 행성을 포함한 태양계의 질량 중 약 99.9%를 차지하고 있기 때문에 지구는 태양계의 질량을 무시할 때, 태양 질량의 약 33만분의 1에 불과하다. 지구의 태양과 거리는 약 1억 5,000만 킬로미터로 태양이 발하는 막대한 에너지의 극히 일부만으로 지구의 생명이 형성되어 유지되고 있는 것이다.

우주에서 일어나는 현상은 주기적 물리현상의 해석에 따라 상당히 정확한 예측이 가능하고 지구에 도달하는 에너지는 거의 산출할 수 있다. 대기권 외에서 행해지는 태양광 발전은 기상의 영향을 받지 않기 때문에 에너지 생산량을 비교적 정확하게 계산할 수 있다. 위의 지구가 가진 에너지(지열)와 대기가 존재함으로써 기상변화를 수반하는 자연에너지는 경험치 등을 기반으로 예측하는 데 의존하게 되고 수요에 따른 안정적인 공급을 확보하려면 스마트 그리드 등 새로운 공급체제, 시스템 및 기술이 필요하다.

인공적으로 거대한 에너지를 생산하는 원자력 및 화력발전소에 의거하고 있는 에너지 조달을 그대로 자연 에너지로 바꾸려면 여러 가지 어려움이 생긴다. 가장 큰 장애는 바이오매스(산림 등) 이외의 자연 에너지는 에너지 밀도가 매우 낮고 막대한 설비와 토지를 필요로 한다. 또한 바이오매스도 생물이 만들어내고 있는 것이기 때문에 생성(성장)할 때까지 긴 시간을 요한다. 이러한 자연 에너지로 기존의 에너지 공급을 할 경우 광대한 자연이 손실될 수 있다. 이는 자연생태계 전체를 생각하면 환경파괴의 요인이 된다. 자연 에너지는 재생 가능한 것이 장점이지만 자연 그 자체를 상실하게 되어 버리면 본말전도가 된다. 자연 에너지를 이용하는 경우 생산할 수 있는 에너지의 양을 고려하여 자연에 미치는 영향을 사전에 검토하고 그 에너지의 사용에 대한 결과를 검토할 필요가 있다. 자연 에너지를 단순히 투입하는 것이 환경 활동이라고 할 수 없다. 에너지 공급이라는 수단만을 계획하는 경우에 대해서 '친환경'이라는 잘못된 이미지를 부여하거나 환경 활동으로 자리매김하도록 두는 것은 타당하지 않다. 무엇보다, 재해 시의 에너지 공급원으로서 기능할 경우에는 이용목적이 다르기 때문에 계획성을 가지고 유지·보수 등을 할 필요가 있다. 자연 에너지를 이용하고 있다고는 할 수 없지만, 연료전지는 수소의 환원이 이루어진다는 점에서 내구성이 좋고, 이미 이전부터 비상전원으로 사용된 바 있다.

향후 안정적인 전력공급에 효율적인 전지의 개발도 필요한데, 이는 중요한 환경상품이라고 할 수 있다.

④ 수소 에너지

수소는 철강공업과 화학공장에서 부산물로 발생하고 있고 전해질을 포함하는 수용액에 직류전류를 흘려 전기분해하여 생성할 수 있으며, 석탄을 가스화하는 경우에도 생긴다. 수소는 또한 우주에 가장 풍부하게 존재하는 원소이다. 수소(H_2)는 산화하면 폭발·화재의 위험이 있지만, 생산 공정에서 발생수소를 직접 열 에너지로 사용하는 공장도 있다. 또한 수소는 산화됨으로써 반응물을 환원하기 때문에 부식을 방지하는 성질도 있다.

$$e- (전자)$$

$$H_2 \quad + \quad (1/2)O_2 \rightarrow \quad H_2O \quad + \quad Q(발열)$$

| 새로운 공급원 | 공중에서 | 식수 | 열원(온수 등) |
| 이 필요 | 공급 가능 | 습기 | 열섬 조장 |

또한 수소는 산화할 때 전자를 생성하기 때문에 발전이 가능하며 이 전기 에너지를 생성하는 장치를 연료전지라고 한다. 이때의 반응은

발열반응이기 때문에 전기의 발생과 동시에 열의 생성도 일어난다.

연료전지의 원리는 1839년에 글로브(W. R. Grove)가 발견했지만, 발전효율이 낮고 실용화까지 시간이 걸렸다. 전해막이 개발되자 발전능력이 현격히 올라서 1960년대에 미국의 우주선(아폴로 계획)에 이용되는 인공위성 등 우주개발에 의해 보급되었다. 전기와 동시에 발열과 사람의 생존에 필요한 물이 생성될 수 있다는 점에서 연료전지는 우주선에 사용하기 적합했다. 1965년부터 1966년 아폴로 계획에 따라 실험이 실시된 제미니 우주선은 미국 제너럴 일렉트릭사가 개발한 이온교환막을 전해질로 이용한 킬로와트의 고체고분자형 연료전지가 탑재되었다. 그 후 원자력 잠수함이나 우주왕복선의 전원에도 사용되고 있다.

생활의 전력원으로는 대형 연료전지에 의한 발전소, 연료전지차, 도시가스 공급(메탄에 의한 수소 공급)을 이용한 가정용 연료전지, 휴대용 전자기기의 전원(퍼스널 컴퓨터, 휴대통신기기 등) 등의 실용화·보급이 정책적으로 진행되고 있다. 전지로서 이용하는 경우, 계속 수소원을 공급(카트리지 교환 등)해서 반영구적으로 전원을 확보할 수 있다. 발전효율 향상의 연구개발도 진행되고 다른 발전에 비해 매우 높은 효율을 기대할 수 있다.[10]

연료전지에 관한 장치를 도입하면 오염물질과 이산화탄소의 직접 배출이 없고, 환경보호라는 이미지를 가져오기 때문에, CSR로 평가될 가능성이 있다. 시장의 형성·계몽으로서의 사회공헌도 기대할 수 있다. 그러나 단점에 대해서도 미리 파악해 둘 필요가 있다.

수소의 생성은 탄화수소에서 수소를 추출하는 방법이 효율적이라, 천연가스, 가솔린, 나프타(원유의 증류에서 얻은 기름), 메탄올, LPG(Liquefied Petroleum Gas: 액화석유가스)를 분해하여 만들어지는 경우가 많다. 분리된 탄소 부분은 산화되어 이산화탄소(지구온난화 원인물질)로 대기 중의 환경부하를 증대시킬 것으로 우려된다. 또한, 이산화탄소 회수 및 저장(Carbon dioxide Capture and Storage: CCS) 기술과 광합성 등 탄소의 고정화가 도모되면 부하는 감소한다.

공급되는 수소의 원천이 자연을 파괴하지 않고 건축된 재생 에너지 생산시설에서 전기분해된 것이라면, 환경부하가 매우 낮다고 할 수 있다. 또한, 중동 등 건조 지역에서 담수를 좀처럼 얻을 수 없는 국가에서는 재생가능 에너지로 생성된 수소에 의해 연료전지를 가동시켜 물(식수), 전기, 열을 효과적으로 생성·소비하는 것을 계획하고 있다.

한편, 열 이용을 잘 도모하지 않으면 대량의 전기를 소비하는 대도시에서 연료전지에 의해 열을 새로이 발생시키거나 열섬을 악화시킬 가능성이 있다. 즉 수도권에서 멀리 떨어진 곳에 있는 화력 및 원자력 발전소에서 배출한 배수 등에 의한 열이 도시로 이동하게 되는 것이다. 또한 지방에 대형 연료전지를 만들면 이전의 발전과 마찬가지의 결과가 발생한다. 가정용과 자가 발전용으로 개발된 것은 HEMS(Home Energy Management System: 가정용 에너지관리)로 이는 효율적인 에너지 이용을 도모하고 있다. 그러나 연료전지의 발전 시에는 전기보다 열로 얻을 수 있는 에너지가 약 1.5배나 더 많은데, 이러한 열에 대한 용도를 찾지 못하는 현상이 일어나고 있다. 온수와 열저장도 이루어지고 있으나 충분한 효율에 도달하지 못했다.

향후 수소 에너지의 이용은 국제적으로 보급될 것으로 예상되지만, 수소의 제조, 열 이용 방법 등 환경부하를 발생시키는 원인에 대한 해결책을 검토해 나가야 한다. 전기 에너지를 수소로 저장(전기분해)할 수 있다는 장점은 크게 수소가스를 고압 탱크에 저장하거나 수소흡장합금으로 저장하는 등 방법이 가능하다는 데 있다. 또한 에너지 밀도도 비교적 크기 때문에 응용연구를 통해 용도개발의 향방에 대해서도 정해야 할 것이다.

(4) 인재육성

① 공해방지

환경 활동을 하는 데 있어 인재육성은 필수적이다. 환경은 너무 가까이 존재하고 다방면의 학술 분야와 관련되어 있기 때문에 사람에 따라 이를 파악하는 방법도 다르다. 환경 분야에 관한 명확한 분리를 체계화할 필요가 있다. 많은 전문가를 양성하고 큰 성과를 거둔 분야로 공해대책이 있다. 공해피해를 방지한다는 명확한 문제의식이 있었기 때문에 여러 분야의 기술자, 연구자, 법률가 등으로 각각의 분야에서 문제해결을 진전시켰다. 그리고 「특정 공장에 있어서의 공해방지조직의 정비에 관한 법률」에서 국가자격자(공해방지 관리자, 공해방지주임 관리자, 공해방지 총괄자)*¹¹가 정해지고 자격취득을 위해 행정 관련 조직 및 민간단체에 의해 강습회가 이루어지고 있으며, 사내교육도 진행되고 있다. 대상이 되는 공해는 매연, 오수 또는 폐수, 현저한 소음, 특정 분진, 일반 분진, 현저한 진동, 다이옥신류 등이다.

한편, 유해물질을 환경에 방출하는 것과 소음·진동 등의 상황을 파악하기 위해 재현성이 있는(다시 해도 같은 결과가 되는) 방법으로 정확한 정량적 측정을 할 필요가 있다. 법률에 의한 공해방지에 걸리는 측정은 「계량법」에 정해져 있는 '환경인증사업'에 대해서 도도부현 지사의 등록을 해야 하고, 특정법 규정을 충족하는 독립행정법인에 의해 실시되어야 한다. 계량증명사업의 등록을 도도부현 지사에 신청 시 국가자격인 '환경측정사'*¹²의 존재가 등록요건으로 되어 있다. 측정대상은 대기(대기 중에 방출되는 기체를 포함), 물 또는 토양(물밑의 퇴적물을 포함)의 농도, 음압 레벨, 진동가속도 레벨이다. 분석방법은 개별 화학물질, 물리적 현상 등에 대해 일본공업규격(Japanese Industrial Standard: JIS) 또는 법세칙으로 정해져 있다. 공해방지 관리자와 마찬가지로 자격취득을 위한 강습회가 행해지고 있다.

이러한 강습 등을 받은 국가자격자가 측정을 실시하면, 기업이 자발적으로 행하는 환경분석결과의 신뢰성을 높일 수 있다. 예를 들어, PRTR 제도인 「특정화학물질의 환경에의 배출량의 파악 등 및 관리 개선 촉진에 관한 법률」에 따라 기업이 자발적으로 실시하는 환경측정 결과의 정확성이나 CSR 보고서에서 공개하는 환경대책의 타당성 등을 들 수 있다.

② 에너지 절약

자원 절약은 환경효율성을 향상시키는 환경 활동으로서 합리적인 처리라고 할 수 있다. 에너지 효율을 향상시키는 에너지는 화석 연료의 연소에 의한 유해물질, 이산화탄소, 원자력발전에서 발생하는 방사선 및 방사성 폐기물 등을 억제할 수 있다. 에너지 절약은 원래 에너지 정책의 연료 확보(단위량 당 연료의 서비스 양 확대)가 목적이었지만, 서비스 양을 감소시키지 않고 소비연료를 감량할 수 있다면 환경부하가 감소하게 된다.

일본의 에너지정책(에너지 관리정책)에 의해 1951년부터 열관리법이 제정되어 1973년과 1979년에 발생한 오일쇼크로 국제적 에너지 공급이 혼란한 때 「합리화에 관한 법률」(1979년 제정: 이하 "에너지절약법"이라 한다)을 제정하고 정부의 에너지 절약에 대한 일정한 판단기준을 설정했다.

2009년 2월 미국정부는 경기부양책의 일환으로 「미국 재생재투자법(American Recovery and Reinvestment Act: ARRA)」을 제정하고 스마트 그리드(smart grid)를 추진했다. 법에 따라 에너지의 안정공급 및 환경보전과 동시에 일자리 창출을 목표로 에너지 밀도가 낮지만 재생 가능한 태양광발전, 풍력발전 등 신 에너지의 확대와 에너지 절감의 사업 활성화를 도모하고 있다. 스마트 그리드정책은 일본에서도 주목되고 콤팩트 시티나 도시의 에너지 절약대책으로도 도입되고 있다. 또한 스마트 그리드란 전력공급에 대해 정전을 최대한 방지하고 신뢰성이 높고 효율적인 송전을 위한 현명한(smart) 총 배전망(grid)을 말하며 미국에서는 정보통신 기술 및 네트워크 기술을 구사하여 각 가정의 전력사용량을 스마트 미터로 관리하고 관련 인프라의 정비·보수를 실시하고 있다. 이는 미국이 당시 진행했던 그린 뉴딜정책의 하나이다.

일본의 에너지절약법에서는 경제산업대신이 「공장 등의 에너지의 사용의 합리화에 적합하고 효과적인 실시를 도모하기 위해, 에너지의 사용의 합리화의 목표 및 그 목표를 달성하기 위해 계획적으로 추진해야 할 조치에 관하여 공장 등에서 에너지를 사용하여 사업을 행하는 자의 판단 기준 사항을 정하여 공표」(제5조)되도록 정해져 있다. 또한 에너지절약법은 2013년에 건축물의 에너지 절약도 포함하는 개정(「건축물의 에너지 소비성능 향상에 관한 법률(2015년 법률 제53호)에 따른 건축물 에너지 소비용 성능기준 등을 정하는 성령」 등 제정)이 행해져 「에너지 사용의 합리화 등에 관한 법률」로 개정되었다. 법률의 명칭에 '등'이 부가되어 대상으로 하는 범위가 확대되었다.

또한 일정 규모 이상의 사업장에서는 에너지절약법에 따라 '에너지 관리원', '에너지 관리사'(국가자격)의 선임이 의무화되어 있다. 에너지 관리사는 에너지를 소비하는 시설의 유지, 에너지 사용방법 개선 및 모니터링을 실시한다. 또한 법령에서 지정하는 업종에서 에너지 사용량에 따라 에너지 관리사 중에서 에너지 관리자를 선임하는 것에 대해서도 정해져 있다. 별도로 법령의 규정에 따라 지정된 업종 또는 규모의 사업장은 에너지 관리의 기획추진자의 선임도 의무화되어 있다.

또 에너지 절약을 위해 사업장에서도 에너지 절약에 관한 인재육성을 도모하고 있다. 관련 기관에 의한 강습회도 자주 행해져서 개별 기업의 직원들 중에서도 전문가가 양성되고 있으므로, 기업 각각의 에너지 절약계획 및 대책에 공헌하고 있다고 생각된다.

③ 전문가의 양성과 환경교육

1996년 9월에 환경부에서 고시된 「환경 카운슬러 등록제도 실시규정」에서는 '환경 카운슬러'의 등록에 관한 내용을 정했다. 환경 카운슬러는 환경보전에 관한 지식을 가지고 환경보전에 관한 상담을 할 것으로 예정된 전문가이다. 환경부 산하 기관에 의해 시험을 치른 후, 합격자가 환경 카운슬러가 되며, 이들은 정기적으로 연구회를 실시해, 매년 각 상담원의 활동보고가 이루어지고 있다. 등록은 시민을 대상으로 한 '시민부문'과 기업·산업계를 대상으로 한 '사업부문'으로 나누어져 있다. 기업이 행하는 일반 공중에의 사회공헌 활동, 사업장에 대한 환경 활동에 대해 객관적인 관점에서 컨설팅을 받을 가능성이 있다.

그 후 제정된 「환경보전을 위한 의욕증진 및 환경교육의 추진에 관한 법률」(2003년 공포, 2004년 시행: 이하 「환경교육추진법」이라 한다)은 환경보전에 관한 지식 및 환경보전에 관한 지도를 할 수 있는 능력을 가진 사람을 육성 또는 인정하는 사업을 행하고 국민, 민간단체 등은 그 사업에 대해서 주무대신(환경성, 문부과학성, 국토교통성, 농림수산성, 경제산업성)으로부터 등록을 받을 수 있는 것으로 이에 필요한 절차 등을 규정하고 있다. 여기에는 2002년 6월 「UN 환경과 개발에 관한 회의」에서 10년 후의 점검 차원으로 남아프리카 공화국 요하네스버그에서 개최된 「지속가능한 개발에 관한 세계정상회의」 후 같은 해 12월 「UN 지속가능한 개발을 위한 교육(Education for Sustainable Development: 이하 "ESD"라 한다) 10년(2005년~2014년)」이 채택되었는데, 이에 따른 「환경교육추진법」에 근거해, 정부, 환경 NGO, UN 기관 및 기업의 협력 하에 교육사업이 진행되었다. ESD는 환경, 빈곤, 인권, 평화, 개발에 관한 과제해결을 가까운 점에서부터 해결하는 것을 기본으로 하고 있으며, 위의 "think globally act locally" 사고가 그 기반이 된다. 이 활동의 주도권은 유네스코가 쥐고 있다.

「환경교육추진법」은 2011년 6월에 전면적으로 개정되어 명칭도 「환경교육 등에 의한 환경보전 활동의 촉진에 관한 법률(통칭: 환경교육등촉진법)」이라고 바뀐 뒤 2012년 10월에 시행되었다. 기본이념(제3조)에 "…순환형 사회를 형성하고 환경부하를 저감할 것…"(제1항), "…자연체험 활동 기타 체험 활동을 통해 환경보전에 대한 이해와 관심을 증진하는 것의 중요성을 근거로 생명을 존중하고 자연을 소중히 할 것 …"(제2항)을 그 대상으로 하여 법의 적용범위를 확대했다. 또한 정부에 민간단체의 참여와 협력을 추진하기 위한 규정, 지자체에 의한 환경교육에 있어 협회 및 협동조합의 추진, 관련 행동계획의 작성 및 지역협의회의 설치 등이 새로 정해졌다. 또한 ESD의 10년은 벌써 종료되었지만, 유네스코가 중심이 되어 지속적인 프로그램으로 진행되고 있다. 기업이 환경 활동 또는 사회공헌 활동(교육 및 계발 활동)에의 참여로 보다 구체적인 성과를 기대할 수 있게 될 것으로 생각된다.

그림 3-5 아동, 학생의 환경교육(포스터 '미래의 휴지통')

초등학교 4학년이 그린 미래의 재활용 로봇의 그림이다. 환경교육의 추진으로 어렸을 때부터 의식형성이 진행되고 있다. 자연과학, 사회과학, 인문과학의 다방면에서의 양성 프로그램이 진행되고 있다.

또한 인터프리터의 양성도 기대된다. 인터프리터는 "인터프리테이션/ 자연뿐만 아니라 문화, 역사 등을 알기 쉽게 사람들에게 전하는" 것을 행하는 안내인으로 관광 등의 안내와는 달리 단순히 대상에 대한 지식을 전달하는 것뿐만 아니라 숨겨진 메시지 및 해석방법 등을 전달하는 기술이 요구되는 전문가이다. 이들은 환경교육의 추진에도 중요한 존재이다. 자사의 산림관리, 식림 활동, 부지 내의 비오톱 설치 등을 행하고 있는 기업은 환경교육의 추진을 목적으로 자체 인터프리터를 양성하여 생물다양성보전에 기여하게 되는데, 이는 적극적인 환경 활동에 속한다.

한편, 산업계에서도 도쿄상공회의소가 주최하는 민간자격인 '환경사회검정시험(통칭: eco 검정)'도 일반 공중의 환경보호수준 향상에 크게 공헌하고 있다. 다양한 검정이 정부, 산업단체, NGO 등으로 퍼져 일반 대중의 지적욕구를 자극하고, 문화·사회적 기여는 물론이고, 지적재산권의 보호, 인재육성에도 기여하고 있다. eco 검정의 경우 기업이나 관련 조직의 환경보호 인재육성의 일환으로 되어 있는 곳도 많다. eco 검정시험을 촉구하는 기업도 많아, CSR 보고서에서 회사의 검정취득자수를 공표하고 있는 곳도 있다. 이는 기업의 적극적인 환경 활동의 자세를 나타내는 방법이다. 학생에 대한 환경교육의 일환으로 취득하는 사람도 있어서, 자발적인 개인의 환경보전지식의 향상 및 계몽의 역할도 하고 있다.

1 카네미 식용유병 사건

이 사건은 카네미 창고제의 쌀기름(식용유)의 제조공정 중에 시설에서 사용되고 있던 카네크롤(鐘淵화학이 판매한 폴리염화비페닐[PCB]를 주성분으로 하는 열매체)이 혼입되어 오염된 쌀기름을 식용으로 섭취한 많은 사람들이 피부, 내장, 신경 등의 질병을 동반하는 전신성 질환의 피해를 받은 것을 말한다(カネミ油症 손해배상사건: 후쿠오카高判 1986년 5월 15일·판시1191·28). 판매회사뿐만 아니라 오염원인이 되는 원료물질의 메이커도 가해자로 되었으며, 그 책임(제조물책임)이 다투어진 바 있다. PCB는 간 손상, 색소침착 및 태아에도 영향 등 유해성이 높은 물질이지만, 사용자(라이스 오일 메이커)는 그 유해성을 인지하고 있지 않았다.

판결에서는 "합성화학물질의 공급자로서의 수요자 측면에서 일정한 사용조건을 설정 또는 확보하고 적절한 물품관리를 할 것으로 기대되는 경우에는 해당 수요자에게 해당 화학물질을 공급하는 것이 방해되지 아니한다고 해야 한다. 다만, 이 경우에는 수요자에 이러한 물질의 독성을 포함한 제반 특성 및 이에 따른 취급방법을 철저히 주지시키고 그 사용이 일정한 조건하에서만 안전하다는 것을 경고해야 할 주의의무를 부담하는 것으로 하여야 한다."고 하고 있으며, 원료 메이커에서 PCB에 대한 특성의 공지 및 위험의 경고, 즉 SDS의 제공을 안전주의의무라고 하고 있다. 정보공개의 부족이 피해의 원인이라고 판단한 것이며, 그 화학물질의 위험대처추진에 큰 영향을 준 판례라고 할 수 있다.

그 후, PCB는 「화학물질의 심사 및 제조 등의 규제에 관한 법률」에 의해 특정화학물질로 지정되어 제조, 수입 및 사용이 규제되고, 1972년 이후 생산이 이루어지고 있지 않다. 일본에 남아 있는 기존의 PCB에 대해서는

「폴리염화비페닐 폐기물의 적정한 처리의 추진에 관한 특별조치법(2003년 시행)」에 따라 처리가 진행되고 있다.

또한 잔류성유기오염물질협약(POPs 협약: 일본은 2002년 8월에 비준)상 규제의 대상이 되기도 하고, 국제조약에서도 사용 중인 PCB는 2025년까지 폐지하기로 결정한 바 있다. 해당 협약은 독성, 잔류성, 생물 농축성 및 장거리 이동성을 갖는 잔류성 유기오염물질로부터 사람의 건강을 보호하고 환경을 보전하는 것을 목적으로 한 협약으로, 2001년 5월에 채택되어 2004년 2월에 발효되었다. 규제대상이 되는 잔류성 유기오염물질 POPs(Persistent Organic Pollutants)로는 알드린, 클로르덴, 데이루도린, 엔도린, 헤뿌타쿠로루, 헥사 클로로 벤젠, 마이렉스, 토키사펜, PCB, DDT, 다이옥신류·디 벤조 푸란이 있다. 제조 및 사용의 원칙적 금지가 정해져 있는 화학물질은 알드린, 클로르덴, 데이루도린, 엔도린, 헵타크롤, 헥사 클로로 벤젠, 마이렉스, 토키사펜, PCB이며, 제조 및 사용이 제한되어 있는 것에는 DDT(말라리아백신만 제외), 비의도적인 생성물질의 배출삭감이 정해져 있는 것은 다이옥신·디 벤조 푸란, 헥사 클로로 벤젠, PCB가 있다.

2 HACCP

식품의 안전관리방식으로 1989년에 미국식품미생물기준자문위원회에 의해 개발된 방법으로 1993년에 FAO/WHO(Food and Agriculture Organization of United Nation/World Health Organization)에 의해 「Guideline for the Application of the HACCP」가 발표되어 국제적으로 소개되었다. 이 관리는 원료의 입고에서 생산·출하까지의 공정에서 위험을 예측하고, 감시대책을 강구하도록 한다. 모니터링에 따라 도출된 중요관리지점에 관하여 지속적으로 기록하고 이상이 인정되는 경우 즉시 대책을 실시하는 시스템이다. FAO/WHO의 가이드라인에 언급된 HACCP의 '7가지 원칙'은 다음과 같다.

원칙 1: 원재료에서부터 소비의 모든 단계에서 발생하는 위험을 명확히 한다. 각각의 위험의 발생 가능성을 평가하고 관리를 위한 방제수단을 제시한다.

원칙 2: 위험을 제거 또는 발생 가능성을 최소화하기 위해 중점관리지점을 정의한다.

원칙 3: 위험도의 한계기준을 설정한다.

원칙 4: 예정된 시험 또는 관찰에 따라 중요관리지점의 관리상황을 감시하는 시스템을 구축한다.

원칙 5: 중요관리지점이 관리에서 벗어나 있는지 모니터링 시스템을 통해 확인하고 올바른 행동을 취할 수 있도록 한다.

원칙 6: HACCP 시스템이 제대로 작동하고 있는지 확인하기 위한 추가시험 및 절차를 포함한 검증절차를 확립한다.

원칙 7: 이러한 원칙 및 그 적용에 관한 모든 절차 및 기록을 문서화한다.

이 안전관리 기술은 2003년에 개정된 식품위생법(제7조의3)에서 종합위생관리제조과정(제조 또는 가공방법 및 그 위생관리의 방법에 대해 식품위생상 위해의 발생을 방지하기 위한 조치를 종합적으로 강구한 제조 또는 가공 과정을 말한다)의 승인 제도가 갱신제로 되어 HACCP 인증시설에서도, 특히 위생에 대한 고려를 필요로 하는 식품 등(유제품 등)의 제조·가공하는 영업자에 있어서는 식품위생 관리자를 두지 않으면 안 되게 되었다.

3 유통기한

유통기한(best-before)이란 "정해진 방법(개봉하지 않은 상태, 냉장 등)에 의해 저장된 경우에 예상되는 모든 품질의 유지가 충분히 가능하다고 인정되는 기한을 표시한 연월일을 말한다. 그러나 해당 기간을 초과한 경우에도 이러한 품질을 유지하는 경우가 있다고 한다."고 정의되어 있으며, 따라서 부패 등으로 먹을 수 없게 되는 기간이 아니다. 또한, 소비기한(Use-by date)는 "정해진 방법에 의해 저장된 경우, 부패, 변패 기타 품질저하에 따라 안전성이 결여될 우려가 없다고 인정되는 기간을 나타내는 연월일을 말한다."고 정의되어 있다(농림수산성 HP http://www.maff.go.jp(2016년 4월 검색).

식품은 바이오매스이기 때문에 이를 소비하더라도 탄소중립적이며, 대기 중에서 온실가스인 이산화탄소 농도를 높이지 않는다. 광합성 기체인 이산화탄소를 고정화(유기화합물)하고 있기 때문에 탄소중립적이지만, 농작물의 생산을 증가시켜 물의 조달도 증대시키기 때문에, 물(민물)부족이 생태계의 파괴를 초래하거나 사람의 생명을 위협하는 문제가 발생하고 있다. 국제거래에서 농작물의 이동에 있어 가상수도 문제가 되고 있다. 또한 바이오매스는 식량 외에도 에너지 이용, 재료 이용(사탕수수의 바가스[찌꺼기] 섬유부분 등)도 가능하다는 점에서 폐기된 식품의 재이용도 실시되고 있다. 가능한 한 식품손실은 감소시키는 것이 가장 효율적이며 상황에 따라 반드시 발생하는 폐기물에 대해서는 재활용도 동시에 계획적으로 검토해 나갈 필요가 있다.

4 Commons

Commons의 개념이 만들어진 영국에서는 13세기 이전까지 영주나 국왕은 자신이 가진 영토의 일부를 서민들이 공유하는 것을 허용하고, 그 땅을 Commons라고 부른 바 있었다. 그 영토 내에서 각 지역별로 관습법이 형성되고, 이에 따라 재판도 각 지역에서 행해졌다. 또한 당시의 관습법은 관습(풍습)에 따라 제정된 법으로 법적효력도 인정받은 바 있다. 지구온난화로 인한 기후변화는 Commons인 환경(대기)에서의 물질균형에 대한 변화(이산화탄소 등 지구온난화 원인물질의 대기 중의 존재비율 증가)로 파악할 수 있다. 다른 환경오염 및 환경파괴도 Commons의 비극이라고 할 수 있다.

5 범위

WBCSD(지속가능한 발전을 위한 세계경제인회의)과 WRI(세계자원연구소)

가 중심이 되어 세계의 기업, 환경 NGO, 정부기관 등으로 구성된 회의인 「GHG 프로토콜(GreenHouse Gas protocol) 이니셔티브」에서 「GHG 산정 기준」이 발표되고 있다. 이 기준이 국제적인 가이드라인이 되어 각국 기업의 LCA가 정비되고 있다. 「GHG 프로토콜 이니셔티브」는 1998년에 발족되어 2001년 9월에 「GHG 프로토콜」의 초판을 발행한 후 GHG 배출에 관한 라이프 사이클관리(LCM)에서 다음과 같은 세 가지 분류로 계산방법을 제안하고 있다.

① 범위 1(scope 1): 기업이 자체적으로 사용하는 시설이나 차량(이동)에서 직접 배출한 양
② 범위 2(scope 2): 기업이 자사에서 구입한 전력 및 열 등 에너지 사용에 의한 간접배출의 양
  ※ 전력은 정부에서 전력회사마다 발표하는 화석연료 사용량(온실가스 배출계수$[t-CO_2 \, / \, kWh]$)를 곱하여 산출할 필요가 있다.
③ 범위 3(scope 3): 공급망을 포함한 넓은 범위를 대상으로 한 배출량

6 ISO 환경표준심사

국제표준화기구의 ISO 14000 시리즈 중에서 환경경영 시스템의 사양을 정한 ISO 14001에서는 인증 제도에 대해 정해져 있다. ISO 14001 인증은 기업의 협력회사 및 하청업체에 대한 그린 조달 시에도 중요한 평가항목이다. 그러나 인증된 기업은 PDCA 시스템에 따라 지속적으로 환경개선에 노력해 나가야 한다. 심사·등록 후에는 매년 1회 서베일런스(surveillance)가 있고 3년마다 갱신심사가 실시된다. 자사 내에 환경규격에 대한 심사위원과 심사원을 양성하고 있는 기업도 있다. 이러한 자격을 얻기 위해서는 국제표준화기구의 지정을 받은 심사원 연수기관이 실시하는 교육을 받아야 한다. 자격을 얻은 사람은 기업경영에 중요한 환경표준에 관한 지식을 얻을 수 있다.

7 지열발전의 발전용량

지열발전시설의 규모는 세계에서 수천 킬로와트에서 수만 킬로와트로 이미 많이 만들어지고 있다. 일본에서 현재 건설되고 있는 것은 2~3만 킬로와트 규모를 중심으로 하며, 산업기술종합연구소의 추산에 따르면 5만 킬로와트의 설비에 약 20만 명 정도를 위한 전력공급이 가능하다고 제시하고 있다. 일본에서 가장 큰 규모의 지열발전소는 큐슈전력이 八丁原에 지은 것으로 55,000kW의 발전설비가 2개 있고, 바이너리 사이클 발전에 의한 약 3,000kW를 합치면 113,000kW의 발전능력이 있다(2016년 5월 기준).

8 에너지기본계획

「에너지정책기본법」(정책법 제12조 제3항)에 따라 경제산업대신이 관계 행정기관의 장의 의견을 듣고 '종합자원에너지조사회'의 의견을 들은 후, 일본의 「에너지기본계획」안을 작성하고, 이는 국무회의에서 결정되는 것으로 되어 있다. 이 계획은 경제산업장관에 의해 국회에 보고되고 신속하게 국민에게 공개되기(제12조 제4항) 때문에 해당 법의 제정 이전과 달리 정부의 에너지정책의 큰 틀을 일반 공중이 볼 수 있게 되어 있다. 또한 기저 원전으로는 지열 발전 외에 원자력 발전도 지정되어 있다.

9 황화수소의 유해성

생체영향과 관련해서는 급성독성으로 자극성 및 부식성(눈·상기도, 기관지, 폐포·폐수종), 질식성(호흡마비), 장기독성(뇌신경계)이 있고, ACGIH─(American Conference of Governmental Industrial Hygienists: 미국 산업위생 전문가회의) 및 일본산업 위생학회 허용농도가 정해져 있다. 급성독성·만성독성으로 장기독성(심장, 신장)도 있다. NIOSH(National Institute for Occupational Safety and Health: [미국] 국립 산업안전 보건연구소)의 권고에 허용농도가 표시되어 있으며 건강영향에 대한 고려로 자극과 신경·호흡기에 대한 영향을 포함하여 급성이며 중한 증상이 있는 것으로 발표되고 있다. 일본의 규제로는 노동안전위생법 시행령상 위험물(가연성가스), 특정화학물질, 고압가스단속법 일반고압가스보안규칙(가연성가스, 독성가스), 대기오염방지법 제17조 제1항상 특정물질, 악취방지법상 악취물질, 위 규칙2상 고압가스, 항칙법 시행규칙(고압가스)에 규정되어 있다(勝目悟 「화학물질 안전 데이터 시트」 [1992년 미래공학연구소] 454~462면).

10 연료전지의 발전효율 향상

일본도 국가적인 기술정책으로서 1981년부터 문라이트 계획(에너지 절약 기술의 개발을 목적으로 시작된 국가적인 계획)에서 연구개발이 진행되고 개발목적에 따른 발전효율이 점차 증가하고 있다. 제3세대로 실용화가 진행되고 있는 고체 전해질형 연료전지는 60% 이상의 발전효율을 목표로 하고 있다. 발전효율은 투입된 에너지 용량에 대해 발전된 에너지 용량의 비율을 나타낸다. 각 발전이 보여주는 발전효율은 석탄 화력이 약 40%, 석유 화력이 약 37%, 액화천연가스 화력이 약 41%, 원자력이 약 34.4%이다. 발전설비 생산성을 구하기 위해서는 가동률도 곱할 필요가 있다. 각 발전의 가동률(설비이용률)을 제시하자면, 석탄 화력은 약 70%, 석유 화력은 약 20%, 액화천연가스 화력은 약 50%, 원자력이 약 80%이다(수치는 자원에너지청 자료 「1998년도 일반전기사업자 10사의 평균치」[1999]에 따름). 그러나 원자력은 정지까지 장기간 운전을 계속하기 때문에 야간 등에 발전된 것은 양수발전 등 매우 비효율적으로 발전에 이용되거나, 혹은 버려지고 있는 경우가 있기 때문에 각 발전 관련 시장에서의 소비실적도 고려할 필요가 있다.

11 공해방지 관리자 자격

법에 따라 제조업(물품의 가공업 포함) 및 전기 공급업, 가스 공급업, 열 공급업에서는 오염물질의 외부배출을 방지하기 위한 측정·검사 및 개선방안 등 기술사항을 관리하는 사람을 내부에서 선임하고 공해방지조직을 정비해야 한다. 공해방지 관리자 등의 자격을 취득하려면 대기 관계(제1종~제4종) 공해방지 관리자, 수질 관계(제1종~제4종) 공해방지 관리자, 다이옥신류 관계 공해방지 관리자, 소음 관계 공해방지 관리자, 특정분진 관계 공해방지 관리자, 일반 분진 관계 공해방지 관리자, 진동 관계 공해방지 관리자, 공해방지 주임 관리자와 각 부문마다 각각 관련 내용(개론, 법령, 방지 기술 등)을 묻는 공해방지 관리자 시험(국가시험)에 합격해야 한다.

12 환경계량사

계량기의 검사와 기타 계량관리를 정확히 행하는 데 필요한 지식경험을 가진 사람을 경제산업대신에 의해 계량사(국가자격)로 등록하는 제도이다(계량법 제122조). 이 계량사는 '계량사 국가시험에 합격하고 계량사의 구분에 따라 경제산업성령에서 정하는 실무경험 기타 조건에 맞는 사람' 또는 '독립행정법인 산업기술종합연구소가 시행하는 법 규정에 부합한 교습과정을 수료하고, 또한 계량사의 구분에 따라 경제산업성령에서 정하는 실무경험 기타 조건에 적합한 자로서 계량행정심의회가 상기에 열거한 자와 동등 이상의 학식과 경험을 가진다고 인정받은 자'로서 국가에 등록된 실무를 행할 수 있다. 계량사 구분의 하나인 '환경계량사'는 농도에 관한 계량사(환경계량사[농도 관계])와 음압수준 및 진동가속도 레벨에 따른 계량사(환경계량사[소음·진동 관계])로 나뉜다. 국가시험에서는 계량관리에 관한 개론, 관련 법규, 기술에 대한 지식에 관하여 폭넓게 출제한다.

(1) 생물다양성

① 생태계

사람은 생태계의 일부로서 존재하고 있다. 그러나 인간 활동의 확대로 비정상적으로 많은 종이 멸종되고, 멸종위기에 처한 것도 늘고 있다. 늑대처럼 먹이사슬의 정점에 있는 동물을 의도적으로 멸종시킨 지역도 있다. 그 반대로 애완동물로 키우기 위해 대량으로 외래생물을 수입 또는 국내에서 이동시켜 특정 지역(애완동물로 필요가 없게 되었을 때)에 놓아서 필요이상으로 번식하게 된 것도 있다. 인위적으로 생태계의 종과 종의 균형이 어느 때보다 급격하게 변화하고 긴 세월에 걸쳐 만들어진 다양성이 없어지고 있다.

「생물다양성기본법」(2002년 제정)은 '생물다양성'을 "다양한 생태계가 존재하는 점 및 생물의 종간 및 종내에 다양한 차이가 존재하는 것을 말한다."(제2조 제1항)로 정의하며, 특정 종족이 번식하도록 하면 이 법의 목적인 "풍부한 생물다양성을 보전하고 그 혜택을 미래에도 즐길 수 있는 자연과 공생사회의 실현을 도모하고, 아울러 지구환경보전"을 유지할 수 없게 된다.

원래 환경문제는 지구상에 서식하는 생태계의 생물에 피해를 발생시킬 수 있으며, 지구(행성)에 해를 발생시키는 것은 아니다. 지구에서 생물이 멸종하지만 다른 대부분의 행성에서처럼 무기질 상황에 있어서는 동일할 뿐이다. 즉 환경문제와 생태계, 생물, 사람 등 개별 생물에 피해가 발생하는 것이다.

그림 3-6 고속도로에 표시되어 있는 동물주의 표지

도로에서는 종종 동물이 자동차와 충돌할 수 있다. 사람이 거의 없는 산림 등을 자동차가 고속으로 지나는 고속도로는 야생동물에게는 매우 위험한 장소라고 할 수 있다.

　지구온난화(또는 적어도 국내의 기온상승)의 영향으로 온난한 지역에 살고 있던 곤충류가 북상하고 있다. 홋카이도에서는 지금까지 없었던 딱정벌레가 증식하고 큐슈에 살고 있는 나비의 일종인 나가사키 아가하는 동북까지 서식하게 되고 말매미는 후쿠리쿠과 남관동에서 자주 확인되고 있다(2015년 기준). 농작물 해충의 서식지가 확대됨으로써 새로운 해충대책이 진행되고 생산지의 북상으로 주요한 작물에 새로운 품종개량이 필요해져, 이미 다양한 대처가 이루어지고 있다. 또한 2011년 3월에 사고를 일으킨 후쿠시마 제1원자력발전소 주변의 피난구역에서는 남겨진 가축이 사람의 손에서 떨어져 야생화 되고 있다. 예를 들어, 돼지가 멧돼지와 교배해 태어난 이노부타가 증식해 민가 등에 막대한 피해를 발생시키고 있다.

　생물다양성보전에 관한 환경 활동은 인위적으로 자연피해를 준다고 생각할 수 있는 모든 문제(기후변화, 오존층 파괴, 유해물질오염 등)에 대한 모든 대책이 그 대상이 된다. 그러나 CSR 보고서는 생물다양성에 관한 대책을 좁은 의미로 파악하고 생태계보전을 위해 야생동물을 보호하는 활동을 소개하고 있는 정도가 일반화되어 있다. 일본에는 야생동물을 보호하는 습관이 옛날부터 널리 있었고, 철새와 사계절의 조류 등을 중요하게 취급한 바 있다. 공장부지 내에 조류의 새장을 설치하거나 사유림을 보호하고, 비오톱 지역을 설치하고 자연보호를 종래부터 실시하고 있는 기업이 많다.

그러나 자사의 시설, 제품 또는 원료 등의 공급원으로 야생동물(동물, 식물, 미생물 등)에 피해를 미치고 있을 가능성은 있다. 풍력발전설비는 회전하는 블레이드에 의한 이른바 버드 스트라이크가 문제되고 있으며, 철새와 여타 조류의 대부분이 사망하고 있다. 천연가스와 셰일가스를 채취하는 장소의 지하에서는 대량의 유해물질이 분출되어 주변을 오염시키고 생태계에 타격을 주며, 우물물도 사용할 수 없게 만드는 피해가 발생하고 있다. 댐 건설은 호수 바닥에 많은 육상 생태계가 침수되어 변조의 배출 또는 영양분의 유출 감소로 하구 해역의 생태계에 영향을 미치고 있다. 개발사업 관련 기업은 그 어느 때보다 폭넓은 관점에서의 환경영향평가를 할 필요가 있다.

한편, 식품 등의 원료조달에 관해서는 레드 데이터(동물과 식물)의 대상물을 사용하지 않았는지 조사할 필요가 있다. 또한 이는 지방 등 유기화합물을 이용하고 있는 업계 등에 대해서도 마찬가지이다. 식품가공을 위한 시설, 레스토랑 등에서도 에코 쿠킹처럼 폐기물을 최소화할 필요가 있다. 또한 식품가공에서 발생하는 폐기물을 건강 제품, 산업용 재료 등으로 제조하고 있는 예(달걀을 이용하는 생산의 폐기물인 껍질로 칼슘을 생성, 갑각류 등의 가공식품생산, 조개(탄산칼슘)를 초크로 혼합하여 그 기능을 향상시켜 판매)도 증가하고 있으며, 새로운 제품개발도 기대된다.

② 조수보호에서 조수관리로

지난 수십 년간 기후변화에 의한 적설의 감소, 휴경지의 증가, 개발지역의 확대, 고속도로 등에 의한 야생동물의 서식지 분단 등으로 생태

계에 큰 피해가 발생하고 있다. 일본 원숭이의 서식지가 사람이 거주하는
지역으로 확대되어 각지에서 발생한 다양한 피해가 문제가 되었다. 그
후, 사슴이나 멧돼지의 서식지 확대로 자연 생태계와 사람의 생활·농
업에 피해가 발생하고 있다. 2014년 7월에 농림수산성이 공표한 「조
수피해대책의 현황과 과제」는 조수에 의한 「농작물 피해액의 추이」가
지난 6년간 196억 엔에서 230억 엔으로 증가 추세에 있으며, 그 70%
가 원숭이, 멧돼지 및 사슴으로 나타났다.

조수에 대한 사냥에 관해서는, 총 등 위험한 도구를 사용하기 위해
「조수수렵규칙」이 1873년(메이지 6년)에 제정되었다. 그 후 1895년(메이
지 28년)에 「사냥법」, 1918년(다이쇼 7년)에 「조수보호 및 사냥에 관한
법률」로 개정되어 1963년 개정에서 처음으로 「조수보호」도 관심의 범
위에 들게 되었다. 1971년까지 임야청, 이후 환경청(현 환경성)이 소관하
고 관련된 규제가 실시되고 있다.

그러나 전술한 바와 같이 사슴, 멧돼지 개체 수의 급격한 증가에
대처하기 위해 환경부에서는 2014년 4월에 「조수의 보호 및 수렵의 적
정화에 관한 법률」(조수보호법)을 재검토하고 적정 개체 수를 관리하기
위해 '사냥에 의해 포획할 수 있는 것'을 정하고 법률 명칭도 「조수의
보호 및 관리 및 수렵의 적정화에 관한 법률」(조수관리법)로 개정했다.
그림 3-7의 「사슴 덫 주의서(조수구제)」는 이 법에 의해 도도부현이
책정한 「특정조수보호관리계획」에 따라 사냥을 인정하여 지정한 지역
에 표시되어 있는 것이다. 지구온난화로 인해 서식지가 북상할 것으로
예상되고 있어 향후 새로운 대책이 필요한 지역이 증가할 것으로 생각
된다.

문화재보호법은 '천연기념물' 및 '특별 천연기념물'로 특정 지역의
영양, 사슴, 원숭이 등을 보호하고 있어 조수대책과의 관계가 복잡해진
다고 생각된다. 기타 「멸종 우려가 있는 야생동식물종의 보존에 관한
법률」(종의 보존법)은 멸종 위기에 있는 종의 보존 등을 실시하고 있기
때문에 종간 생태계 전체에 영향을 고려한 조수관리를 생각해야 하며

또한 외국에서 유입되는 생물을 규제하는 「특정외래생물에 의한 생태계 등과 관련된 피해의 방지에 관한 법률」(외래생물법)에서 치료를 조수관리(포획)와 종합적으로 실시해 나가는 것도 필요하다.

야생동물의 생태계 이동에 대해서 과학적으로 아직 충분히 파악되지 못한 부분이 많아 전문가의 판단이 없으면 환경 활동을 하기 어렵다.

그림 3-7 사슴 덫 주의서(조수구제)

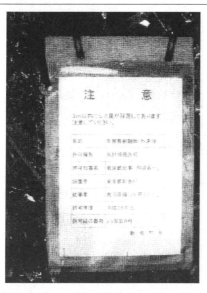

독자적인 생태계가 형성되는 섬은 바다에 의해 격리되어 있기 때문에 다른 지역에서 새로운 동식물이 반입되거나 기후변화와 개발 등에 의한 특정 종의 증식·멸종 등으로 고유의 생물에 변화가 생기기 시작해 큰 위협이 되고 있다. 야쿠시마는 외래종 너구리가 정착하고 아마미오시마에서는 야생화된 염소가 번식하고 있다. 니이지마를 비롯한 여러 섬에서 사슴이 크게 증가해 주민에 피해가 발생하고 있다.

③ 인간의 자연파괴와 보전

인간의 비의도적 활동에 귀중한 생물이 사멸하는 자연파괴도 발생하고 있다. 세계자연유산에 관한 사례에 해당하는 예들이 다수 있다. 세계문화유산으로 지정되어 있는 후지산은 환경오염으로 인해 정부가 세계자연유산으로 추천하는 것이 불가능했던 과거를 가지고 있으며 아

직도 충분히 개선되고 있지 않다. 자연유산에 등록할 수 없는 이유를
재검토하고 환경개선을 추진해야 한다. 현재 환경 NGO와 기업의 CSR
활동으로 청소 활동을 하고 있으나, 이외에도 개발 활동에 대한 생각을
새롭게 해야 할 것이다. 야쿠시마는 세계자연유산으로 지정되어 많은
관광객이 방문한 것이 원인이 되어 자연스럽게 환경에 영향을 일으키
고 수령 1,000년 이상의 야쿠 삼나무가 마르고 쓰러지고 있다. 지속가
능한 관광[*13]에 대해서는 국제적으로 검토가 이루어지고 있으며 각 지
역에서 환경보전을 실시하고 있지만, 자연의 메커니즘은 매우 복잡하기
때문에 예방을 실시하는 것은 어렵다.

　일본의 국립공원은 자연공원법에 따라 「일본의 풍경을 대표할 만한
뛰어난 자연경관 지역(해역의 풍경지역 포함)」에 대해서, 국가(환경부: 환
경대신)가 관계 도도부현 및 중앙환경심의회의 의견을 듣고 특정 구역
을 정하여 지정하고 있다. 「자연공원법」에서는 국민의 보건휴양 및 교
화를 위해 '뛰어난 자연풍경지의 보호'와 '그 이용의 증진'을 목적으로
운영되고 있었지만, 2010년에 나고야에서 개최된 생물다양성협약 당사
국총회 이후 생태학적인 가치도 주목받게 되었고 2013년 6월 개정에서
'생물다양성에 기여할 것'이 정해졌다.

　1987년 홋카이도 쿠시로습지(釧路湿原) 이후 27년 만인 2014년 3월
에 새로 지정된 국립공원인 '오키나와 게라마제도(渡嘉敷島, 座間味島,
阿嘉島, 慶留間島 등의 섬) 및 근해 7 킬로미터까지의 범위'는 다양한 생
태계로 인해 평가를 받고 있다.

　그 심사는 2010년 10월에 실시된 '국립·국정공원 총점검사업'의 결
과에 따라 검토된 바 있는데, 그 요소로는 게라마 제도지역이 군도 경
관과 뛰어난 바다 경관과 더불어 해안에서 바다까지 다양한 산호[*14]가
고밀도로 서식하는 산호초와 고래의 서식지인 것 등을 들 수 있다. 게
라마 제도 국립공원과 이리 오모테 이시가키 국립공원에서 희귀 동물
의 보호도 이루어지고 있으며 지정동물로 '바다거북', '푸른바다거북',
'붉은바다거북'이 정해져 있다.

그림 3-8 관광객이 많이 방문해 뿌리가 부패해 시들어 버린 翁杉[야쿠 삼나무]

야쿠시마에서 가장 수령이 오래된 조몬 삼나무 등은 현재는 전망대를 설치하고 야쿠 삼나무 근처에 들어갈 수는 없게 되어 있다. 그러나 翁杉 이외에도 관광도 옆에는 쓰러진 나무가 다수 있다.

또한 오키나와 이리 오모테 섬 및 연안해역이 중요한 지역 중 하나로서 선정되어 "石西礁 호수를 비롯해 이시가키 섬, 하토마 섬과 하테루마 섬 주변 해역에서 암초 등의 자연도가 높은 해역 경관이 널리 자리하고 있으며 이리 오모테 섬 주변부에 우수한 생물다양성이 유지되고 있는 갯벌과 조류의 서식공간이 존재하고 육지에서도 뛰어난 해안 경관, 고유의 희귀동식물, 자연해안 숲과 그들과 일체가 된 섬의 풍경 등이 확인"된 바 있다. 이 지역에서는 야생상태에 가까운 아열대 상록 활엽수림과 맹그로브 숲, 일본 최대 규모의 산호초(세계 유수의 조초산호류의 종수를 포함)가 자신의 진화를 이룬 이리 오모테 야마 네코 등의 팔중산 고유의 생물이 서식하고 있다.

자연공원법에서는 특히 필요가 있을 때에는 특별한 지역에 특별보호구역을 지정할 수 있고 환경대신의 허가 없이는 다음과 같은 행위가 금지된다고 정하고 있다.

• 목죽(木竹)에 대한 손상, 목죽을 재배하는 것
• 동물을 방목하는 것(가축의 방목을 포함)
• 야외에서 물건을 적재하거나 저장하는 것
• 점화행위 또는 모닥불을 피우는 것
• 동물을 포획하거나, 살상하거나, 동물의 알을 채취 또는 손상시키는 것
• 도로 및 광장 이외의 지역에서 자동차나 동력선을 사용하거나 항공기를
  착륙시키는 것 등

또한 해양공원지구로 지정되면 다음과 같은 행위가 금지된다.

• 환경대신이 지정하는 구역 안에서 열대어, 산호, 해초 기타 동식물에서 해
  당 지역마다 환경대신이 농림수산대신의 동의를 얻어 지정하는 것을 포획
  하고 살상하거나 채취 또는 손상하는 것
• 해면을 매립하거나 간척하는 것
• 해저의 모양을 변경하는 것
• 물건을 계류시키는 것
• 오수 또는 폐수를 배수설비를 설치하여 배출하는 것
• 환경대신이 지정하는 구역 안에서 당해 구역마다 지정하는 기간 내에 동
  력선을 사용하는 것 등

따라서 국립공원에 지정된 지역은 환경영향평가법에 의한 자연보호
보다 훨씬 엄격한 규정에 의해 생물다양성을 보호하는 것이 가능하다
고 할 수 있다. 세계최초의 국립공원인 미국의 옐로스톤에서는 산불이
발생해도 소화 활동 등을 행하지 않고 자연현상에 인간이 관여하지 않
도록 조치를 취하고 있다. 견학으로 방문한 많은 사람보다는 야생생물
의 활동이 우선되고 있다. 일본도 이러한 대처를 한다면 또한 자연보호
는 크게 향상되겠지만 일본의 국립공원 안 사유지 면적은 전체의 약 4

분의 1을 차지하고 있으며 거주하는 사람도 약 65만 명으로 많다. 미국의 경우인 약 2만 명 및 영국의 약 29만 명보다 훨씬 많은 수이다. 이 때문에 자연보전이 필요한 곳은 국가가 민유지를 매입해주는 제도를 실시하고 있지만, 기업이 소유한 토지가 국립공원에 존재하는 경우 CSR의 일환으로 어떤 조치를 취하는 것이 바람직하다.

또한 생태계는 자연의 변화에 취약하다는 점에서 개발에는 과학적으로 충분한 사전평가가 필요하다. 자연의 지식재산인 야생동물의 유전자가 끊어지면 거의 되돌릴 수 없기 때문에 생물다양성을 신중하게 생각해야 한다.

④ 환경적응능력

1960년대부터 축제 등에서 판매되고 있었던 미도리가메(미시시피 아카미미 가메) 및 일본국내 거북이의 교배종은 일본에서 가장 많은 거북이 종류가 되었다. 우시가에루(북아메리카 원산)와 미국 자리가재, 호테아오이(남아메리카 원산) 등도 일본국내에서 사육하고 있으며 애완동물로 수입된 너구리와 낚시단체에 의해 대량으로 방류된 블랙배스(북아메리카 원산: 루어 낚시용) 등이 일본의 생태계를 바꾸어 놓았다. 너구리는 농작물에는 물론, 사람의 생활에도 다양한 피해를 주고 있다.

또한 유전자를 인공적으로 재조합된 동식물도 새롭게 강화된 성질을 가지고 자연환경 중에 방출되면 다른 생물을 위축시킬 가능성이 있다. 식물의 경우, 제초제에 강하고 적은 비료와 물에서도 효율적으로 성장하는 능력을 가지면 이를 배제하는 것은 어려워진다. 일본에서는 해외에서 들어온 유전자 재조합 고추냉이가 강력한 생명력을 가진 유채꽃으로 이미 서일본의 일부에서 번식하고 있다(유채 자체는 야요이 시대에 일본에 유입된 외래식물이다).

유전자는 자연이 만든 중요한 지식재산이다. 그러나 그 기능은 사람이 의도했던 것보다 훨씬 더 환경에 영향을 미칠 수 있다. 생물에 관련된 업무를 수행하는 회사는 CSR로 자연스럽게 그 영향에 대해 충분히 평가할 필요가 있다.

그림 3-9 쿠사츠 온천에 서식하는 이데유코고메

쿠사츠 온천은 15세기경 발견되었다고 전해지는 온천이다. 현재는 융설 등 열 에너지의 이용도 행하고 있다. 그러나 지열 발전은 온천에 미치는 영향이 우려되어 중단된 바 있다.

한편, 자연 속에서 지속적으로 서식해 나가기 위해서 스스로 어려운 환경 속에서 살고 있는 생물도 있다. 쿠사츠 온천에 서식하는 조류(온천조류: hot spring algae)인 이데유코고메(Cyanidium caldarium: 出湯小米)(홍조류)는 다른 생물이 살 수 없는 약 50~80℃에서 강한 산성(pH2 정도: 황산)의 환경 조건에서 서식하고 지속가능성을 추구하면서 외적이 존재하지 않는 안전을 우선한 삶을 택하고 있다. 생물의 유전자는 지구상에서 살기 위한 귀중한 정보를 방대하게 제공하고 있다. 원래 조류(남조류)는 지구상에서 처음으로 광합성을 시작한 생물이며, 인류의 궁극적인 조상이라고 할 수 있다. 거듭되는 지구의 심각한 환경변화를 극복해온 것으로, 열악한 조건에서 서식할 수 있는 능력을 지닌 것으로 생각된다.

3억 년 전부터 존재하는 양치식물도 현재는 고사리와 고비처럼 몇 센티미터 정도 되는 것을 많이 볼 수 있고, 수천에서 약 15,000 종류가 있다고 추정되고 있다. 석탄기에는 수십 미터의 것도 있었다고 하고, 현재에도 10~20미터 이상에 달하는 목생 양치식물도 열대와 아열대 지역에서 지속적으로 서식하고 있다.

그림 3-10 목생 양치식물

목생(木生) 양치식물은 습도가 높은 지역을 좋아하고 건조하면 멸종한다. 「멸종위기에 처한 야생 동식물의 종의 국제거래에 관한 협약」(통칭: 워싱턴 조약)에서 규제의 대상으로도 되어 있어 국제거래가 제한되어 있다.

　　다양한 자연 속에서 그 환경에 따라 다양한 생물이 서식하고 있다. 예를 들어 수중에는 담수, 기수(담수에 해수가 유입되어 비중이 높은 염수가 침윤된 희석한 물), 해수 및 염분농도, 압력, 온도 등이 크게 다른 환경이 존재하고 있으며, 아직 사람이 발견하지 못한 생물이 많이 존재하고 있다. 육상에서도 곤충, 미생물 등 아직 확인되지 않은 것도 많이 존재하고 그 모든 생물이 서식하고 있는 자연에 적응하고 지속적으로 살아간다.

기수역에 확산되는 맹그로브(Mangrove)는 열대 및 아열대의 해안과 하구 등 파도의 영향을 받는 뻘에 사는 수륙양생의 상록 숲에서 아시아 남동부, 폴리네시아 등 세계 각지에 서식하고 있다. 그 안에는 게 등의 갑각류, 다양한 어류, 곤충, 조류 등 풍부한 생태계가 형성되고 있다. 일본에서는 큐슈남부에서 다네시마까지, 야히사지마, 아마미오오시마, 오키나와의 각 섬에서 보이고 オヒルギ, メヒルギ 등 ヒルギ과의 식물이 많이 보인다. 그러나 맹그로브를 연료용 바이오매스로 무계획적으로 벌채하거나 새우 양식장 등으로 개조하면서 생태계의 붕괴가 문제가 되고 있다.

이 생태계의 파괴에 일본기업이 직접 또는 간접적으로 관련되어 있는 경우가 있는데, CSR로서 사업의 재검토가 필요하다. 관련 업계의 국제적인 환경개선 활동이 기대된다. 위의 환경 NGO 등의 평가에 의한 기업의 차별화가 경영에 큰 타격을 줄 가능성이 있기 때문이다.

자연을 이용한 산업인 농업에서는 이전에 화학농약, 화학비료 등을 많이 사용하고 자연환경을 거슬러 단일식물을 재배함으로써 환경파괴를 발생시키고 있었다. 그러나 이 문제에 대한 개선책이 생물다양성의 관점에서 다양하게 검토되고 최근에는 환경에 적응한 재배가 추진되고 있다. UN 식량농업기구(Food and Agriculture Organization of the United Nation: FAQ)가 2002년부터 세계중요농업유산시스템(GIAHS: Globally Important Agricultural Heritage Systems)(이하 「세계농업유산」이라 한다)의 운영을 비롯해 농업의 전통적인 농법이나 생물다양성 등이 보호된 토지이용의 시스템을 차세대에 계승하고 있는 지역을 인정하고 있다. 개발도상국을 대상으로 한 인증지역이 많지만, 일본의 농업지역도 인정을 받고 있다.

세계농업유산을 보호하기 위해 환경 NGO와 유산보호에 의식을 가진 사람들은 협력하여 활동하고 있다. 기업도 환경 활동 또는 CSR의 일환으로 이에 몰두하는 것의 일환으로 직원들의 환경교육과 관련 윤리의식의 향상을 기대할 수 있다.

그림 3-11 세계농업유산(GIAHS): 이시카와현 와지마시 「能登の里山里海」千枚田

2011년에 「能登の里山里海」가 세계농업유산으로 인정된 바 있다. 이시카와현의 북쪽에 위치한 노토는 고대부터 일본의 다른 지역과 교역이 이루어지고 있으며, 전통적인 문화가 많이 남아 있다. 사람과 자연이 깊이 관련된 里山里海가 존재하고 「千枚田」도 그 중 하나로 되어 있다.

⑤ 자연 지식재산의 이용

과학발명 등 지식재산권은 자연에서 영감을 받아 창작될 수 있다. 생태계를 형성하고 있는 거대한 생물이 가지는 형태, 기능, 시스템에서 아이디어가 떠오르고 과학 기술과 사회 시스템에 적용하는 '바이오 미미크리(biomimicry)'라는 기법이 그 하나이다. 이 말은 '바이오(bio): 생물, 생명'과 '미미크리(mimicry): 모방, 흉내'의 두 단어를 조합한 조어이다. 바이오 미메틱스(biomimetics) 또는 자연 기술(nature technology)이라고도 불린다. 혁신적인 회화작품을 그렸으며, 조각가, 철학자, 과학자이기도 한 레오나르도 다 빈치(Leonardo da Vinci)는 유연한 사고로 자연을 섬세하게 관찰하고 고급지식을 발견시켰다. 우선 자연을 이해하는 사람이나 동식물에 대한 해부학적 지식, 달에 의한 파도와 기상·지질에 관한 고찰, 화석에 관한 추론 등을 제시한 바 있다. 그리고 생물 관

찰에서 현재의 과학 기술로 이어지는 것도 고안하였다. 예를 들어, 잠
자리와 꿀벌의 움직임에서 헬리콥터의 원리를, 까마귀의 날갯짓을 통해
사람이 하늘을 비행하는 방법도 고안해냈다.

다양한 생물은 자연 속에서 각각 오랜 기간에 걸쳐 살기 위해 합리
적인 기능을 익히고, 현재도 진화를 진행하고 있다. 이 진화의 과정은
중요한 지식이 되며, 이는 과거에서 미래에 대한 식견을 정비하는 것이
라고 할 수 있다. 이는 또한 우주에서 외계생명체의 존재에 관한 연구
에도 도움이 있다. 사람의 유전자에도 자연스럽게 적응하기 위해 많은
지식이 갖추어 있다. 긴 세월에 걸쳐 축적된 생존을 위한 경험이 유전
자 속에 기록되어 있다.

그림 3-12 나뭇가지에 서서 수중의 물고기를 노리고 있는 물총새

물총새는 습지와 강 등의 돌출된 가지 등에서 기다리다가 수중의 물고기 등을 찾아 급강하
해 긴 부리로 잡아먹는다. 물총새의 형상 연구로 이동체의 공기저항을 감소시킬 수 있고 가
속 기술의 발전에 공헌하고 에너지 절약도 실현했다. 쓸데없는 에너지를 없앤 것으로 소음
도 감소되었다.

자연의 지식재산인 바이오 미미크리에서 얻은 기술로 자연에 존재
하는 효율화를 도모할 수 있다. 벌집모양으로 형태(육각구멍을 복수 조합
한 형태)를 모방한 벌집구조(honeycomb structure)는 구조물의 강도를 높

이기 위한 경량재료로서 실현되어, 금속 제품, 골판지 등에 사용되고 있다. 약 5억 1,000만 년 전부터 바다에 서식하는 앵무조개의 형상을 참고로 해 조용한 소리의 선풍기 팬이 만들어지고, 수압이 해수면의 수십 배인 수심 약 600m에서 서식할 수 있는 생명체의 구조(껍질)는 잠수함의 설계에 활용되었다. 상어의 수영(및 상어의 피부)은 수중의 유체저항의 감소에 응용되고, 모기의 바늘에서 통증을 느끼지 않게 하는 주사바늘이 개발되고 있다. 물총새의 공기 저항을 억제한 부리의 형상은 고속으로 주행하는 신칸센의 선두차량에 응용되고 있다. 식물 중에서는 연꽃잎의 수많은 작은 돌기(로우 [왁스] 질)가 물을 튕기는 성능이 있는데, 이는 발수가공 기술에 이용되고 있다.

바이오 미미크리 기술을 통해 제품의 성능향상과 환경부하의 감소를 기대할 수 있고, 이는 환경효율의 향상에 기여하고 있다. 기업의 환경상품개발에 있어서 중요한 기술이 될 것으로 생각된다.

이 생물이 가진 능력(지식재산권)의 유전자는 「생물다양성에 관한 협약」에서 그 서식지가 위치한 국가의 재산이라는 것이 국제적으로 결의되어 있다. 자유롭게 서식하는 생물의 능력에 대해서도 사람의 소유권이 정해져 있는 것이다. 과학 기술에 관한 산업재산권, 음악과 캐릭터 등과 관련된 저작권에 대해서도 세계 각지에서 불법행위(불법복제 등)가 속출하고, 위법한 상품으로 큰 시장이 형성되어 있다. 바이오 미미크리에 의해 개발된 기술에 대해서도 저작권 위반이 이미 발생하고 있다. 「생물다양성에 관한 협약」에 의해 '유전자원의 접근 및 이익 공유(Access and Benefit-Sharing: ABS)'에 대해 논의되고 있으며 기업에서 바이오 미미크리 등 자연의 지식재산권을 사용할 때는 타인의 권리에 저촉되지 않았는지 확인해야 한다. 또한 유전자의 본질은 이미 바이오 인포마틱스(bioinformatics)[*15] 연구에서 거의 밝혀지고 동식물의 클론을 만들어내는 기술, 유전자 재조합 기술, 세포융합 기술도 이미 실용화되어 보급되고 있지만, 자연에 가해지는 위험에 관해서는 항상 감시해 나가야 한다.

그러나 바이오 미미크리 기술로 사람이 자연과 조화를 이루기 위한 중요한 지식을 얻을 수 있다고 생각된다. 환경 활동이라는 측면에서도 연구개발이 진행되는 것이 바람직하다.

(2) 기후변화

① 부자연을 유지하기 위해 개발

사람은 더우면 서늘하기를, 추워지면 따뜻하기를, 원할 때 원하는 물건을 얻을 수 있기를, 멀리 떨어져 있는 곳에 편리하게 일찍 도착하고 쾌적한 서비스를 얻기를 바란다. 이 욕구가 충족되면 점차 그것이 당연하게 여기고, 더 많은 '재화'와 '서비스'를 바라게 된다. 인류에게 자원은 끊임없이 필요하지만, 언젠가는 모두 폐기물이 된다고 알고 있음에도 인간은 자연의 물질순환을 무시하고 소비하고 있다. 일본에는 사계절의 기후에 맞는 농작물을 먹는 등 생활방법이 있었지만, 현재는 계절 감각이 없어지고 있다. 세계 각지에서 농작물과 공업 제품이 들어오고, 국내에서도 유통이 발달했기 때문에 경제성(비용과 그 효율의 정도)의 판단에 따라 '재화'와 '서비스'의 공급이 정해지게 된다.

경제력이 있으면 풍부한 에너지를 이용해 계절에 따른 추위와 더위에 견뎌야 하는 환경을 무력화할 수 있고, 농작물도 계절에 관계없이 만들 수 있게 되어 사람의 관점에서는 보다 나은 환경이 제공될 수 있게 되었다. 이 부자연스러운 상태를 유지하려면 에너지 및 플라스틱 재료의 원료인 석탄, 석유, 천연가스 등이 대량으로 소비되어야 한다. 이들은 오존층이 형성된 덕분에 석탄기(약 3억 6,000만년~2억 9,000만년 무렵)에 육상에서 대번식한 생물의 시체이며 고정화된 이산화탄소이다.

화석 연료를 인류가 거의 소비하지 않았던 조몬시대(선사시대)에는 사냥과 어획 또는 자연의 열매 등을 채취함으로써 음식을 얻고, 숲 등 바이오매스와 자연의 암석 등을 다양한 재료로 사용했다. 햇빛과 물의 흐름, 장작 등을 에너지로 이용하여 약 1만년(기원전 1만년 전후~기원전

4세기경까지)전까지도 지속적인 생활을 영위하고 있었다.

그러나 현재는 조몬시대에 비해 인구가 폭발적으로 증가하고 있고, 과학 기술의 발전에 따라 막대한 자원이 필요하게 되었다. 그 결과, 옛날부터 사용하던 자연 에너지와 물질로는 충분한 '서비스'와 '재화'를 얻을 수 없게 되고, 고밀도의 에너지인 화석 연료, 원자력 등 인공적으로 가공한 연료나 지하에서 채굴한 광물을 가공한 재료를 대량으로 소비해야 하는 상황이 되었다.

지구에 존재하는 것을 자원이라고 하거나 폐기물로 보는 것은 인간의 가치관에 의한, 다시 말해 경제적 가치가 그 가치판단의 기준이 된 결과이다. 즉, 경제적인 가치가 있는 자원은 사람에 의해 채취되고 소비되어 가는 것이다. 이 소비는 지구적 규모로 진행되고 있어 많은 자원이 화학적으로 변화를 일으킴에 따라 더 이상 돌이킬 수 없는 변화를 만들어 내고 있다. 특히 화석 연료는 고체 또는 액체의 유기화합물에서 기체인 이산화탄소와 액체인 물로 변화하고 우주에서의 적외선(열)을 흡수하여 지구의 대기를 온난화하고 있다. 폐기물이 되어도 화학적으로 그다지 변화하지 않는 것이면서 경제적으로 이익을 확보하는 것(경제적 유인정책도 포함)으로 재사용과 재활용을 도모할 수 있지만 이들에는 분명한 한계가 있다.

자원인 상태가 유지되려면 비용의 상한을 넘어서는 안 되고, 그것을 넘으면 부유층만의 자원으로 되어 그것이 가진 모든 가치 자체가 퇴색된다. 자원가격이 상승하면 채취비용이 고액인 지역에서도 공급이 가능하며 외관상 채취 가능량이 증가한다. 그러나 화석 연료를 예로 들면 한계가능 채용량까지 채취·소비가 반복되면, 대기에 이산화탄소 배출량(또는 대기 중 농도)이 증가하고 기후변화가 악화된다. 자원가격이 상승하면 에너지 절약을 위한 기술개발과 대체 에너지 기술개발이 촉진되고 가격이 하락하면 쉽게 개발의 인센티브도 소멸되고 만다. 국제경제는 사회적·정치적 영향으로 변화가 반복적으로 일어나고 있다. 이 밖에 금융조작에 의한 경제버블과 그 붕괴 등으로 자원의 소비는 크게 늘거나 실제 가치는 복잡하게 변화하므로 결국 알 수 없게 되어 버린다.

한편, 경제력이 있는 국가의 슈퍼마켓에는 계절에 관계없이 오이, 딸기, 버섯 등의 야채와 과일들이 모이며, 이동에 필요한 많은 에너지를 사용해 멀리 해외에서 배에 실려서 오는 것과 신선한 재료를 제공하기 위해 비행기에 실려 오는 것도 있다. 이러한 식품은 사람이 먹어 체내에서 얻을 수 있는 에너지보다 온실재배와 운송을 위한 비용과 소비되는 에너지 쪽이 압도적으로 크다고 할 수 있다. 선진국의 식품은 보기에는 알 수 없는 막대한 에너지 소비로 에너지 비용의 상승과 함께 그 식품의 가격도 올라가는 것을 예측할 수 있다. 또한 에너지 소비(지구온난화)로 변화된 기후에 의한 농산물 생산의 감소 및 화학비료 과다에 의한 농지의 피폐·파괴가 식품의 가격을 더욱 부풀리게 된다.

그림 3-13 단일 작물이 확산되는 경지(인공적인 자연)

단일 작물이 확산되는 경지는 해충에게는 뷔페 레스토랑과 같으며, 일단 해충(또는 바이러스)이 확산되면 사람들에게 막대한 피해가 된다. 농약은 이에 대한 대책에서 빠질 수 없는 것이다. 예전에는 같은 경지에서 같은 작물을 계속 재배하지 않고 정기적으로 작물을 바꾸고 해충대책을 실시했다. 현재 인류가 스스로 발생시킨 기후변화에 대한 대처(품종개량, 재배지역의 북상)가 필요하게 되었다.

인류가 개발한 경제체제와 과학 기술의 발전은 자원의 고갈과 환경

오염·파괴에 의한 손실에 대해서는 평가하지 않는다. 사람의 욕망의
확대가 부자연을 만들어 생물이 생존할 수 있는 한계를 시험하고 있다.
그린 경제*[16]를 추진하고 기업의 환경효율향상을 통해 인류의 발전과
관련하여 궤도수정을 해나가는 것이 바람직하다.

② 기후변화협약

「기후변화에 관한 UN 협약」에 근거하여 성립된 「교토의정서」(1997
년 채택, 2005년 발효)의 결과를 검증하기 위한 첫 번째 약속기간(2008
년~2012년)이 경과한 이후, 지구온난화 방지의 국제적 대응은 혼란스러
웠다.

2012년 11월~12월 카타르 도하에서 개최된 제18차 당사국총회
(UNFCCC·COP18)에서 교토의정서를 8년 연장하는 두 번째 약속기간을
설정했지만 지구온난화 원인물질을 감축해야 하는 의무국가로 지정되
어 있던 미국, 러시아, 캐나다, 일본이 재빨리 탈퇴 의사를 밝혔다. 또
한 중국, 인도, 브라질, 인도네시아, 남아프리카 공화국 등 발전이 현저
하게 높으며, 국내총생산이 있는 공업신흥국이 자국 내에서 해야 하는
감축에 대해서는 여전히 규정되지 않으므로 기후변화 해결을 위한 선
진적인 결정이 되지 못했다. 경제적으로 어려움이 여러 차례 발생한 선
진국, 높은 경제력을 가진 개발도상국 및 경제력이 없는 개발도상국이
각각 자국의 경제적 이익을 고려한 흥정을 반복했다. 이러한 현상은 걸
림돌이 되었기에 기후변화의 방지는 등한시된 바 있다고 할 수 있다.
그러나 「기후변화에 관한 정부 간 패널의 보고(IPCC)」는 기온이 상승
하고 세계 각지에서 기후변화가 인지되어 해수면이 상승(빙하가 줄어들
고 해양이 수온상승으로 팽창)에 의한 변화가 발생하고 있다는 점을 확인
하고 있다. 지구상에서 이전에 생물의 대멸종을 발생시킨 바 있는 이산
화탄소가 해양에 용해되는 현상으로 인한 산성화*[17]도 꾸준히 진행되고
있다는 점도 발표된 바 있어 이후의 상황이 주목된다.

자원소비는 경제적인 영향을 매우 크게 받기 때문에 이는 그대로
기후변화 방지에 있어서도 영향을 주고, 여기서 각국의 이해관계가 중

심이 된 것은 당연한 추세라고 할 수 있다. 이 상황이 변화한 것은 2015년 11월~12월 프랑스 파리에서 개최된 제21차 당사국총회(UNFCCC·COP21)이다. 미국의 오바마 대통령, 중국의 시진핑 주석, 일본의 아베 총리 등 150개국 정상들이 모여 해당 협정당사국 196개국 및 지역(EU)에 의해 기후변화 문제해결을 위한 논의가 이루어지게 되었다. 이 회의에서는 교토의정서에서 탈퇴한 미국과 지구온난화 원인물질의 감축의무를 지고 있지 않았던 중국이 경제적으로 국제 이니셔티브를 가지고 있기 때문에 양국의 동향이 주목되었다. 특히 중국은 2012년에 개최된 「지속가능한 개발회의」(리오 + 20)에서는 큰 개발도상국으로 불리면서도 지구온난화대책에 소극적이었다. 중국의 이러한 태도로 인해 많은 개발도상국의 대응 내용이 결정될 것이라고 예상되었기 때문에 중국의 협력을 어떻게 얻을 것인가가 초점이 되고 있었다.

그림 3-14 자동차로 넘치는 북경의 고궁 앞(천안문 광장과 인접)

2015년 무렵 세계에서 가장 많은 이산화탄소를 배출하는 중국의 태도에 따라 세계기후변화의 상황이 변화할 가능성이 높다. PM2.5(직경 2.5μm 이하의 미소립자상물질[Particulate Matter]) 등 직접적으로 피해가 발생하는 대기오염이 심화되고 있다(인도도 마찬가지이다).

미국의 오바마 대통령(당시)이 파리회의를 'a turning point for the world(세계를 위한 전환점)'이라고 천명하면서부터 강한 구속력을 갖는 「파리의정서(protocol)」의 채택을 위해 조율이 시도되었다. 그러나 적극적인 자세였던 미국에서 의정서에 우려를 표시하고 각국의 보조도 맞지 않았기 때문에 유연성이 높은 것으로 보이는 '협정(agreement)'이라는 형태로 합의점을 도출하게 되었다.

채택된 「기후변화에 관한 UN 협약 파리협정」(Paris Agreement)(2015년 12월)에서는 모든 OECD 국가를 포함한 국가·지역이 자발적 감축목표를 UN에 제출하고 달성을 위한 자국의 대책을 의무화했다. 미국, 중국, 러시아, 캐나다, 일본, EU 등 147개국(세계지구온난화 원인물질 배출량의 약 86%를 차지)은 회의가 시작되기 전에 지구온난화 원인물질의 배출감축목표를 공표한 바 있다. 오바마 대통령의 견해에 따라 2023년부터 5년마다 전 세계 대책의 진척상황을 점검하는 제도도 정해졌다. 또한 기후변화 등으로 인한 피해를 최소화하기 위해 지구평균기온의 상승을 산업화 이전에서 2℃ 미만으로 억제하는 목표와 투발루 등 도서국가가 강하게 요구했던 1.5℃라는 목표를 위해 노력하기로 합의되었다. 또한 지구온난화 원인물질의 배출을 조기에 감소하도록 전환하고 금세기 후반에는 지구온난화 원인물질 배출을 '실질 0'으로 하는 것을 목표로 정해졌다.

그러나 이 협정의 내용은 각국의 대책결과를 정량적으로 비교할 수 없다는 점에서는 모호한 결정이 아닐 수 없다. 또한 미국, 중국, 기타 선진국과 개발도상국의 경제적인 부담을 어떻게 배분하는지가 불명확하게 되어 버렸다. 개발도상국에 대한 재정지원에 관해서는 구체적인 금액이 명시되지 않았고 2025년까지로 정하기로 하는 등 모호하게 규정되었다. 그러나 2016년 4월 22일 미국 뉴욕의 UN 본부에서 열린 「파리협정」 서명에는 175개국과 지역이 서명하고 15개국이 비준서(조약관련 법률을 정비하는 등 절차를 행하고 국가로서 권한이 있는 자가 이를 확인·동의한 문서)를 기탁한 바 있다.

③ 기후변화의 예방

「파리협정」에 나타난 각국의 지구온난화 원인물질의 감축목표(2015년 4월 기준)를 모두 실현했다고 해도 해당 협정에 규정된 2℃(산업혁명 이후에 비해) 미만의 상승으로 억제할 수 없다고 생각되고 있다. 기업이 아직 발생하지 않은 피해를 방지하기 위해 거대한 경제적 부담을 지기 위해서는 투자자, 융자자 및 기타 이해관계자의 양해가 필요하다. 정부의 정책에 있어서는 국민의 이해가 필수적이다. 그러나 많은 경우,

tombstone safety(묘비 안전)에 의한 재발방지는 이해를 얻기 쉽지만 예방은 곤란을 겪는 경우가 많다. tombstone safety란 피해·희생자가 발생하고 처음 대책이 이루어지는 것을 말한다. 사고가 발생하고 교통신호기가 만들어지거나 울타리가 생기는 것이 그 예이다. 2011년 3월 후쿠시마 제1원자력발전소 사고 이전에 수천억 엔을 들여 해일을 차단하는 잠수함 구조를 만드는 데 투자자(비용의 투여), 전력 소비자(전기요금의 인상)의 이해를 쉽게 얻을 수 있었을지는 의문이다. 오히려 지금은 사고 후 충분한 예방이 이루어지지 않은 채 발전이 재개된다는 것조차 우려된다. 원자력발전소 중단은 엄청난 경제손실을 가져오기 때문이다.

따라서 "예방(prevention) 또는 예방안전(preventive safety)"를 기후변화 방지대책에 적응시키는 것은 매우 곤란한 것이 현실이다.

그러나 기후변화로 이미 큰 피해가 세계 곳곳에서 발생하고 있으며 상당히 사회문제화되고 있는 것도 사실이다. 단, 기후변화와 피해의 인과관계가 과학적으로 높은 수준으로 입증할 수 없기 때문에 기존의 경제 시스템을 바꾸는 데까지 이르지 못하고 있다. 제2장에서 논한 비정상적인 엘니뇨에 휩쓸린 호주처럼 큰 피해가 현실로 발생하지 않으면 여론의 관심은 높아지지 않는다.

언제 또 어디서 기후변화로 인한 큰 피해가 발생하는지는 예측하기 어렵다. 우주에서 날아다니는 혜성의 움직임 등은 천체물리학의 법칙대로 예측할 수 있지만 지구 속과 표면에서 발생하는 변화는 불규칙적이다. 만성적으로 변하고 있는 기후변화는 수십 또는 수백 년간 변화가 진행되어 돌발적으로 비참한 자연현상이 발생하지만 각국은 지구온난화 대책보다는 현재의 경제손실을 최소화하는 것을 우선하고 있다. 거대한 태풍, 홍수, 폭설, 폭염·한랭, 가뭄, 심해의 산성화 등의 피해가 발생했을 경우, 정책은 급격하게 변화하는 것으로 생각된다. 정치인의 임기는 기후의 변화에 비해 매우 짧다. 기업 활동은 기후변화의 원인인 지구온난화를 악화시키고 있는 가장 큰 요인이기 때문에 갑자기 발생한 재해에 의한 정책전환에 큰 위험성이 있을 수도 있다.

「묘비 안전에서 예방」은 forecasting(과거의 데이터 등을 바탕으로 미래를 생각한다)차원에서 정책을 행하는 정부의 방침에 의존하기보다 기업 입장에서 대책을 독자적으로 수행해야 한다. 기후변화로 인한 피해를 backcasting(미래를 예측하고 현재를 돌아보고 해야 할 일을 검토하는 것)으로 생각해 환경효율적인 제품을 개발·보급해 나가는 것이 바람직하다. 그러나 환경 마케팅(green marketing)의 대상이 되는 상품은 한정되어 있기 때문에 적어도 상기 범위 1, 2, 3의 이산화탄소 등 지구온난화 원인물질의 배출량을 파악할 필요가 있다. 환경부하 측면에서 지구온난화 원인물질에 한정되는 것은 아니지만 LCA 정보를 정비해야 한다. 여기서는 식품(이물혼입 등) 등 상당한 과정을 거치고 있는 제품에 대한 추적성(traceability)을 확립할 필요가 있다.

또한 LCA 결과, 이산화탄소 등 지구온난화 원인물질의 감축이 곤란한 경우는 탄소 상쇄(carbon offset)에 의해 감소시킬 수 없었던 금액에 대해 배출권(양) 거래를 실시하고, 조림·삼림정비, 에너지 절약 또는 재생가능 에너지에 대한 투자 등을 수행하는 방법이 있다. 그러나 그 절감효과가 장기적으로 보아 유효한 것인지에 대해 검토해야 한다. 예방은 과학적으로 명확하지 않은 부분이 많기 때문에 환경 활동으로 평가되기 위해서는 사전심사를 충분히 해야 한다. 예를 들어, 콤팩트 시티 계획에 의하면, 노면전차만의 에너지 절약은 확보할 수 있지만 도시 전체에 미치는 효과는 산출하기 어렵다. 정책적 측면에서는 복지적 요소(노인 건강), 공동구, 에너지 공급관리, 경관 등의 장점 등을 복합적으로 검토되어야 하며, 관련 프로젝트의 목적을 파악하고 활동내용을 관찰하여 둘 필요가 있다.

[3] 유해물질관리

① 인공화학물질

레이첼 카슨의 저서 『침묵의 봄』(1962년)은 인공적인 화학물질인 농약에 의해 생태계가 파괴되는 것에 대해 경고하고 있다. 그 후 1996년 시어콜본에 의해 출판된 『빼앗긴 미래』(1996년)에서는 환경 중에 방출된 화학물질의 환경 호르몬(내분비계 교란물질)이 생물농축에 의해 고농도화되고 먹이사슬의 상위에 존재하는 생물에 위험이 발생한다는 점을 밝혔다. 1960년대에 일본에서 문제가 된 4대 공해(니가타 미나마타병, 쿠마모토 미나마타병, 이타이이타이병, 욧카이치시 천식)를 비롯해 각지에서 발생하는 환경오염이 먹이사슬을 통해 농축된 유해물질에 의해 건강피해로 발생한 것이다.

일본의 4대 공해 중 하나인 미나마타병[18]이 최근 전 세계적으로 발생하면서 2013년 10월 구마모토현 미나마타시에서 「수은에 관한 미나마타협약」이 채택되었다. 2011년 3월에 발생한 후쿠시마 제1원자력 발전소 사고로 인한 방사성물질의 방출에 의한 환경오염은 지형의 특징에 의한 낙진(fallout: 방사성 입자의 지상 낙진)으로 그 존재 확률이 급격히 상승할 수 있다. 농작물 등에 방사성물질이 함유되는 경우, 그 위험에 따라 정부에 의해 출하제한[19]이 이루어지고 있다.

원자력 기술, 나노 기술(또는 입자 등 더 미세한 입자·파를 다루는 기술), 생명공학을 비롯한 첨단 기술이 생활에 밀접하게 사용되게 된 현재, 일반 공중이 그 위험성 자체를 이해하는 것이 어려워지고 있다. 기술을 실용화·보급하기 전에 환경위험을 비롯해 기술에서 발생하는 모든 측면에 대해 분석한 후 충분히 지식을 정비해 나가야 한다. 새로운 기술에 관해서는 정부와 산업계의 사전 위험관리가 검토되는 것이 중요하다. 또한 그 결과에 따라 기업의 연구소 및 생산 사업소에서 벌이게 되는 위험관리는 환경보전에 관하여 중요한 활동이라고 할 수 있다.

화학물질의 환경 리스크는 '해저드(hazard)×노출(exposure)'로 표현되고 자연 정화를 고려하여 농도규제 또는 총량규제에 의해 '노출'을 억제하도록 환경법령의 도입이 검토된다. CAS(Chemical Abstracts Service)[20]에 등록되어 있는 화학물질은 2016년 5월 기준 약 1억 1,100만 가지일 정도로 막대한 종류가 존재한다. SDS를 모든 화학물질에 서비스하는 것은 곤란하지만 가능한 한 정보수집을 하고 노동안전 보건위험 및 환경위험을 파악할 필요가 있다. 또한 PRTR 제도를 포함하여 환경법규의 대상이 되고 있는 화학물질뿐 아니라 자사에서 사용하는 화학물질 모두 PRTR(Pollutant Release and Transfer Register) 정보 및 저장량과 SDS를 정비하는 것이 바람직하다. 일반 대중에게 실시하는 정보공개도 기업비밀 등 특별한 사유가 없는 한 실시해야 한다. 평상시 및 사고 시의 환경위험을 사전에 파악할 수 있어야 예방의 계획이 가능해지기 때문이다. 화학물질의 특성에 대해서는 작업환경에서 허용되는 농도값을 제시하고 있는 미국산업위생전문가회의(American Conference of Governmental Industrial Hygienists: ACGIH)가 발행한 『작업환경에서의 화학물질의 허용농도』, 치사량이 기재된 미국국립산업안전보건연구소(National Institute for Occupational Safety and Health: NIOSH) 발행의 『화학물질유해성영향등록(Registry of Toxic Effects of Chemical Substances: RTECS)』이 국제적으로 신뢰할 수 있는 화학물질 정보를 제공하고 있다. UN환경계획(UNEP)은 "화학물질의 사람 및 환경에 미치는 영향에 관한 기존의 정보를 국제적으로 수집·축적" 및 "화학물질의 국제규격에 관한 제반 정보를 제공할 것"을 목적으로 별도로 국제유해화학물질등록 제도(International Register of Potentially Toxic Chemicals: IRPTC)를 행하고 수집된 정보는 공개하고 있다. 이 밖에 개별 기업 중에서도 SDS를 공개하고 있는 곳이 있어 정보정비 시 참고가 된다. 이러한 정보를 이용하여 화학물질을 취급하는 기업 및 관련 기업은 SDS를 정비하는 것이 필요하다. 많은 사업장에서 화학물질의 방출, 이동(폐기물, 하수), 저장 정보를 통해 노동현장 및 환경위험을 예측해가는 것(화학물질의 환경평가)이 요구되고 있다.

이러한 위험 정보를 노동자, 소비자, 지역주민의 '알 권리'로 이해하고 기업의 리스크 커뮤니케이션을 통해 보급해가는 것이 필요하다. 공해문제가 발생했을 때와 달리 최근에는 공장과 지역 주민의 논의가 진행되어, 견학행사의 개최 등을 정기적으로 실시하고 있는 예가 많다.

이해관계자에 대해 정보공개가 진행하고 있는 것이다. CSR 보고서도 효과적인 방법이다. 그러나 정보를 받는 측의 이해관계자가 무관심한 경우도 있는데, 자신의 안전을 위해서라도 '알 의무'의 의식도 가질 필요가 있을 것이다.

한편, 환경오염규제에 있어서는 오염을 발생시키는 화학물질을 규제하는 네거티브 목록에 의한 규제를 실시하고 있지만 과학발전이 진전됨에 따라 농약단속법처럼 사용가능한 것을 지정하는 포지티브 목록에 의한 규제가 다른 분야에도 확대되어 간다고 생각된다. 미래를 전망한 환경경영·환경 활동이 필요하며 이미 정보정비에 관해서는 기업 간에 격차가 발생하고 있다. 화학물질의 유해성 및 위험성에 관한 조사연구는 국제적으로 진행되고 있기 때문에 무임승차자의 존재가능한 기간은 일시적인 것이며 화학물질관련 정보정비·공개는 환경 활동으로 중요한 항목이다.

② 천연자원과 재료재활용 자원

광물자원의 대부분은 현재의 채굴비용으로는 앞으로 몇 년에서 수십 년이 지나면, 더 이상 공급이 불가능하게 된다. 장식품 또는 산업용 재료로서도 귀중한 자원인 금은 지금까지 14만~16만 톤이 채굴되어 지하에 매장되어 있는 금액은 4.2만~7만 톤으로 추정되고 있다. 최근 연간 채굴량은 2,500~3,000톤이기 때문에 사용 후 제품 등으로부터 재료재활용이 진행되지 않으면 20년 정도면 고갈될 것이다. 다른 금속도 비슷한 상황에 놓여 있으며 광산에서 발굴된 재료만으로 제품을 제조하는 것은 어려워진다고 해도 고갈이 가까워짐에 따라 비용이 상승하고 재활용 재료의 필요성이 높아질 것이다.

금값은 1970년대에서 1980년대에 한 번 급등한 이후 오일쇼크 (1973년, 1979년) 등의 영향으로 자금이 시장에 유입되었기 때문에 가격이 하락했다. 그러나 금은 전기전도성이 매우 높고 화학적 부식에 강하기 때문에 전자부품 등의 고성능화에 필수적인 재료이다. 또한 고열을 방지하기 위해 항공우주산업에서 금박이 제트기나 로켓의 단열재로 사용되며, 이외에도 다양한 공업적 용도가 있다. 수요는 2000년 이후 급속히 계속해서 증가하고 가격도 지속적으로 상승하는 추세에 있다. 그리고 미국에서 일어난 2007년의 서브 프라임 모기지론 사건, 2008년 리먼 사태와 같은 국제금융 불안으로 기축통화인 달러가 신용을 잃어 일시적으로 자산을 금으로 대체하는 투자자의 집중에 따라 금값은 급격히 상승했다. 2000년경에는 350 달러/온스(oz: 약 28.3495231 그램)이었던 가격이 2011년에는 1,750 달러/온스가 되었다. 이후 금융이 안정되어 가격이 하락했지만 앞으로도 긴 안목에서 상승추세는 계속될 것으로 생각된다(또한 금 가격은 일반적으로 런던시장 오후(또는 오전) 가격결정 결과(London PM[AM] Fix)가 참고 되고 1온스의 가격이 표시되고 있다).

또한, 장식품 등으로 일반 가정 등에 있는 금도 재료로 재활용되어 금 재료로 재생되고 있다. 중고금 스크랩이라고도 하는데, 최근에는 연간 1,000톤~1,500톤이 생산되고 있다. 이는 금 가격이 상승추세에 있을 때 특히 증가한다. 환경부의 발표에서는 재료재활용에 의한 금 생산량은 2004년 900톤에서 전술한 바와 같이 리먼 쇼크의 영향으로 2008년에는 약 1,200톤으로 증가한 바 있다. 개발도상국 등은 재료 재활용 공정에 수은 아말감을 이용하기 때문에 미나마타병이 발생하고 있다.

새로운 금 생산방법으로 해수 중에 포함된 $0.1mg \sim 0.2mg$ / 톤(총량의 추정: 550만 톤)을 분리하고 농축하는 것이 30년 전부터 연구되어 왔지만 아직도 채산성에 이르고 있지 않다. 현 상태로는 재료재활용이 더욱 증가할 것으로 예상된다. 기업의 생산자 책임재활용(사용된 제품의 처리)으로 재료재활용에 대한 사회적 책임이 높아질 것이 확실하고, 이는 다른 광물자원에 대해서도 마찬가지이다.

제품을 오래 사용하는 것이 가장 높은 효율(단위물질 당 서비스 양이 가장 높은)을 갖는다. 그리고 사용 후 제품의 재사용, 재료재활용, 열재활용을 효율적으로 실행할 수 있는 것이 제조업체 등 관련 기업의 CSR이다. 기업의 환경 활동으로 LCA를 고려한 환경설계에 의한 환경효율이 높은 재활용을 실현해 나가야 한다. 일본에서는 2013년 4월부터

「사용 후 소형 전자기기 등의 재자원화 촉진에 관한 법률(소형가전리사이클법)」이 시행되어 사용된 소형가전에서 여러 화학물질이 자원 재활용(재활용화 또는 열회수)되고 있다.[*21] 그러나 「특정 가정용기기 재상품화법(가전리사이클법)」과 달리 제조자의 확대생산자책임에 의한 폐기물의 감량을 목적으로 한 재활용 의무는 정해지지 않았다. 소형가전의 회수는 정부가 이니셔티브를 가지고 운영하고 있기 때문에 회수·분해·재생 관련 기업이 관련 정보의 제공 등 협력해 나가는 것이 기대된다.

③ 폐기물 처리 · 처분

제품은 어떠한 것이든 시간이 경과함에 따라 모두 폐기물이 된다. 분자, 원자 또는 그보다 적은 미립자 상태로 분해·재생되면 폐기물의 발생은 없지만 현재까지의 과학 기술은 그 단계에 이르지 못하고 있다. 현재 폐기물의 소각처리와 매립처분은 사람의 눈에 보이지 않는 과학적 상태로 바꾸거나 보이지 않는 장소로 이동시키고 있는데, 이런 것만으로 폐기물을 자연의 물질순환으로 돌려보낸 것은 아니다.

제품을 오래 쓰고 재사용하는 것은 제품으로 존재할 수 있는 기간을 연장하고(가치가 있는 기간을 연장하고 있고), 그 증가된 서비스 양만큼 폐기물 및 자원의 소비는 감소한다. 그 후 적정하게 재활용되면 거시적인 관점에서 폐기물 및 자원소비를 억제하는 것이 가능하게 된다고 할 수 있다. 즉, 기업의 폐기물대책으로 가장 효율적인 방법은 설계단계에서부터 제품의 수명을 늘리고, 재사용 및 재활용을 고려하는 것이다. 에너지 소비에서 화석 연료는 이산화탄소와 SO_x, NO_x 등 유해 물질의 기체 폐기물을 발생시키고 원자력은 사용 후 핵 연료, 재생 에너지는 막대한 사용 후 시설을 발생시키기 때문에 사전평가를 통한 계획단계에서의 대처가 필요하다. 에너지의 경우는 단위연료 당 서비스의 양을 증가시키는 것(에너지 절약)이 가장 합리적이다. 기업의 환경 활동으로서 상품(재화와 서비스)의 LCA에 따른 환경평가의 실시가 중요하다. 또한 LCA에서 산출된 환경부하는 곧 환경비용이기 때문에 기업경영 측면에서 LCC에 의한 평가에서 정량적인 검토가 필요하다고 생각된다.

또한 기업에서 발생하는 폐기물과 사용 후 제품 등의 처리에는 비용이 들기 때문에 환경의식이 없는 기업에 의한 불법투기도 문제가 된다. 폐기물 처리에 수많은 업자가 관련되기 때문에 불법이익도 여전히 많이 존재한다. 「폐기물의 처리 및 청소에 관한 법률」상의 폐기물을 추적하는 매니페스트제를 준수하고 처리과정을 엄격하게 감시하는 것도 CSR의 일환이라고 할 수 있다. 각종 재활용 관련 법령과 상관없이 사용 후 제품([original equipment manufacturing: OEM]도 포함)에 관해서는 최종처분까지 책임을 다할 필요가 있다. 여기에는 설계단계에서의 배려, 그린 조달(협력업체, 하청업체)과의 정보교환 및 관리가 매우 중요하다.

그림 3-15 불법투기금지 표지

「폐기물의 처리 및 청소에 관한 법률」에서는 불법투기에 관해 엄격한 '벌칙'을 마련한 바 있기 때문에 형법의 특별법으로도 기능하고 있다. 또한 담배 등 규제대상 외의 것들에 대해서도 불법투기 문제의 대책으로서 벌칙을 동반한 조례(도도부현 및 시정촌이 정하는 규정)를 정하고 경찰에 의한 단속이 가능하게 하는 지자체도 있다. 감시원을 마련하거나 투기한 사람의 이름을 공표하고 있기도 하다.

13 지속가능한 관광

세계관광기구(World Tourism Organization: WTO)와 UN 환경계획 (UNEP)은 1983년 '지속가능한 개발'의 개념에 근거한 「관광과 환경에 관한 공동선언」에 서명하고 1985년에 개최된 「제6차 세계관광기구 총회」에서 검토를 실시한 바 있다. 국제 자연보호연합은 '자연보호의 수단으로서의 관광'으로 생태관광의 방향을 검토하고 1992년에 UN 환경계획과의 협력을 통해 '가이드라인 – 관광을 목적으로 하는 국립공원과 보호지역의 개발 –'을 공표한 바 있다.

또한, 에코 투어는 1960년대에 중미에서 이루어지던 네이처 투어라고 부르던 것에서 시작된 것으로 'ecology'와 'tourism'의 합성어인 에코 투어리즘이 에코 투어의 이념적 개념이다. 이 개념은 자연보호를 위해 경제적 수단을 도입하려고 하는 사고와 자연지향 여행자의 수요증가에 대응하고자 하는 관광산업의 의도가 일치한 결과로 급속히 보급되었다. 1994년 일본자연보호협회 일본위원회가 발표한 「생태관광의 본연의 자세를 제시하는 가이드라인」에서 에코 투어의 목적은 "자연환경에 주는 영향을 최소화하는 것을 전제로 자연을 관찰하고, 이해하며, 즐길 것"이라고 되어 있다.

14 산호

산호는 자포동물문 화충강에 속하는 동물(산호충)로 캄브리아기(약 5억 4200만년 전)에 탄생하여 오루도비스기(약 5억 년 전~4억 4,000만 년 전)에 床板 산호와 四射 산호가 출현해 분포하고 있다. 이 시대는 甲冑 어류가 출현하고 オウムガイ류가 번성했던, 생물학적으로도 매우 중요한 시기이다.

그러나 최근 악마불가사리에 의한 식해가 심각해져 국가의 자연재생사업으로서 이리오모테이시가키(西表石垣) 국립공원의 石西礁 호수에서 산호재생이 시행되고 있다.

15 바이오인포메틱스

1970년대부터 1980년대에 걸쳐 유전자 조합실험이 발달되어 1980년대 말에는 유용한 유전자의 대부분을 추출하는 것이 가능해졌다. 그 후, 인간 게놈(사람 생물체)을 구성하는 세포에 포함되어 있는 염색체의 한 세트)의 정보를 해독하려는 연구가 시작되어 현재는 그 정보가 데이터베이스화되어 의학, 약학, 농학 등의 응용연구에 매우 유용한 정보를 제공하고 있다. 이에 대한 정보해석을 바이오인포메틱스(생물정보과학)라 한다.

16 녹색경제

2012년 6월에 개최된 'UN 지속가능한 개발회의(리우＋20)'에서는 경제, 사회 및 환경이라는 세 가지 측면에서 필요한 검토 및 조정에 대해 국제적인 합의가 이루어졌다. 그 구체적인 대책으로 경제와 사회에서의 환경이 논의되고 구체적으로는 '지속가능한 개발 및 빈곤퇴치의 맥락에서 녹색경제'와 '지속가능한 개발을 위한 제도적 틀(법적구조)'을 테마로 잡았다.

'녹색경제'에 대해서는 환경보전과 경제성장의 두 측면에서 지속가능한 개발을 목표로 했지만 개발도상국에서 신중한 대응을 요구하는 의견이 잇따라 나오면서 이 회의에서 구체적인 수치목표가 결정되지는 않았다. 이에 대한 대처로서 회의채택문서에서 환경을 파괴하지 않고 경제발전을 하기 위한 '지속가능한 개발목표'를 만들기 위해 전문가회의를 설치하고 2015년까지 개발을 목표로 한다는 결정이 있었다. 그리고 2015년 9월 25일 UN 총회에서 채택된 「지속가능한 개발을 위한 목표(Sustainable Development Goals: SDGs)」안에 해당 목표가 제시되었다.

17 해양의 산성화

지구온난화로 아직 과학적으로 밝혀지지 않는 부분이 많은 바다 속에도 보이지 않는 변화가 발생하고 있다. 현재 바다는 표면해수 중의 pH가 약 8.1인데, 수심이 깊어질수록 pH는 낮아져 수심 1,000m 부근에서 약 7.4로 가장 낮아지지만, 이곳은 알칼리성이다.

2억 수천 년 전 페름기에 화산 활동이 활발해져 이산화탄소가 대량으로 발생함으로써 지상이 온난화되고, 나아가 영구동토나 해저의 메탄 하이드레이트가 융출되고 메탄(이산화탄소의 온실효과의 22배~26배로 산출되고 있다.) 이 환경 중에 대량 발생해 지구 전체에 급격한 온난화를 일으켰다고 한다. 대량으로 배출된 이산화탄소는 바다에 녹아 탄산이 해양을 산성화한 결과, 해양생물이 사멸하고 지구생물의 약 96%가 멸종한 것으로 분석되고 있다. 삼엽충(캄브리아기에서 서식하고 있던 해양졸속 동물)도 이때 멸종했다.

18 미나마타병

UN 환경계획(UNEP)에 의해 2008년에 발표된 보고서 "Technical Background Report to the Global Atmospheric Mercury Assessment"에서 2005년에 지구 전체에서 수은은 3,798톤 사용되었는데, 소규모 금광, 염화 비닐모노머 제조공정, 염소 알칼리공업에서의 소비가 이 중 절반 이상인 것으로 드러나 있다. 특히 금광에서 수은의 사용 시 부주의로 인해 미나마타병이 세계 각지에서 발생하고 있다.

공업신흥국 등에서 공업용으로 중요한 금속인 '금(전기가 가장 잘 통하는 금속, 도금으로 가장 안정된 성질)'이 대량으로 필요하게 되어 가격이 상승하고 존재확률이 낮은 광산에서의 채굴 및 재료재활용이 활발하게 이루어지고 있다. 간단한 금분리법에서 수은(상온에서 액체인 유일한 금속이다)이 조잡하게 사용되는 경우에 미나마타병이 발생한다.

19 출하제한

방사성낙하물 등이 농작물, 축산물, 수산물에 관계되는 오염을 발생시킨 경우에는 「원자력 재해대책 특별조치법」에 따라 후생노동성의 식품안전위원회에 의해 검토가 이루어지고 「식품위생법」(제6조)에 따라 출하제한·섭취제한이 발령되게 된다. 후쿠시마 제1원자력발전소 사고(2011년)에서 발령된 출하·섭취제한에는 채소류(시금치, コマツナ, カキナ, 양배추, 브로콜리, 콜리플라워, 파슬리, 셀러리, 순무, 표고버섯, 죽순, 고사리 등), 수산물(까나리, 산천어, 황어, 은어, 뱀장어), 원유, 기타(차)에 대해 기간과 지역이 표시되어 공표되었다. 또한 수산물에 대해서는 하천의 물고기만이 규제·제한되고 해산물에 관해서는 지정되어 있지 않다.

20 CAS Registry Number

"CAS registry"에는 1800년대 초부터 현재까지 과학논문에서 확인된 화학물질의 거의 전부가 수록되어 있으며 CASRN에 등록되는 것은 유기화합물, 무기화합물, 금속, 합금, 미네랄, 배위화합물(착체화합물), 유기금속화합물, 원소, 동위체, 핵자, 단백질과 핵산, 중합체(폴리머), 구조를 가지지 않는 소재(구조부정물질[Nonstructucturable materials: UVCBs)이다(2016년 5월 2일 기준, CAS의 Web 사이트 'CAS Database Counter'에 게시된 화학물질의 등록부에는 약 110,940,000 이상의 무기 및 유기화합물, 약 66,000,000 이상의 유전자 배열이 포함되어 있다. 또한 실측 및 계산물성치[59억건 이상의 물성치·데이터태그·스펙트럼]가 정비되어있다. 또한 하루에 약 15,000 물질이 신규로 추가 등록되고 있다).

또한 미국화학회(Chemical Abstracts Service)에 등록된 화학물질은 화학문헌 등(응용화학, 분석화학, 생화학, 고분자화학, 화학공업 분야 등의 정부간행물, 학위논문, 단행본, 특허 등)에 기술된 것으로 CAS 번호(CAS No.) 또는

CASRN(CAS Registry Number)을 붙일 수 있다. 이 번호에 의해 국제적으로 화학물질의 분류(특정)가 가능해지고 있다. 이 밖에 물질에 관한 문헌, 물성(끓는 점, 녹는 점 등)의 실측 및 계산물성치, CA 색인명과 동의어, 시판의 여부, 합성법, 스팩토르 데이터, 각국의 규제 정보 등의 검색도 가능해지고 있다.

21 사용된 소형전자기기 등의 재자원화의 촉진에 관한 법률

본법(법 제4조 제4항)에 의해 철, 알루미늄, 구리, 금, 은, 백금, 파라듐, 셀레늄, 텔루르, 납, 비스무스, 안티몬, 아연, 카드뮴, 수은, 플라스틱이라는 15가지 원소 및 플라스틱(수지 모양의 물질의 총칭)이 규제대상으로 되어 있다. 「수은에 관한 미나마타 조약」에서 대상이 되고 있는 수은도 일본에서 수출되고 있기 때문에 재자원화 대상이 되고 있다(2015년 기준). 대상이 되는 소형전자기기 등은 28종류가 정의되어 있는 한편, "일반 소비자가 통상 생활용용으로 제공하는 전기기계기구인 것에 한한다."고 되어 있다.

이러한 사용 후 소형전자기기 등은 시정촌이 회수하고 환경부가 인증한 리사이클 업체가 재자원화하고 있다. 회수방법 및 대상 제품의 구체적인 범위는 시정촌이 결정하는 것으로 되어 있다. 또한 휴대전화·PHS는 전문점에서, 개인용 컴퓨터는 제조한 업체 또는 컴퓨터 3R추진협회가 회수·재활용을 행하고 있다(발송은 우체국). 다만, 「자원의 유효한 이용의 촉진에 관한 법률」과의 관계는 복잡하다.

환경부의 추정(2013년)에 의하면, 2011년에 폐기 소형가전은 약 65.1만 톤 발생하였고 그 중에 유용한 금속이 약 27.9만 톤이 포함되어 있다고 한다. 자원의 가치는 약 844억 엔으로 추산되고 있다. 또한 경제산업성의 발표(2013년 기준)에 따르면, 일본 국내의 '도시광산'에는 금이 약 0.68만 톤(세계매장량의 약 16%), 은이 약 6만 톤(세계매장량의 약 22%), 리튬이 약 15만 톤, 플래티넘이 약 0.25만 톤이 존재하는 것으로 추산되고 있다.

PART 04

환경 활동 평가항목

이 장에서는 이 책의 결론으로 기업이 환경 활동 시 체크해야 할 항목을 제안하고자 한다. 경제는 인류의 생활개발을 효율적으로 실시하기 위해 인류가 만들어낸 시스템이며, 이를 잘 조절하면 사회의 건전한 발전을 기대할 수 있다. 그러나 비정상적인 경제성장, 금융조작 등에 의한 버블경제가 발생하면 무의미한 재화와 서비스를 가상화폐 하에서 소비하게 된다. 지금까지의 경제성장은 환경 친화적으로 이루어져 왔다고 할 수도 없고, 버블현상이 발생하면 급격하게 악화된다. 이런 사회변화는 많은 낭비를 낳고, 이는 자원이 막대하게 소비되는 결과를 초래하여 환경의 물질균형에 가속이 붙어 큰 변화를 만든다. 눈앞의 경제를 피부로 실감할 수 있지만, 사회를 크게 움직이고 있는 복잡한 금융을 이해하는 것은 매우 어렵다. 또한 조금씩 진행되는 환경의 변화는 주변의 생태계 소실조차 그다지 아랑곳하지 않게 된다. 그러나 환경의 변화는 다른 한편으로 경제를 막대하게 변화시키는 방아쇠가 된다.

(l) 사업장관리 및 이해관계자

이 변화의 중심에 서 있는 기업은 중장기적으로 경제변화, 자원소비 및 환경변화를 고려하여야 한다. 이 방침을 계획적으로 추진하기 위해서는 사내의 담당부서가 회사의 전체적인 상황을 파악할 필요가 있다. 파악하는 대상으로는 사내, 그룹사, 협력사·하청회사 등 공급망을 들 수 있다. 그룹기업은 해외에 진출하고 있는 경우도 많은데, 정보수집 등 새로운 시스템이 필요할 수 있다. 또한 재료·부품의 공급망 등이 어디까지 이어질 수 있는지는 그때마다 다르다. 상품의 LCA를 행할 때에는 그 정보수집의 조건, 실측치·추정치 등 적절한 방법을 정하여야 한다. 업계에서의 검토 및 정부에 의한 조사연구 및 가이드라인이 중요하다.

환경위험에 관한 정보로서 관련 정보를 CSR 보고서 등 이해관계자에게 공개할 경우, 공개대상에 따라 필요한 정보는 다르다. 각 이해관계자에 의해 공개해야 하는 정보내용을 검토하는 것도 필요하다. 환경정보의 종류는 많고 전문가가 아니면 파악하기 어려우며 그 전문적인 정보도 학술 분야가 다양하므로 다방면에 걸쳐 있다. 일반 대중과 투자자 등이 이해하기 쉬운 형태로 게시하지 않으면 CSR 보고서의 의의는 상실된다. 모든 이해관계자가 환경 활동 전부를 이해할 수 있다고 기대하기는 거의 불가능하기 때문에 공개방법을 연구할 필요가 있다. 인터넷을 사용한 공개에는 필요한 부분만을 볼 수 있다는 장점이 있고 배포자료의 인쇄, 송부, 잔부 등을 회피할 수 있다. 그러나 독자가 기업 전체의 동향을 파악하는지 여부에 대해서는 의문시되며, 일부(또는 일부의 표현만)만 독보적인 경우도 예상된다. 대상으로 하는 이해관계자를 상정한 공개방법을 충분히 검토할 필요가 있다.

한편, 환경문제는 그 영향과 원인에 대해 아직 과학적으로 명확하지 않은 경우도 있고, 특정 분야의 학자(또는 연구자)의 의견을 인용하는 경우에도 주의를 요한다. 기후변화와 생물다양성 등 광역·지구적 규모의 환경파괴에 대해서는 과학적 근거에 기초한 것 또는 근거하지 않는 것 등 다양한 고찰과 의견 등이 있다. 사회적 주목이 과학적 근거나 지식에 반드시 기반하고 있다고는 말할 수 없고, 일반 대중·소비자 및 사업소지역 주민과의 커뮤니케이션 등으로 타당한 설명이 필요하게 된다. 관점을 바꾸어 환경 활동을 객관적으로 재점검(체크항목의 재검토 등)하는 것이 바람직하다.

직원에 대한 공개 역시 매우 중요하며, 환경 활동에 관해서는 대등관계에서 검토를 진행해야 한다. 상품개발의 브레인스토밍처럼 자유로운 발상 하에 상향식에 의한 의견 수집·분석에서 적절한 판단이 나온다고 생각된다. 학생(취업 활동과는 관계없는)에게 공개하는 방식으로 이해관계가 없는 객관적인 응답을 기대할 수도 있다. 투자자·융자자 및 거래처에 대한 공개는 정량적인 상황공개가 요구될 것으로 예상되며 환경회계와 같은 아직 검토 중인 부분이 많은 수치는 주의가 필요하다. 정부는 CSR 보고서에 의한 환경보호가 향상되도록 추진해야 한다는 입장과 기업행동을 감시(환경오염방지와 관련된 법령, PRTR 데이터 등도 CSR 보고서에서 공개되고 있다)하는 입장에서 정보평가를 행한다는 점에서 정부에 신고 데이터를 정리하는 방법을 만드는 것이 중요하다. 한편, TV, 신문 등 미디어를 사용한 공개로 일반 대중에의 계몽을 기대할 수 있고 기업 간 경쟁에 있어서도 환경 활동추진에 인센티브를 제공한다.

표 4.1 사업소관리 이해관계자에 대한 공개에 관한 매트릭스 분석의 예

관리 대상 이해 관계자	가이드라인 GRI ISO 26000 환경성	전사관리	그룹 기업관리	공급망 관리	그 외
일반 대중· 소비자					
사업소지역 주민					
직원					
학생					
환경 NGO					
연구자 (필요에 따라)					
투자자					
융자자					
거래처					
정부					
그 외					

공개 내용에 관해서 GRI 가이드라인이 상세한 기재방법을 제시하지 않는다는 입장이기 때문에 포괄적인 검사에 사용되고 구체적인 기재가 요구되고 있는 정부 및 업계의 가이드라인으로부터 공개해야 할 항목·내용의 유무를 확인하여야 한다.

사업장관리 및 이해관계자에게 실시하는 공개에 관해 표 4.1과 같은 매트릭스 분석을 행하여 공개대상별로 공개내용을 정리할 필요가 있다고 생각된다.

(2) 환경 조항 자체 검사

1960년대의 공해문제를 해결하기 위해 환경 활동의 중요한 기초가 만들어져 「UN 환경과 개발에 관한 회의」(1992년) 이후 모든 인류에 관한 '지속가능한 개발'에 관한 활동이 시행착오를 겪으면서 도입되고 있다. 상품의 폐기 후에 자원재생, 자원(폐기물)의 감량화, 에너지 절약 등 LCA에 기반을 둔 환경배려가 도모되고 환경상품의 일반화가 진행되고 있다.

그 대상이 되는 환경의 범주에 지구규모의 변화도 포함하게 되고, 환경부하의 고려를 기본적으로 재검토할 필요성이 발생하고 있다. 예를 들어, 폐기물 중간처리로서 단순히 점화만으로 공해의 우려가 있는 고체폐기물에서 온실가스인 이산화탄소 또는 소위 기체폐기물로 그 상태를 변화시키는 것에 불과한 조치는 단순한 환경문제의 연기를 의미할 뿐이다. 한편, ISO 14001(환경관리 시스템규격[EMS]) 인증의 보급으로 1996년 이후 사내 체제정비가 진행되고 있다.

노동안전·위생에 관해서도 작업환경보전으로서 지금까지 많은 검토· 활동이 이루어지고 있으며, 중요한 지식을 갖추고 있다. 이는 환경 활동을 행함에 있어 중요한 항목이며, 과거의 경험이 귀중한 시사점을 줄 가능성이 높다.

향후 업계단체, NGO 및 정부에 의한 검토가 사회동향과 자연의 변화에 따라 적절하게 진전될 것으로 생각된다. 새로운 환경문제가 잠재되어 있는 경우도 예측할 수 있다. 그때마다 관련 정보의 수집·분석, 새로운 가이드라인, 국제조약, 법령·조례 등 규제동향과 그 배경을 파악할 필요가 있다. 정기적인 상향식 브레인스토밍 등에 의한 문제점의 자주적인 검토도 중요하다. 활동항목은 개별 기업에 의해 더욱 세분화하여 이해관계자와의 관계를 고려해 CSR 보고서의 기재항목 내용과 표시방법을 규정해 나감으로써 신뢰성과 투명성이 높은 정보를 공개해야 한다고 생각된다.

표 4.2 환경 활동에 있어서 환경점검항목의 예

평가·점검·개선 체제
EMS(Environmental Management Systems: 환경 매니지먼트 시스템)
목표치의 설정
환경자주 행동계획
정보공개
일반 공중의 알 권리의 확보 지역 커뮤니케이션 사내 정보의 수집·관리·공개(CSR, 경영전략)
구체적인 항목

① 환경 퍼포먼스
  • 공해·환경오염
    －대기오염방지법, 수질오염방지법 등 법령준수
    －화학물질관리 SDS(해저드 정보정리) PRTR(농도·양 정보정리)
  • 자원순환
    －자원소비 감량, 폐기물 감량(생산, 사용 후 상품)
    －재사용, 재활용(열, 재질, 화학)
    －장기수명화, 환경설계
  • 지구환경대응
    －기후변화 방지, 지구온난화대책(에너지 절약)
    －생물다양성보호, 산림보호, 생태계보호
  • 환경회계
    －환경오염방지기기의 효과, 상품의 LCC

② 노동
  • 노동안전위생관리
  • 교육, 훈련
  • 인권
③ 상품
  • 환경효율향상
    −LCA
    −LCC, 환경회계
    −또는 자원생산성 향상
    −자원 절약
    −감량화(생산, 폐기물), 재사용, 재활용
    −에너지 절약
④ 기업지배구조
  • 경영방침
    −환경성명, 환경 정보공개
    −사내체제, 체크 기능
  • 정보정비, 각 부문의 협력
    −문제 발생 시 위험분석을 할 수 있는 시스템을 구축
    −사내 그룹기업 공급망의 정보수집체제의 정비
    −오염 등 예방, 재발방지
    −콤플라이언스
⑤ 제3자 인증
  • 제3자(전문가)에 의한 객관적인 심사
  • NGO에 의한 심사·인증
    −환경 NGO, ISO 등 업계 단체

OECD가 제시한 확대생산자책임(EPR)에는 "제품에 대한 생산자의 물리적 및 경제적 책임을 제품의 라이프 사이클에서 사용 후 단계까지 확대한다."는 정책의 방법이 제시되어 있으며, 이는 세계적으로 퍼지고 있다. 환경 활동의 중요한 시점이므로 협력업체 등으로부터 정보를 수집하는 방법으로 기업이 독자적으로 공표하고 있는 그린 조달의 내용을 충실하게 함으로써 환경점검 항목의 신뢰성을 높일 필요가 있다. 그

린 조달의 기준을 공표하는 것 자체가 기업의 환경에 대한 대처 자세
를 보이는 것으로도 볼 수 있다.

[3] 새로운 기술과 새로운 사업의 사전평가

새로운 상품과 서비스의 문제점, 도시개발 등 인공물의 지위에 있
어서 경제적인 평가는 당연히 실시되는데, 환경에 관해 오염 등을 예측
하여 상세하게 평가하는 것은 극히 어렵다. 자연 에너지를 이용하는 발
전은 '친환경'이라는 표현이 붙는 경우가 많지만 모든 인공물은 환경에
영향을 미친다. 수력발전설비와 풍력발전설비는 그 규모에 따라 이미
환경영향평가에서 입지 전에 환경영향의 과학적 심사 및 공개, 주변주
민 및 관계 행정기관과의 합의가 의무화되어 있다. 또한 화학물질관련
법령 및 산업계의 자주적인 대처로 그 성질(위험)과 양(노출) 평가, 즉
위험평가가 진행되고 있다. 그러나 국가, 산업, 기업에 따라 대처의 격
차는 크다.

새로운 기술과 사업에 관해서는 현재 알려진 위험과 알 수 없는 부
분을 명확하게 파악할 필요가 있다. 안이하게 안전을 강조하면 감지하
지 못한 채로 악화된 오염이나 사고 시 등의 대처가 곤란하게 되어 위
험을 확대시킬 우려가 있다. 불명확한 위험이 갑자기 표면화되면 과도
한불안 또는 소문으로 인한 피해가 야기되는 점이 우려된다.

자연과학의 발전은 다양한 산업 분야에 영향을 미치고 이에 따라
새로운 가능성을 찾아내는 것이 시도되고 있다. 그러나 이로 인해 인체
에 대한 건강영향, 재산손실 및 생태계에 새로운 위험을 발생시킬 우려
가 있다. 지금까지와는 다른 오염 형태가 발생하면 새로운 예방(방지 기
술, 시스템 등) 및 규제 시스템을 검토하고 구축해야 한다. 각 기술의 고
유한 성질이 있기 때문에 새로운 개별 기술 및 환경보호 전문가에 의
해 각각의 위험에 대한 분석을 실시하여 기술을 보급하기 전에 개발의
일환으로 환경영향 측면을 평가하고 그 결과에 근거해 대책이 정비되

는 것이 바람직하다. 오염이 발생했다면 기존의 환경관리 시스템의
PDCA 등에서 재발방지를 검토하여야 한다. 오염에 관한 정보공개는
사전대책 및 사후대책 마련 시 피해의 확대를 방지하기 위해 필수적인
것이며, 은폐하거나 착오를 일으키는 것과 같은 정보왜곡은 CSR을 전
혀 생각하지 않는 행위이다(그림 4-1 참조).

그림 4-1 상품개발 · 보급 각 단계에서 환경평가

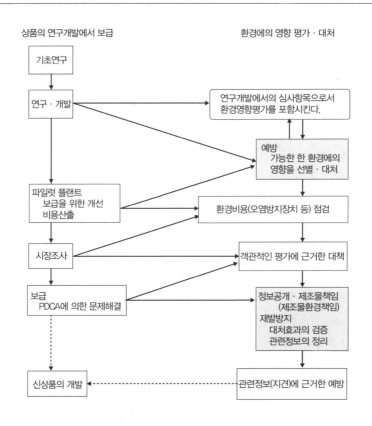

예를 들어, 향후 발전이 기대되는 나노 기술은 원자 수준(또는 그보
다 작은 입자 등)을 조작하는 기술로 입자의 해명이 진행되어도 일반 대
중이 그 기술 자체를 이해할 수 없다. 원자력 발전 기술도 마찬가지이

다. 원자력발전소의 입지 및 분포에 관해서는 에너지정책 및 경제정책 중 전력공급 측면이 고려되어야 하고, 리스크 분석은 뒤이어 곧 이루어져야 하지만 그렇게 하지 못하고 있는 것이 현실이다. 또한 불안을 갖는 시설 주변의 주민 등과의 리스크 커뮤니케이션이 필요하지만 현재까지 부족하다. 핵분열, 방사선 및 방사성물질의 제어 또는 환경에서의 이동에 관해서는 아직 불명확한 부분이 많아 분석을 진행해야 한다. 불안정한 상태의 원자핵을 중성자로 제어하는 기술개발도 진행되고 있지만, 리스크를 낮추는 기술의 개발과 제도를 추진하지 않으면 사회적 책임을 가진 기술이라고 할 수 없다.

그러므로 새로운 기술, 새로운 사업에 대해 그 위험을 사전에 평가하여 환경영향의 예방을 도모할 것이 요망된다. 공해를 만들어 낸 과거의 사례처럼 기술의 유익 부분에만 주목하고 개발·보급을 도모하는 것이 아니라, 기술·사업 위험이 존재하고 있음을 충분히 이해해야 한다.

환경 활동은 원료 채굴, 연구·생산, 이동, 폐기물 처리·처분의 현장뿐만 아니라 기업의 사업 활동 전반에 필요하다. 상품의 연구개발 및 기획단계의 검토는 가장 중요하며 비즈니스 전반에 관하여 전체를 심사하여야 한다. 평가해야 할 환경 활동은 확대되고 있고 기업가치의 판단에 있어 중요한 관점이 되고 있다.

마치며

    환경문제는 해마다 복잡해지고 다방면의 분야로 확산되고 있기 때문에 환경 활동의 대상이 되는 범위도 확대되고 있다. 자연은 완전하지만 사람이 만든 사회 시스템은 완벽하지 않다. 이상적으로는 발생의 우려가 있는 어떠한 환경오염, 파괴 또는 사고를 예방하는 것이 가장 합리적이지만, 문제를 발생시키는 요인이 산재해 있는 것이 현실이다. 위험에 대한 사전검토는 필수적이지만 위험의 모든 요인을 찾아 대처하는 것은 매우 어렵다. 따라서 환경보호가 정상적으로 시행되고 있는지 점검·모니터링할 수 있는 시스템을 구축하고, 문제가 판명된 경우 신속히 대응하여 위험분석을 실시하고 개선 및 재발방지를 도모하는 것이 가장 중요하다. 이는 PDCA 시스템을 도입하고 있는 ISO 14000 시리즈에 있어서도 마찬가지이다. 실패를 간과(또는 은폐)하면 시간이 경과함에 따라 문제가 더욱 커진다. CSR 보고서에서는 문제와 실패와 그 대처 및 효과에 대해 기술할 필요가 있다.

    실패에 대한 대처, 긴급 시의 대처를 위해서는 위험분석에 따른 사전적 교육·훈련이 가장 중요하다. 경영악화 등으로 노동안전·위생 및 환경대책에 대해 소극적이면 상당히 높은 위험을 발생시키게 된다. 또한 위험의 존재를 알면서도 발생하는 필요한 비용을 회피하기 위해 적합한 대처를 하지 않으면 기업의 존재이유 자체가 추궁 당하게 된다. 이전부터 폐기물의 불법투기, 유해물질의 불법배출, 상품의 결함 등을 경영비용의 절감으로 생각해 「폐기물의 처리 및 청소에 관한 법률」, 「제조물책임법」 등을 위반하여 체포, 벌금 또는 손해배상의 대상이 된 사건이 많았지만, 그 행위가 비의도적인지 또는 고의적인지로 사회적 책임 위반의 수준이 극히 다르게 평가되었다. 환경오염 중에는 그 피해가 만성적으로 발생하고 좀처럼 직접 표면화되지 않는 것이 있다. 만성적인 영향을 역이용하여 법령위반을 하거나 소비자 등을 기만하는 사업은 사회적 존재가치가 없다. 조직 내의 직원을 속이는 행위를 하는 기업 또한 죄가 크다.

또한, 상품을 살펴본다면 사회적으로 무책임한 행위를 했는지 여부를 알 수 없는 경우가 있다. 자신이 사용하는 스포츠 용품과 의류가 생산현장에서 아이들에게 교육의 기회를 주지 않고 만들어진 것인지, 여성의 심야노동으로 만들어진 것인지 등을 알 수 없다. 농작물의 재배에 있어서도 가혹한 노동이 이루어지고 있는 경우가 있다. 경제적으로 유리한 국가·회사의 우월적 지위를 통해 비정상적으로 낮은 가격에 상품이 거래되거나 가격조작이 되거나 하여 정당한 가격으로 거래되고 있지 않은 경우도 있다. 그러나 최근에는 NGO 등의 인증마크의 유무를 가지고, 커피숍에서 커피를 한 잔 마시는 것만으로 그 배경을 알 수 있게 되었다. 환경상품에도 여러 인증마크가 존재하여 개인에게도 그린 구매가 가능해지고 있다. 그린 소비자가 아니더라도 환경상품 및 CSR을 지키는 상품을 구입하는 것이 사회적 관행이 되고 있다고 할 수 있다. 기업도 그린 마케팅에 주목하고 있다.

그러나 재생가능 에너지의 공급과 같이 발전지에서 자연파괴를 일으키고, 환경문제가 발생하고 있거나 자동차의 배기가스 규제위반이나 연비위장 등 허위의 성능에 의해 환경상품을 가장하는 사건도 증가하고 있어 새로운 감시 시스템의 필요성도 증가하고 있다.

앞으로 더욱 신뢰할 수 있는 환경 활동이 전개되어 나가기를 기대해본다.

카츠타 사토루

공역자 약력

박덕영

연세대학교 법과대학 졸업
연세대학교 대학원 법학석사, 법학박사
영국 University of Cambridge 법학석사(L.L.M)
영국 University of Edinburgh 박사과정 마침
교육부 국비유학시험 합격
(현) 연세대학교 법학전문대학원 교수

대한국제법학회 부회장
한국국제경제법학회 회장
산업통상자원부 통상교섭민간자문위원
대한민국 국회 입법자문위원
법제처 정부입법자문위원
연세대 SSK 기후변화와 국제법연구센터장
연세대 외교통상학 연계전공 책임교수

주요 저술
『WTO 무역과 환경 사례연구』, 『배출권거래와 WTO법』, 『EU란 무엇인가』, 『알기쉬운 국제중재』, 『국제법 기본조약집』, 『국제경제법 기본조약집』, 『국제투자법과 환경문제』, 『중국의 기후변화대응과 외교협상』, 『일본의 환경외교』, 『국제환경법』, 『국제환경법 주요판례』, 『국제투자법』, 『국제경제법의 쟁점』
Legal Issues on Climate Change and International Trade Law, Springer, 2016 외
국제통상법, 국제환경법 분야 국내외 저서와 논문 다수

이현정

충남대학교 대학원 법학박사
일본 주오대 대학원 법학박사

日本 比較法研究所 嘱託研究員
日本 私法学会 会員
국회입법조사처 자문위원
연세대학교 SSK 기후변화와 국제법 연구센터 연구교수
(현) 김·장 법률사무소 선임연구원

주요 저술
『일본의 환경외교』 외 자본시장법, 환경법 분야 국내외 저서와 논문 다수

Original Japanese title: KANKYO SEKININ
Copyright © 2016Satoru Katsuda
Original Japanese edition published by Chuokeizai—Sha, Inc.
Korean translation rights arranged with Chuokeizai—Sha, Inc.
through The English Agency (Japan) Ltd. and Duran Kim Agency
이 책의 한국어판 저작권은 듀란킴 에이전시를 통한
中央經濟社와의 독점계약으로 박영사에 있습니다.
저작권법에 의하여 한국 내에서 보호를 받는 저작물이므로
무단전재와 무단복제를 금합니다.

CSR 환경책임

초판발행	2018년 6월 12일
지은이	카츠타 사토루
옮긴이	박덕영·이현정
펴낸이	안종만
편 집	조보나
기획/마케팅	조성호/송병민
표지디자인	조아라
제 작	우인도·고철민
펴낸곳	㈜ **박영사**
	서울특별시 종로구 새문안로3길 36, 1601
	등록 1959.3.11. 제3070-1959-1호(倫)
전 화	02)733-6771
f a x	02)736-4818
e-mail	pys@pybook.co.kr
homepage	www.pybook.co.kr
ISBN	979-11-303-3208-6 93360

copyright©박덕영·이현정, 2018, Printed in Korea

*잘못된 책은 바꿔드립니다. 본서의 무단복제행위를 금합니다.
*역자와 협의하여 인지첩부를 생략합니다.

정 가   23,000원